DELITOS SEXUALES Y VIOLENCIA DE GENERO

JORGE ARTURO ABELLO GUAL

JOHANNA CAROLINA BULA CARREÑO

INDICE

1. COMO TRATAR A LOS PSICÓPATAS EN EL DERECHO PENAL.

Por: Jorge Arturo Abello Gual.

Luego de ver y estudiar varios casos de psicópatas en Colombia, como el de Luis Alfredo Garavito[1], el del Monstruo de los cañaduzales[2], y el de Uribe Noguera[3], se desprende un gran debate sobre cómo debe tratar el derecho penal a estos personajes que sin duda sufren de varios trastornos mentales en varias dimensiones: por un lado se encuentra el debate de la calle, en las que clasifican todas las discusiones que se presentan en las reuniones sociales y en la actualidad, en las redes sociales que todos los días es más intensa. Estos debates son alentados por los medios de comunicación que a menudo filtran, editan, emiten juicios, proponen debates, agregan información, con estudios y conceptos, pero sobre todo muchas opiniones que enardecen las discusiones.

Pero sobre el tema, también hay dos tipos de debates académicos muy importantes, por un lado el de los psicólogos y los psiquiatras que valoran la conducta de los psicópatas desde el punto de vista clínico, y

---

[1] Luis Alfredo Garavito, denominado el monstruo, violó y asesinó a varios niños en diferentes zonas de Colombia, donde los atraía con regalos y dulces, y luego de realizar el crimen, cambiaba inmediatamente de domicilio, y por eso fue tan difícil capturarlo. Al respecto: CANAL DEL CRIMEN. Luis Alfredo Garavito. Documentales de asesinos en serie en español. Video. En la siguiente página web: https://www.youtube.com/watch?v=UYDe3MOHANY consultada el 1 de Noviembre de 2020.

[2] El monstruo de los cañaduzales, fue apodado de esa forma, pues secuestraba niños y jóvenes, a los cuales mataba en cultivos de caña. Al respecto: TOP RUDY: El rastro (El Monstruo de los cañaduzales). Video. En la siguiente página web: https://www.youtube.com/watch?v=JN21UTrn_Ks. Consultada el 1 de Noviembre de 2020.

[3] Uribe Noguera, fue apodado como el acosador, secuestró, violó y torturó a una niña de una manera despiadada, fue el juicio más rápido y la investigación más efectiva en delitos sexuales en Colombia. Sus actuaciones fueron grabadas por videos y se logró su ubicación y captura en poco tiempo. Al respecto: LOS INFORMANTES: Fiscal de caso Yuliana Samboní revela detalles de los últimos minutos de la niña En la siguiente página web: https://www.youtube.com/watch?v=9-uDrjpgpXs consultada el 1 de Noviembre de 2020.

por el otro, el de los penalistas que buscan dar una respuesta jurídica sobre el trato que deben recibir estos delincuentes.

Yo solo soy abogado y penalista, y por ello solo puedo emitir un concepto jurídico. Ahora bien, ¿Qué puede decir un abogado y un penalista sobre este tema? Lo primero, es que estos casos rompen todo el discurso humanitario de la resocialización de la pena, o el poder de prevención del derecho penal. En primera instancia, el discurso de resocialización se destruye en estos casos, porque científicamente no existe un tratamiento que pueda garantizar la curación de los psicópatas, asesinos en serie, pedófilos y violadores. Así las cosas, no existe ninguna garantía para la sociedad, de que este tipo de criminales luego de pasar por la cárcel, hayan superado sus trastornos mentales y no vuelvan a delinquir. Y en segunda instancia, este tipo de delincuentes actúa por una "necesidad psicológica" u "obsesión", por lo tanto, la prevención general de la pena en ellos es casi nula, pues ellos actúan llevados por un deseo "casi narcótico", el que hacen prevalecer por encima de cualquier obstáculo, incluso que le impongan una cadena perpetua.

En principio se debe tener en cuenta que en Colombia por limitación constitucional, no se podrían las siguientes penas:

> ARTICULO 11. El derecho a la vida es inviolable. No habrá pena de muerte.

> ARTICULO 12. Nadie será sometido a desaparición forzada, a torturas ni a tratos o penas crueles, inhumanos o degradantes.

Por otra parte, el código penal clasifica a los delincuentes en dos categorías, por una parte se encuentran los imputables, y por el otro los inimputables. La diferencia entre ambos tipos de delincuentes la define el artículo 33 del Código Penal así:

> Artículo 33. Inimputabilidad. Es inimputable quien en el momento de ejecutar la conducta típica y antijurídica no tuviere la

capacidad de comprender su ilicitud o de determinarse de acuerdo con esa comprensión, por inmadurez sicológica, trastorno mental, diversidad sociocultural o estados similares.

No será inimputable el agente que hubiere preordenado su trastorno mental.

Los menores de dieciocho (18) años estarán sometidos al Sistema de Responsabilidad Penal Juvenil.

De acuerdo con lo anterior, existen dos causas para que una persona sea considerado inimputable, y son: por un lado, un componente cognitivo, donde se valora la capacidad del delincuente para comprender la ilicitud de su acto; y por el otro, una de carácter volitivo donde se valora la capacidad del criminal, para determinarse de acuerdo con esa comprensión. Y las causas según la Ley, para la afectación de esa comprensión o esa autodeterminación, pueden ser un trastorno mental, una inmadurez sicológica o la diversidad sociocultural, pero también queda abierta la fórmula a otros estados similares.

En el caso de los psicópatas, hay una especie de consenso que dice que los psicópatas sufren de un trastorno que les impide tener empatía con las otras personas, y por lo tanto, se les dificulta sentir los sentimientos y dolores de otro ser humano. Algunos añaden que pueden disfrutar o incluso sentir placer por el dolor de otro. Igualmente se añade que tienden a no sentirse culpables por los hechos que hacen.

En el caso de los agresores sexuales o violadores, existe una categorización que es útil, pues parte de tres perfiles genéricos[4], aunque debe aclararse que pueden existir otras categorías, que es la siguiente:

---

[4] Sobre el tema: ROEMER, A. (2001). Economía del Crimen. Editorial Limusa. México D.F. pág. 194.

a. Delincuentes sádicos, que son los que tienen una personalidad muy agresiva, y por lo tanto, en el caso de cometer delitos sexuales, éstos individuos canalizan toda su agresividad con el acceso carnal, es su forma de causar daño o de agredir a la persona con la cual expresan sus instintos violentos. En la guerra de los Balcanes y en Ruanda, una de las formas de agresión generada entre los grupos en disputa, era la agresión en contra de las mujeres, como un duro golpe desmoralizante al contendiente, y era fomentado por el estado de barbarie y violencia que impone la guerra. En Colombia, en el conflicto armado se han reportado casos de violación de mujeres, como una forma de violencia o retaliación a sus enemigos, así se presentaron casos de guerrilleros, de paramilitares y de militares, en contra de mujeres pertenecientes a los otros grupos, o en contra de mujeres que eran cónyuges, o compañeros, o hijas, de integrantes de otros grupos[5].

b. Delincuentes oportunistas, son aquellos basados en el anarquismo, es decir, no siguen las normas, no tienen sentido de respeto hacia las reglas mínimas de convivencia, así que viven por fuera de la Ley, y les da lo mismo matar, hurtar o violar, solo buscan la oportunidad para satisfacer sus necesidades[6].

c. Delincuentes con problemas de formación sexual[7], son personas que han tenido eventos traumáticos en su etapa de formación sexual, son por ejemplo, las personas que han sufrido violación en edades tempranas, hombres con baja autoestima y con problemas de socialización con el sexo opuesto, pedofilia, ninfomanía, exhibicionismo, y otro tipo de conductas que generan algunos trastornos en la conducta, que terminan por afectar el comportamiento, hasta llegar a realizar delitos. Los problemas de formación sexual surgen también, en el caso de los hombres, cuando hay dificultad en mantener relaciones de

---

5 Ob. Cit. Pág. 194
6 Ob. Cit. Pág. 194
7 Ob. Cit. Pág. 194

coordinación con una pareja, y se sienten más cómodos con relaciones de subordinación, en estos casos, los hombres subordinan a sus parejas a través de la violencia, llegando a la violación de las mismas, o en un deseo reprimido, acudiendo a la prostitución, o a la violación de otras personas.

Uno de los problemas de los delincuentes sexuales, es que este tipo de delitos se puede convertir en pasionales, cuya motivación es meramente instintiva o emotiva, a tal punto que no hay forma de que estos delincuentes hagan un análisis racional entre los costos y los beneficios de la realización de un delito, y a falta de dicha ponderación, terminan realizando el delito por una obsesión hacia una persona, que son los casos de los acosadores y de los celosos compulsivos, que terminan agrediendo sexualmente a una mujer, y en muchas ocasiones, matándola por considerarlas como un objeto de pertenencia o un trofeo, que les pertenece a ellos y a nadie más. Los delitos pasionales, son los más difíciles de prevenir, porque al delincuente no le importa que le impongan 50 años o diez cadenas perpetuas, porque al delincuente lo que realmente le interesa es satisfacer sus necesidades. En el caso de los violadores, éstos pueden ser perfectamente delincuentes pasionales, cuando lo único que buscan es satisfacer un deseo o un instinto, o una obsesión por alguna persona. Un ejemplo de estos delitos pasionales son los de los esposos que matan a sus esposas por celos, o incluso el caso de Natalia Ponce de León, quién fue víctima de un delincuente obsesionado por ella.

Otro punto que se debe analizar en los casos de los violadores, es determinar si además de psicópatas, se han convertido en asesinos en serie, y ello ya es un tema más complejo. Los asesinos en serie son llamados así por que incurren varias veces en un patrón de conducta delictiva que se puede caracterizar como homogénea. Es decir, el asesino en serie mantiene un mismo patrón para asesinar y convierte su conducta en un ritual. Todos sus actos pueden tener varias características comunes, como son la similitud morfológica de las víctimas, las mismas lesiones, el mismo modo operandi, un arma especial, un patrón de muerte similar, entre otros. Cuando un delincuente sexual se convierte a su vez en un asesino en serie, es mucho más complicado prevenirlo y capturarlo, pues se especializa, y comienza a generar un placer "casi narcótico" por lo que hace, que para él se convierte en un arte, que va perfeccionando a medida que van creciendo sus víctimas. Cuando las autoridades comienzan a seguirle la pista, comienzan a sufrir de un delirio y se vuelven mucho más agresivos y peligrosos para las víctimas y la sociedad en general, pues se convierten en delincuentes pasionales, y todo el que se atraviese en su camino es una amenaza que le impide lograr su objetivo y su obsesión.

Luego de analizar todo este panorama desde el punto de vista social, si el psicópata sufre de uno o varios trastornos que son la base de su comportamiento, el debate que se traslada al campo jurídico, es el de determinar si el delincuente puede ser considerado como inimputable o no.

Si se considera inimputable, con trastorno mental de carácter permanente, se le puede recluir en un centro psiquiátrico hasta 20 años, si el trastorno es de carácter temporal, se puede recluir en un centro psiquiátrico hasta 10 años.

Si por el contrario se le considera como un imputable, puede afrontar penas de prisión hasta de 60 años.

Hasta el momento, Garavito, el Mostruo de los cañaduzales y el último caso del Uribe Noguera, todos han sido considerados como imputables, al determinarse por parte de los jueces que todos ellos actuaban con plena comprensión de la ilicitud de sus actos, y por ello, no fueron tratados como inimputables a pesar de ser evidente que sufrían de trastornos mentales. Por esta razón es que no fueron a centros psiquiátricos, sino a la cárcel.

Sin embargo, esta postura no se encuentra libre de objeciones por parte de la doctrina, pues en los casos de psicópatas y otros casos similares, son los trastornos mentales y personales, las causas por las cuales ellos cometen los delitos, pues de no sufrirlos, de seguro no los cometerían, y actuarían como las demás personas.

De acuerdo con lo anterior, los delincuentes con trastornos mentales no requerirían de tratamiento penitenciario dirigido a la resocialización, sino de un tratamiento psiquiátrico que busque curarlos de su enfermedad (Arts. 4 y 5 del Código Penal). Sin embargo, son recluidos en prisión donde nunca recibirían el tratamiento que ellos requieren, y cuando quedan libres por cumplimiento de la pena, hay menos garantías de su posible recuperación y resocialización, y ello es mucho más peligroso para la sociedad.

El gran problema con la postura de internarlos en centros psiquiátricos, es que en el caso de recibir tratamiento médico y se les certifique que el trastorno desapareció, podrán volver a la sociedad libres. Pero, en el caso de los violadores y pedófilos, donde los psiquiatras han manifestado que no existe seguridad de un tratamiento efectivo para curarlos, el máximo tiempo que pueden durar recluidos en un centro psiquiátrico según la Ley es de 20 años.

Ahora bien, de acuerdo con la Constitución y los tratados internacionales de derechos humanos suscritos por Colombia, el fin de la pena debe ser la resocialización del individuo, para que éste vuelva a la vida en comunidad, sin embargo, por un lado en la cárcel los delincuentes sexuales no reciben un programa de resocialización tendiente a que vuelvan a la sociedad, pues este tipo de delincuentes requiere de un tratamiento clínico especial que no está disponible en las cárceles de Colombia; y por el otro, los centros psiquiátricos que le podrían brindar un tratamiento a este tipo de delincuentes, no pueden certificar su curación y el tiempo de reclusión es muy corto, para el peligro que estos delincuentes representan para la sociedad.

Así las cosas, considero que el derecho penal en el caso de los violadores y pedófilos no tiene una respuesta satisfactoria, y no puede tratarlos como otro tipo de delincuentes, o como cualquier tipo de inimputables. Se requiere categorizar a estos delincuentes de una forma especial en el código penal y tratarlos de una forma más coherente con su situación mental. De esta manera, se requiere:

1) Que reciban una valoración médica de su estado mental.

2) Que se les coloque en un lugar de reclusión donde reciban un tratamiento médico adecuado con su estado mental, pues de lo contrario ni se cumple el fin de la resocialización, ni tampoco se puede intentar su curación, y si ello no es así, cuando cumplan la pena, salen libres a la sociedad con el mismo problema.

3) Y que se les impongan tiempos de reclusión suficientes para neutralizar el riesgo que su enfermedad representa para la sociedad, partiendo del delito cometido, que puede ser como mínimo de 40 años.

4) Por otra parte, el sitio de reclusión no puede ser cualquier centro psiquiátrico debido a que las condiciones de seguridad de estos establecimientos no son los apropiados para mantener recluidos a las personas más peligrosas que pueden existir en la sociedad. Estas personas deben ser recluidas en pabellones de máxima seguridad, para evitar que se escapen de la prisión, y que otras personas atenten contra su vida.

5) La mejor forma de prevención del delito es la agilidad y la rapidez de la captura, investigación y procesamiento de los delincuentes, más que el aumento de penas.

Lo cierto es que la discusión sobre la inimputabilidad de estos individuos lleva a la Ley penal a unos tratamientos punitivos que no van acorde con la condición mental de los delincuentes, porque si los trata como personas normales salen de la cárcel y siguen representando el mismo peligro para la sociedad. Y por la otra, no pueden estar en centros psiquiátricos en los que se puedan escapar y donde no exista personal idóneo para saberlos controlar y tratar. En estos casos, la curación no podría ser el único fin de sanción, pues no existe un tratamiento que científicamente garantice que una persona como Garavito no vuelva a delinquir. De acuerdo con ello, la curación no se encuentra aprobada científicamente para este tipo de delincuentes, así que se hace necesario que el tratamiento sea aplicado como una fórmula integrada a su proceso de resocialización, y busca mejorar su calidad de vida, dándole un tratamiento para su enfermedad.

2. EL ACOSO SEXUAL EL PREAMBULO O EL ITER CRIMINIS DE LA VIOLACION.

Por: Jorge Arturo Abello Gual

En el Código Penal Colombiano se establece como delito el acoso sexual, en el artículo 201 A de la siguiente manera:

> ARTÍCULO 210-A. ACOSO SEXUAL. <Artículo adicionado por el artículo 29 de la Ley 1257 de 2008. El nuevo texto es el siguiente:> El que en beneficio suyo o de un tercero y valiéndose de su superioridad manifiesta o relaciones de autoridad o de poder, edad, sexo, posición laboral, social, familiar o económica, acose, persiga, hostigue o asedie física o verbalmente, con fines sexuales no consentidos, a otra persona, incurrirá en prisión de uno (1) a tres (3) años.

Como podemos ver se trata de un delito que castiga con pena, actos previos a una posible agresión sexual de acoso, hostigamiento, persecución o asedio con fines sexuales no consentidos[8].

El sujeto debe buscar un beneficio sexual para sí o para un tercero, valiéndose de su superioridad manifiesta o relaciones de autoridad o de poder, edad, sexo, posición laboral, social, familiar o económica[9]. Es decir, el código coloca una relación de fin (beneficio sexual), con un medio, que es valiéndose de alguna de las situaciones antes dichas. Sin embargo, estos límites impuestos en estos elementos descriptivos no se compadecen con el acoso sexual, pues, el acoso sexual se puede presentar entre compañeros de trabajo, vecinos, compañeros de clase, o por parte de un conocido o incluso de un desconocido sin necesidad de que existan esas condiciones.

El tipo penal, pretende encasillar los casos de acoso sexual a los típicos casos de acoso que se presentan en relaciones sociales de subordinación, como entre un jefe y su asistente, entre un profesor y su alumna, o entre un tío y una sobrina, pero lo cierto es que el acoso sexual se puede presentar como lo vimos entre personas que se encuentran en igualdad de condiciones, y lo relevante en esos casos, son más bien, las conductas de persecución, hostigamiento, acoso o asedio con fines sexuales no consentidos.

El cuestionamiento se genera, es que un acto de acoso no debe depender de una circunstancia de superioridad autoridad o de poder, porque el acoso sexual, fácilmente se puede presentar entre compañeros de trabajo que tienen el mismo nivel jerárquico, así como compañeros de clase, vecinos o de personas conocidas o desconocidas. En este tipo de casos, solo quedará analizar la superioridad desde el punto de vista del sexo (por ser hombre), o social, partiendo del contexto de la situación, donde, se pueda

---

[8] ARBOLEDA, M; RUIZ, J. (2019) Manual de derecho penal especial. Decimosexta edición. Leyer Uniacademia. Pág 310
[9] Ob. Cit. Pág. 310.

determinar, que el desconocido aprovecha su situación en el contexto para acosar a la persona, como el hecho de estar cerca o próximo a la víctima, como ocurre en el caso de los vecinos, los compañeros de clase o de trabajo.

Igualmente, sobre el delito de acoso sexual, debe analizarse la diferencia entre el acoso y el coqueteo. Es necesario analizar los contextos en que se presenta un acoso sexual, pues se habla de actos de acoso que no cuentan con el consentimiento de la víctima. Por tanto, los actos de coqueteo no pueden contar con un consentimiento ni expreso ni tácito, por lo que debe existir un rechazo por parte de la víctima, o una actitud que así lo deje notar, como la ignorancia, el desprecio o la incomodidad.

Es claro que muchas mujeres que sufren del acoso, no tienen la oportunidad de rechazar expresamente a su acosador, ya sea por miedo al qué dirán, o al poder que tiene el acosador, o a la fuerza o a un posible chantaje. Una mujer puede callar ante un acto de acoso, las mujeres los han sufrido a lo largo de la historia, tratan de ignorarlo, y en muchas ocasiones, callan para evitar problemas con el esposo, con el novio, o con sus padres, pues al comentar que están siendo acosadas, o terminan siendo juzgadas, o terminan por causar un enfrentamiento con el acosador.

Las mujeres que sufren acoso y lo denuncian salen de ese prototipo de la mujer sumisa, callada y anegada, y entran al conflicto social, que genera polarización, es decir, entre la mujer rebelde, problemática, arribista, coqueta entre otras, o la mujer que exige respeto por su dignidad, y que busca que el acoso acabe, y que otras mujeres no lo sufran.

El acoso sexual es un delito, es una conducta reprochable penalmente, y todo aquel que lo sufra tiene derecho a denunciar, no es ni un acto de rebeldía, ni tampoco es un favor que se le hace a la sociedad. Es una lucha en contra de una cultura acosadora que se aprovecha de su impunidad y que persiste causando muchos perjuicios a las víctimas, además, que el acoso es el perfecto preludio para una violación o un acceso carnal violento, cuando no se detiene a tiempo.

Se presentan tres casos tipos de acosos, los laborales, en los que un jefe acosa a su asistente. Este tipo de acoso se presenta tanto en empresas privadas como en entidades públicas. El jefe aprovecha su posición de poder, para invitar a su empleada a fiestas, viajes, y organiza trabajos para compartir más tiempo con ella, la invita a comer, a almorzar, hasta que expresa sus intenciones, que se enamoró, que quiere tener una relación, o sencillamente que quiere tener solo sexo. A esa propuesta, de no encontrar recepción, comienza el acoso, las palabras incómodas, el chantaje, las amenazas, y puede llegar a la violación.

Otro de los casos tipos, son los compañeros de clases o los compañeros de trabajo. Comienzan con el coqueteo, buscan hacer trabajos para acercarse a su víctima, y luego cuando tienen confianza se lanzan y descubren sus intenciones. Si la propuesta es rechazada, comienza igualmente el acoso con las palabras incómodas, el chantaje, las amenazas, y puede llegar a la violación, en la cual, aprovechan fiestas en común, le suministran alcohol y drogas, o se aprovechan de que la víctima se encuentre en ese estado y acceden a ellas, en estado de inconciencia.

El otro caso tipo es el de bailarinas y meseras de establecimientos abiertos al público. Un cliente se fija en una bailarina o mesera y comienza a solicitar sus servicios para tener un acercamiento, le envía mensajes, tarjetas y le da buenas propinas. Le propone directamente o a través de su jefe, una relación sentimental o sexual, o la posibilidad de una relación. El rechazo, genera la insistencia y la presión, y buscan con ofrecimiento de dinero y regalos, buscar su atención. Les vuelven el trabajo imposible, les afectan sus relaciones sentimentales con novios o esposos, y también presionan a sus jefes que las despidan, cuando tienen ese poder.

Este tipo de patrones comportamentales es repetitivo en otros casos como por ejemplo, en el caso de las enfermeras, azafatas y mujeres que trabajan en la fuerza pública, que se encuentran rodeadas de un ambiente masculino, y que padecen el acoso de médicos y pacientes (enfermeras, de los pilotos y de los pasajeros (azafatas), y de sus superiores y compañeros (mujeres policías o soldados). En estos casos las jornadas de trabajo extendidas, el aislamiento familiar en misiones o viajes son factores que favorecen a los acosadores, que se acercan a estas mujeres con regalos y detalles en situaciones de vulnerabilidad o nostalgia, y al ser rechazados, comienzan con el acoso sexual.

Los móviles de los acosadores pueden ser los mismos de los violadores, pues como se dijo, el acoso sexual, puede ser una fase previa a una violación, y se plantean los siguientes:

1. Instinto primitivo de la propiedad sobre la mujer[10], en estos casos, el hombre se considera superior, y ve a una mujer como un ser inferior, y como un objeto. La mujer no puede superar al hombre, no lo puede rechazar, qué se cree.
2. El rechazo inaceptable[11], que es el caso de los hombres exitosos que siempre consiguen su objetivo, y que no asimilan un fracaso o una derrota y se obsesionan por lograr la atención de una mujer. Por lo tanto, insisten e insisten y no se dan por vencidos.
3. La venganza al desprecio o la humillación[12], en estos casos, los hombres rechazados o humillados por una mujer reaccionan violentamente, y en estos casos los acosos, se terminan convirtiendo en violaciones.
4. El placer por causar dolor y humillación[13], en estos casos, existe un placer del acosador, en hacer sentir mal a su víctima, disfruta

---

[10] Ibañez, J. (2012). Psicología e investigación criminal: la delincuencia especial. Madrid. Pags 48-49
[11] Ibíd. Pág. 48-49
[12] Ob. Cit. Pág. 48-49
[13] Ob. Cit. Pág. 48-49

torturándola y ultrajándola verbalmente, y asediándola para hacerla sentir mal.

5. Lograr un fetiche o una fantasía sexual[14], en estos casos, un acosador puede tener un fetiche con un objeto o con un acto de contenido sexual con la víctima, y decide acosarla previamente, para obtener una respuesta positiva a su proposición, a lo cual la víctima se niega.

6. Asechadores que buscan obtener lo que en condiciones normales nunca podrían obtener[15]. Son las personas que por sus condiciones morfológicas, personales y económicas (personas tímidas y con muy baja autoestima), no podrían nunca tener una relación con una mujer determinada, y la única forma de obtener lo que quieren, es acosándolas para finalmente llegar a una violación.

---

14 Ob. Cit. Pág. 48-49
15 Ob. Cit. Pág. 48-49

3. EL ACOSO SEXUAL LABORAL

Por: Johanna Carolina Bula Carreño.

El acoso sexual laboral es otra de las formas de violencia que las mujeres tenemos que enfrentar, porque, aunque se lea repetitivo en este blog, es una conducta que afecta en su mayoría a las mujeres y que a pesar de todo lo reprochable que es, no ha dejado de estar presente en los espacios de trabajo.

A una larga lista de desigualdades que las mujeres de todas partes debemos afrontar, se le suman las asociadas al mundo laboral, que no son distintas a las cotidianas, pues la raíz de todo se encuentra en la mentalidad de los perpetradores y la vulnerabilidad de las víctimas.

Es así como hombres y mujeres, una vez más están en una relación desigual y son estos primeros quienes convierten el espacio de trabajo, en un lugar inseguro.

Se supone que el trabajo dignifica y que es un derecho para hombres y mujeres en la misma proporción. Pero los derechos de las mujeres, esos que escritos en papel son una maravilla, en la realidad son solo palabras muy fáciles de ignorar.

Mientras los hombres sigan considerando a la mujer, un ser humano de segunda categoría, aquel miembro de la especie que está para atender sus necesidades, va a seguirse reproduciendo la idea de que las mujeres somos objeto de deseo del otro, se nos ve como algo y se nos trata muy por debajo de las expectativas.

Las empresas y en general los entornos laborales y de trabajo, están llenos de testosterona no controlada, esa que dicta que, si se comparte el espacio con una mujer, está debe ser la que sirva el tinto el tinto en las reuniones, es la persona a la que se le mira su físico y sobre la cual todos se sienten con derecho a opinar o a acosar.

Las mujeres no tenemos por qué soportar el suplicio de la falta de control de los impulsos de hombres que no tienen una correcta formación sexual, que ven en el escote de una compañera de trabajo una invitación sexual a su nombre. Ni somos las responsables de las ideas arcaicas que tradicionalmente las religiones nos impusieron, como las causantes de los deseos irrefrenables de los hombres. No somos la causa de la falta de educación y formación sexual masculina, pero si somos las víctimas de ella.

Por eso debemos alzar la voz cada vez más fuerte, por cada una que ha sido objeto de comentarios de índole sexual, por aquella a la que rozan o frotan sin su consentimiento; por aquella a la que han texteado insolencias; por aquella a la que siendo mejor que los demás, fue descrita como la que llegó a donde está por favores sexuales; por aquella que recibe correos electrónicos con insistentes invitaciones que ha rehusado mil veces; por aquella que ha sido objeto de las miradas libidinosas y las sonrisas macabras de un macho que considera que ella está ahí para satisfacer sus fantasías; por aquella que no va a la cafetería para no ser abrazada, ni tocada; por aquella que recibió fotos intimas de un jefe o compañero de trabajo sin ser pedidas; por aquella que ha dejado un trabajo por el que luchó porque no soportó el acoso por parte del jefe o algún compañero de trabajo; por aquella que sale a visitar a los clientes y estos le faltan el respeto agarrando sus cinturas o sus cuerpos sin permiso y siente que debe aguantarlo para no perder el trabajo.

Por todas y cada una de las mujeres que hemos tenido la sensación de ser las culpables de estas conductas.

¿QUE ES EL MOBBING O ACOSO LABORAL?

De acuerdo con el observatorio vasco sobre acoso laboral, el mobbing se puede definir de la siguiente manera:

> "Toda conducta que, realizada en el contexto de una relación de prestación de servicios profesionales, tiene por objeto o por efecto la creación de un ambiente intimidatorio, ofensivo o humillantes para una o varias personas, susceptibles de provocar daños a su integridad personal, ya en su vertiente física, psíquica o en la moral"[16]

Se entenderá por acoso laboral toda conducta persistente y demostrable, ejercida sobre un empleado, trabajador por parte de un empleador, un jefe o superior jerárquico inmediato o mediato, un compañero de trabajo o un subalterno, encaminada a infundir miedo, intimidación, terror y angustia, a causar perjuicio laboral, generar desmotivación en el trabajo, o inducir la renuncia del mismo.[17]

MODALIDADES DE ACOSO LABORAL DE ACUERDO A LA LEY 1010 DE 2006

En la ley 1010 de 2006 se definen las siguientes clases de acoso laboral:

---

[16] Observatorio vasco sobre el acoso moral en el trabajo; https://www.observatoriovascosobreacoso.com/ [Consultado el 16 de junio de 2020]

[17] **Ley 1010 de 2006** *Por medio de la cual se adoptan medidas para prevenir, corregir y sancionar el acoso laboral y otros hostigamientos en el marco de las relaciones de trabajo. (enero 23) Diario Oficial No. 46.160, de 23 de enero de 2006*

Maltrato laboral. Todo acto de violencia contra la integridad física o moral, la libertad física o sexual y los bienes de quien se desempeñe como empleado o trabajador; toda expresión verbal injuriosa o ultrajante que lesione la integridad moral o los derechos a la intimidad y al buen nombre de quienes participen en una relación de trabajo de tipo laboral o todo comportamiento tendiente a menoscabar la autoestima y la dignidad de quien participe en una relación de trabajo de tipo laboral.

Persecución laboral: toda conducta cuyas características de reiteración o evidente arbitrariedad permitan inferir el propósito de inducir la renuncia del empleado o trabajador, mediante la descalificación, la carga excesiva de trabajo y cambios permanentes de horario que puedan producir desmotivación laboral.

Discriminación laboral: todo trato diferenciado por razones de raza, género, origen familiar o nacional, credo religioso, preferencia política o situación social o que carezca de toda razonabilidad desde el punto de vista laboral.

Entorpecimiento laboral: toda acción tendiente a obstaculizar el cumplimiento de la labor o hacerla más gravosa o retardarla con perjuicio para el trabajador o empleado. Constituyen acciones de entorpecimiento laboral, entre otras, la privación, ocultación o inutilización de los insumos, documentos o instrumentos para la labor, la destrucción o pérdida de información, el ocultamiento de correspondencia o mensajes electrónicos.

2.5. Inequidad laboral: Asignación de funciones a menosprecio del trabajador.

2.6. Desprotección laboral: Toda conducta tendiente a poner en riesgo la integridad y la seguridad del trabajador mediante órdenes o asignación de funciones sin el cumplimiento de los requisitos mínimos de protección y seguridad para el trabajador.[18]

Sin embargo, está ley se quedó corta en algunas definiciones y dejó por fuera situaciones como el acoso laboral organizacional, así como lo poco efectivo del procedimiento para prevenir estas situaciones, sin mencionar las dificultades en las que se encuentra una persona víctima de estas conductas a nivel probatorio y la poca cultura de protección a las víctimas que en este escenario no es una excepción, pues quien denuncia, suele ser catalogado como persona problemática, "delicada" y termina siendo objeto de duras críticas.

Hay otras modalidades de acoso que la realidad nos exige tener presentes estas son:

a.   El acoso laboral maternal

b.   El acoso sexual laboral

c.   El acoso a través de los medios electrónicos

d.   El acoso organizacional

¿QUÉ ES EL ACOSO SEXUAL?

Existen varias definiciones de acoso sexual, pero una que me parece bastante apropiada es la dada por la red colombiana de periodistas, que versa de la siguiente manera:

---

[18] **Ley 1010 de 2006** *Por medio de la cual se adoptan medidas para prevenir, corregir y sancionar el acoso laboral y otros hostigamientos en el marco de las relaciones de trabajo. (enero 23) Diario Oficial No. 46.160, de 23 de enero de 2006*

"Comportamiento en función del sexo, de carácter desagradable y ofensivo para la persona que lo sufre. Para que se trate de acoso sexual es necesaria la confluencia de ambos aspectos negativos: no deseado y ofensivo".[19]

El acoso sexual fue incluido en el código penal en el artículo 210 A, como un delito mediante el artículo 29 de la ley 1257 de 2008.[20]

> **Artículo 210 A. Acoso sexual.** El que en beneficio suyo o de un tercero y valiéndose de su superioridad manifiesta o relaciones de autoridad o de poder, edad, sexo, posición laboral, social, familiar o económica, acose, persiga, hostigue o asedie física o verbalmente, con fines sexuales no consentidos, a otra persona, incurrirá en prisión de uno (1) a tres (3) años.[21]

Según la Corte Suprema de Justicia para que se configure el acoso sexual se requieren de los siguientes requisitos:

a. Un acto verbal o físico que implica "acciones, tocamientos, señas o conductas de naturaleza sexual y que no constituyen un delito más grave"

b. Debe haber una relación de superioridad (asimetría entre la víctima y el agresor)

---

[19] **¿QUÉ ES EL ACOSO SEXUAL?** Red Colombiana de periodistas con visión de género. Disponible en http://www.redperiodistasgenero.org/que-es-el-acoso-sexual/ [Consultado el 15 de junio de 2020]

[20] **Ley 1257 de 2008** (diciembre 4) *"por la cual se dictan normas de sensibilización, prevención y sanción de formas de violencia y discriminación contra las mujeres, se reforman los Códigos Penal, de Procedimiento Penal, la ley 294 de 1996 y se dictan otras disposiciones".* Congreso de Colombia. 2008.

[21] Ley 599 de 2000. Por el cual se expide el Código penal colombiano, articulo 210 A

c.   Debe ser una conducta repetitiva, insistente, que genere mortificación en la víctima.

d.   conductas no consentidas que buscan un favor sexual en beneficio propio o de un tercero

e.   no se trata de un delito de resultado, en lo que al cometido eminentemente sexual respecta, puesto que no necesarlamente se desea la relación sexual, si no que la conducta va orientada a hacer comentarios obscenos, insinuaciones, ligeros tocamientos. [22]

EL ACOSO SEXUAL LABORAL

La OIT define el acoso sexual como un comportamiento en función del sexo, de carácter desagradable y ofensivo para la persona que lo sufre. Para que se trate de acoso sexual es necesaria la confluencia de ambos aspectos negativos.

El acoso sexual puede presentarse de dos formas:

1) Quid Pro Quo, cuando se condiciona a la víctima con la consecución de un beneficio laboral - aumento de sueldo, promoción o incluso la permanencia en el empleo - para que acceda a comportamientos de connotación sexual, o;

2) El ambiente laboral hostil en el que la conducta da lugar a situaciones de intimidación o humillación de la víctima.[23]

Uno de los reclamos a los que se sienten con derecho los hombres es decir que ***"ahora todo es acoso, que antes a las mujeres se les***

---

[22] CORTE SUPREMA DE JUSTICIA, SALA DE CASACIÓN PENAL, M.P FERNANDO LEÓN BOLAÑOS PALACIOS SP107-2018 Radicado N° 49799. Aprobado Acta No. 38. Bogotá, D.C., 7 de febrero de 2018

[23] Declaración relativa a los Principios y Derechos Fundamentales en el Trabajo. *Acoso sexual en el lugar de trabajo*. Oficina internacional del trabajo. https://www.ilo.org/wcmsp5/groups/public/---ed_norm/---declaration/documents/publication/wcms_decl_fs_115_es.pdf [Consultado el 16 de junio de 2020]

__podían decir piropos y ser galantes y que las mujeres eran__
__felices con eso",__ ante esa clase de comentarios uno debe respirar hondo, a veces es difícil creer que uno tenga de interlocutor a una persona que no es capaz de reconocer que la molestia que ahora expresan las mujeres no es nueva, lo que es nuevo es poder alzar la voz, con un poco más de certeza de ser escuchada y no ser tildada como culpable de las conductas inapropiadas en su contra. Y que eso que según él es galantería, quizá lo sería si existiera por la otra parte consentimiento, pero que, siendo capricho suyo, son acoso.

Las mujeres de antes, sentían una obligación de sometimiento al poder masculino y al existir desigualdades en estudios y puestos ocupados, se tomaba esta subordinación como una especie de permiso para acosar, no es que todo ahora sea acoso, siempre ha sido acoso.

Sin embargo, vencer los temores asociados a la denuncia es algo que aun cuesta mucho a varias mujeres.

Ser educadas en la culpa, ser criadas en la obediencia ciega a las figuras masculinas del hogar y la sociedad, juegan un papel en contra de nosotras, que en situaciones de vulneración de derechos por parte de un hombre hace que se lleguen a generar sentimientos encontrados.

El miedo a perder el trabajo y lo más común en ámbitos laborales, ser catalogada como "la zorra que se lo buscó", "la bandida que lo propició", entre otras, porque de alguna manera las mujeres cargamos el lastre histórico de ser las culpables de los deseos de los hombres y de las acciones que les siguen a estos deseos, cuando los únicos culpables son ellos mismos.

También es de suma importancia mencionar que debido a la poca importancia que se le da en las empresas a la regulación de estas conductas, las mujeres que denuncian son catalogadas como "empleadas problemáticas" "muy sensibles", como si aguantar conductas de acoso sexual fuera una obligación y la que más aguante es la más fuerte.

A MODO DE CONCLUSIÓN

De los temas estudiados hasta el momento, podemos plantear que los elementos constitutivos del acoso sexual laboral son los siguientes:

·   Un comportamiento sexual o de connotación sexual

·   Indeseado por el sujeto afectado

·   Se desarrolla en el ámbito de organización y dirección del empresario.

Cada caso contiene variables distintas, puesto que el victimario y la victima son personas distintas y la evolución de los estudios sobre este delito, ha sido a mi parecer muy lenta y bastante permisiva con los hombres.

El acoso sexual laboral, tiene por objetivo hacer sentir a la víctima vulnerable, desprotegida, hacerla sentir que el lugar de trabajo no es un lugar seguro y ¿quién puede desempeñarse de la mejor manera, cuando se siente constantemente amenazada? Tocará empezar a hablar de las pérdidas económicas asociadas a esta conducta, quizá tocando algo que les duele (la plata) consideren no ser permisivos ni cómplices, puesto que si hay consecuencias económicas y de productividad en las empresas donde se presentan casos de acoso sexual. Ya que las consecuencias psicológicas y emocionales de la mujer víctima y su entorno, no parecen quitarles el sueño.

Las consecuencias varían de acuerdo a la víctima, pues no todas las personas tienen la misma capacidad para enfrentar situaciones de este tipo y las condiciones emocionales en las que se encuentre la persona tampoco son iguales.

Por ejemplo: las secuelas y consecuencias no van a ser las mismas entre una mujer que ha sido víctima de algún tipo de violencia de género que en una persona que no ha pasado por un episodio de estos.

Esto no quiere excusar ni minimizar el daño que la conducta del acosador tiene sobre ninguna de las dos, es tratar de concientizar que hay a quienes afecta más.

Una mujer que experimenta un duelo por la muerte de un ser querido y que tenga que enfrentar acoso laboral en su espacio de trabajo.

Una mujer que es víctima de violencia intrafamiliar y reciba mensajes, correos de un jefe o compañero de índole sexual, va a sufrir en mayor medida las consecuencias de estas conductas, que los hombres llaman de coqueteo o juegos.

No son lo uno, ni son lo otro.

La diferencia entre coqueteo y acoso es el consentimiento, un concepto que ha sido muy difícil de entender; tan difícil como sacarle de la cabeza a los hombres de que "cuando una mujer dice que no, quiere decir que sí" o "se está haciendo la difícil", el nivel de egocentrismo no les da para concluir que, si a ti te gusta una mujer, ella no tiene que corresponderte. Ni tiene porque aceptar como si fuera un honor, conductas inapropiadas en su entorno laboral.

4. EL MOBBING O ACOSO MATERNAL COMO VIOLENCIA DE GENERO.

Por: Johanna Carolina Bula Carreño.

En el anterior capitulo se trato el tema del acoso laboral y del acoso sexual laboral, en este aparte, vamos a tratar especialmente, el acoso maternal laboral.

No toda exigencia es acoso, ni tener un jefe difícil es tener un jefe acosador, hay que saber distinguir las situaciones laborales que se nos presentan.

Pero hay situaciones que sí lo son y hay muchas maneras en las que el acoso se manifiesta. Por razón de género, las mujeres sufrimos más acoso laboral que los hombres y una en particular recae sobre las mujeres y es EL MOBBING O ACOSO MATERNAL.

Esta modalidad de acoso es aún muy desconocida, pero merece toda nuestra atención y que apliquemos mecanismos que puedan erradicar su práctica, pues sus afectos adversos afectan a la mujer gestante y al feto.

Un cambio de mentalidad social es fundamental para entender que la maternidad no afecta las habilidades de la mujer trabajadora, ni reduce su inteligencia, que las labores de cuidado deben ser compartidas y que se tiene un deber legal hacia las mujeres que los empleadores deben cumplir y respetar.

En esta ocasión, me dedicaré al **ACOSO LABORAL MATERNAL**, no sólo por ser uno de los más desconocidos, a pesar de ser una práctica bastante habitual.

Una que empieza a mostrarse desde las entrevistas de trabajo, en la cual, y a pesar de estar prohibido a las mujeres se les pregunta por sus planes acerca de la maternidad, pues en muchas ocasiones estos planes no van con las expectativas de las directivas, más bien, son rechazadas, pero solo en el caso de que seas mujer, ya que el pensamiento mayoritario es que la mujer es quien debe encargarse de la crianza, educación y cuidado de los hijos de manera casi que exclusiva, por eso una empleada mujer representa permisos para llevar al médico, a reuniones escolares, ausentismo por razón de enfermedad de los hijos, nos ubica en la potestad exclusiva de las labores de cuidado.

Todo un sistema y cultura que se desmontaría con la paternidad responsable, aquella en que las persona comprometidas con la crianza, se involucran de la misma manera, tienen una distribución equitativa de tareas y se comparten las responsabilidades que históricamente se le han querido poner en los hombros de las mujeres, con la floja premisa de que nos son innatas y obligatorias las labores de cuidado.

¿QUÉ ES EL MOBBING O ACOSO LABORAL MATERNAL?

El "acoso laboral maternal" es un tipo de *mobbing* que surge cuando la trabajadora que se encuentra embarazada es vista como un obstáculo para los fines de la empresa, razón por la cual se emplean todos los medios necesarios para que renuncie voluntariamente a su empleo".[24]

---

[24] CAMACHO-RAMIRES, Adriana. (2018). *Acoso laboral o mobbing.* Bogotá: Editorial Universidad del Rosario.

Estas acciones o ataques sistemáticos incluyen a las mujeres embarazadas, a las que acaban de serlo o aquellas que manifiesten su deseo de serlo.

Este tipo de acoso atenta directamente contra la libertad de elección de muchas mujeres, que no pueden elegir quedarse embarazadas sin ver peligrar su puesto de trabajo o sin ser sometidas a humillaciones y malos tratos.

"En este caso el objetivo del *acosador*, que suele ser el empresario, puede ser múltiple. Por un lado, es frecuente aislar y vaciar de contenido el puesto de trabajo de la víctima para que abandone la empresa sin contraprestación alguna; y por otro lado pretende ser ejemplarizante para que el resto de mujeres de la empresa no se queden embarazadas, o si deciden ser madres, renuncien de forma voluntaria a permisos y beneficios laborales."[25]

Con acciones como: dejarles de hablar, hacerlas sentir incomodas por su estado, hacer comentarios sobre su aspecto o sobre la forma en que ha desmejorado su desempeño laboral, asignarle tareas que hasta el momento no había hecho y no por recomendaciones médicas, no ser tenidas en cuenta en procesos de selección o de promoción, la no renovación de sus contratos, ser despedidas después de finalizar su licencia de maternidad, burlas sobre su apariencia física y los cambios por causa del embarazo, negar permisos injustificadamente, hacerlas sentir culpables al momento de solicitar el cumplimiento de sus derechos, entre muchas otras actitudes y manifestaciones de discriminación a las que en ocasiones se suman los compañeros de trabajo.

Dentro de los 2 objetivos principales del mobbing o acoso maternal están:

1. La renuncia voluntaria de la trabajadora

---

[25] LEDESMA, Elisa. *El acoso maternal.* 3 de abril de 2020. Medio Jupsin.com. Consultado el 15 de junio de 2020   https://jupsin.com/en-sus-manos/acoso-maternal/

2. La segunda es sentar un precedente que las demás empleadas no puedan olvidar. Iñaki Peñuel, psicólogo español quien ha investigado en profundidad el acoso psicológico en el trabajo y en la etapa escolar, asegura que los casos de acoso laboral de mujeres gestantes "se dan a título ejemplarizante porque no se hacen solo para destruir a la persona sino para inducir un efecto social en las que están viendo, en este caso otras mujeres, y que se van a pensar dos veces el hecho de tener hijos".[26]

LA MATERNIDAD COMO FACTOR DE DESIGUALDAD SOCIAL Y LABORAL

Las diferencias que se convierten en factores de desigualdad entre hombres y mujeres son muchas y traer hijos al mundo es definitivamente una de ellas.

A pesar de la romantización de la maternidad y de que la sociedad nos mete en la cabeza que nuestra función más importante es la de reproducirnos, nos muestra una cara muy distinta, cuando se requiere la protección del entorno y el respeto de nuestros derechos, situaciones que se repiten y socialmente encuentran espacio al amparo de ideas de que la maternidad es sacrificio y la mujer madre debe ser sumisa.

El entorno laboral no es ajeno a esto, pues pensar en contratar mujeres, es tener que pensar en respetar sus derechos y eso parece ser mucho pedir.

Las mujeres pagamos un precio muy alto con la maternidad, pues conciliar ambos mundos no tendría que suponer una labor titánica y casi imposible, si el entorno y las ideas preconcebidas no lo hicieran así.

---

[26] *El 'pecado' de quedar en embarazo*. 04 de octubre 2016. Periodico El tiempo. Consultado el 15 de junio de 2020

No es la maternidad, es la forma en que la sociedad ha concebido como debe ser la maternidad y que las labores de crianza y cuidado no recayeran sobre el terreno exclusivo de las mujeres.

"Desde esta perspectiva, la posición de las mujeres en el mercado laboral –en desventaja– no puede comprenderse sin tener en cuenta los condicionantes o determinantes que impone su rol familiar, de la misma forma que la masculina se explica desde la elevada disponibilidad laboral que le confiere su escasa participación doméstica (Tobío, 1998: 21-22). Este fenómeno y, genéricamente, la posición de las mujeres en las democracias occidentales basadas en la igualdad de derechos para ambos sexos muestran que la desigualdad de género cambia continuamente de forma a lo largo del tiempo para perpetuarse. En este sentido, Rosa Cobo (2005) sugiere que, en este momento histórico, la apuesta del patriarcado es que la igualdad formal no se traduzca en una igualdad real"[27]

Es decir, la mujer asume más horas en el cuidado, horas en las cuales deja de participar en actividades laborales, de ocio, recreación; mientras que los hombres que no participan en labores de cuidado, tienen mucho más tiempo disponible para otras actividades, entre estas, más tiempo para seguirse formando, disfrute en mayor medida de tiempo de actividades de ocio y recreación.

Por algo se habla de la feminización de la pobreza[28], y se incluye el sobrecosto laboral de las mujeres trabajadoras, entre muchos otros factores.

UN DELITO CON DOS VICTIMAS

No solo la mujer madre sufre las consecuencias de este fenómeno, también las sufre el feto en gestación.

---

[27] Royo, Raquel. *Artículo se basa fundamentalmente en Raquel Royo, Maternidad, paternidad y conciliación en la CAE: ¿es el trabajo familiar un trabajo de mujeres?, Bilbao, Universidad de Deusto [en colaboración con Emakunde], 2011*

[28] LENIS, José. *Feminización de la pobreza.* 21 de octubre de 2018. La silla vacía. Consultado el 16 de junio https://lasillavacia.com/silla-llena/red-social/historia/feminizacion-de-la-pobreza-68506

Secuelas en las mujeres: depresión, ansiedad, fobias que antes no existían, un deterioro de la autoestima y de la fortaleza emocional, síndrome de estrés postraumático, insomnio, irritabilidad, ataques de rabia, aislamiento e introversión.

Además, otra de las consecuencias más graves es la sensación de culpa que se instala en la trabajadora y futura madre que interioriza que por razón de su estado, merece ese trato.

Secuelas en el feto: nacen tendentes a ser más nerviosos, a estar intranquilos, a dormir mal. "Ya son víctimas desde el útero materno" (Peñuel, 2001).[29]

El mobbing o acoso maternal es una práctica que debería ser erradicada de los entornos laborales, por las graves implicaciones que tiene, pues afecta muchos aspectos de la vida de las mujeres y condiciona su libertad e integridad, así como es una violación a sus derechos laborales.

Prevención y corrección del acoso laboral.

El empleador está obligado a prevenir y corregir el acoso laboral, en los términos del artículo 9 de la ley 1010 de 2006. A no propiciarlo, ni permitir conductas o acciones que atenten contra la dignidad, la salud física y emocional de la mujer y del feto.

En el reglamento de trabajo.

El empleador está obligado a incluir en el reglamento de trabajo mecanismos para prevenir el acoso laboral, y establecer un procedimiento interno confidencial y conciliatorio para abordar y superar las conductas de acoso laboral que se presenten.

---

[29] PEÑUEL, Iñaki. En entrevista para el artículo *El 'pecado' de quedar en embarazo*. 04 de octubre 2016. Periódico El tiempo. Consultado el 15 de junio de 2020.

Si la persona acosada no encuentra garantías en el comité de convivencia de su empresa, también podrá acudir a un Inspector del Ministerio de Trabajo, a la Procuraduría (si es empleado público), para interponer la queja o denuncia o iniciar demanda ante el juez laboral.

Probar el acoso maternal es difícil, pero hacer respetar los derechos de las mujeres debe ser una prioridad institucional, el respeto a las decisiones.

Que se puede conciliar la maternidad con la vida laboral, pero implica un cambio en las estructuras familiares, sociales y laborales.

5. VIOLENCIA OBSTÉTRICA

Por: Johanna Carolina Bula Carreño.

Las mujeres no tenemos una obligación natural de ser madres, pero en una sociedad que nos impone la maternidad, también nos impone que esta experiencia de trabajo de parto y puerperio traigan consigo experiencias dolorosas, en cumplimiento de los mandatos bíblicos y religiosos de que las mujeres tenemos que parir con dolor.

Esto se adhiere tanto al imaginario de las personas que creen que maltratar e infligir dolor es parte natural del proceso de parto, porque inconscientemente la mujer debe ser castigada moralmente por el hecho de haber tenido sexo.

Tanto daño han hecho las ideas de la mujer virgen y de que el sexo es algo sucio que se traslada a escenarios como las instituciones médicas y su personal.

La crudeza de esta realidad se puede constatar en las historias de trabajo de parto de miles de mujeres y niñas (sí, las niñas también paren, aunque no deberían), de hecho, los invito a hacer el ejercicio con sus conocidas de que les cuenten sus experiencias durante el trabajo de parto y en estos relatos podrán constatar que no es una exageración, ni son cuentos de "feministas delicadas que quieren exigir cosas" (porque al parecer exigir el cumplimiento de tus derechos es descabellado), porque hasta eso en la cabeza de muchas personas es malo, pero tenemos derechos y estos son inherente a nuestra condición de seres humanos.

Y a pesar de que existen lineamientos como los propuestos en las Recomendaciones de la OMS Para los cuidados durante el parto, para una experiencia de parto positiva[i], parecen no ser tomados ni en serio ni en cuenta.

Cabe resaltar que no es una generalización hacia todo el personal de la atención en salud, ni de todas las instituciones, hay personas maravillosas que procuran y defienden los partos y puerperios humanizados, la atención digna, el respeto a sus pacientes, en todas sus dimensiones, son ellos quienes motivan a hacer un llamado de conciencia porque desde su práctica profesional marcan la diferencia y tienen toda mi admiración y respeto.

1.   ¿Qué son los derechos humanos?

Los derechos humanos son derechos inherentes a todos los seres humanos, sin distinción alguna de raza, sexo, nacionalidad, origen étnico, lengua, religión o cualquier otra condición. Entre los derechos humanos se incluyen el derecho a la vida y a la libertad; a no estar sometido ni a esclavitud ni a torturas; a la libertad de opinión y de expresión; a la educación y al trabajo, entre otros muchos. Estos derechos corresponden a todas las personas, sin discriminación alguna.

2.   DERECHO A LA SALUD SEXUAL Y REPRODUCTIVA

Dentro de ese "otros muchos" encontramos el derecho a la salud sexual y reproductiva, uno de los más desconocidos y vulnerados, pues agrupan varios derechos y abogan por la eliminación de prácticas ancestrales y tradicionales, como a concepciones culturales, que, aun siendo contrarias a la ley y al derecho, logran sentar ideas muy fijas en la mentalidad de las personas.

En este espacio voy a referirme a una de las tantas violencias que sufrimos las mujeres en el mundo, casi que, sin distingo alguno, pero que se recrudecen cuando se pertenece a grupos vulnerables y que pretende encontrarles un fin a las prácticas violatorias de derechos durante los procesos de embarazo, parto o puerperio y que se denomina VIOLENCIA OBSTETRICA (VO) que a su vez es una de las diversas manifestaciones de las violencias de género

Cuando nos referimos a este tema de VIOLENCIA OBSTETRICA, no resulta sorprendente lo poco o nada que se habla y se conoce, pues si bien, muchas niñas y mujeres se sienten violentadas, o no se sienten cómodas con el trato que por parte de los prestadores de los servicios de salud tienen para con ellas, porque las hace sentir humilladas, ofendidas, sin voz ni opinión sobre sus mismos cuerpos, haciendo uso de una especie de potestad autoritaria del personal médico, estas mujeres no saben que tienen derecho a exigir el cabal cumplimiento de unos mínimos legales para que no sean afectadas durante las etapas de cada proceso, por eso se hace necesario la apropiación de los conceptos relacionados a la violencia obstétrica (VO) en un intento de proteger el acceso respetuoso, informado, libre y consiente en cada una de las etapas que las mujeres puedan estar viviendo.

De acuerdo al artículo 2º. DEL PROYECTO DE LEY No. 147 DE 2017 que DEFINE LA VIOLENCIA OBSTÉTRICA. Se entiende por violencia obstétrica, toda conducta acción u omisión que ejerzan las personas naturales o jurídicas del Sistema de Salud, de manera directa o indirecta y que afecte a las mujeres durante los procesos de embarazo, parto o puerperio entre otras las siguientes:

a) Omisión de una atención oportuna y eficaz de urgencias obstétricas;

b) Trato deshumanizado en las relaciones asistenciales;

c) Prácticas o procedimientos médicos que no cuenten con el consentimiento informado de la mujer, en especial aquellas que impliquen limitaciones o restricciones de los derechos sexuales y reproductivos;

d) Intromisión no consentida en la privacidad o por revisión invasiva de los órganos genitales.

e) Retención de las mujeres y de los recién nacidos en los centros de salud, debido a su incapacidad de pago;

f) Alteración del proceso natural de parto de bajo riesgo mediante su patologización, abuso de medicación, uso de técnicas de aceleración sin que sean medicamente necesarias;

g) Practicar el parto vía Cesárea, cuando existan condiciones para el parto natural, salvo que medie solicitud libre e informada de la mujer;

h) Dilación de la práctica de interrupción del embarazo en los casos legalmente admisibles, observando en todo caso el derecho de objeción de conciencia;

i) En general todas aquellas formas análogas que lesionen o sean susceptibles de dañar la dignidad, intimidad, integridad o libertad de las mujeres .

3.   LAS MUCHAS CARAS DE LA VIOLENCIA OBSTETRICA

podemos afirmar que la violencia obstétrica tiene muchas caras muy visibles que son:

- VIOLENCIAS DE GÉNERO
- VIOLENCIA INSTITUCIONAL EN LA ATENCIÓN EN SALUD
- VIOLENCIA FÍSICA
- VIOLENCIA PSICO-SOCIAL
- VIOLENCIA COMUNICATIVA

3.1 VIOLENCIAS DE GÉNERO (VG)

Las violencias de género se pueden entender como toda acción de violencia asociada a un ejercicio de poder fundamentado en relaciones asimétricas y desiguales entre hombres y mujeres y en discriminaciones y desigualdades por razones de identidad de género y orientación sexual no normativas. La relevancia del concepto de VG es que ubica la explicación de las violencias en factores culturales y sociales antes que en determinismos biológicos o meramente individuales .

3.2 VIOLENCIA INSTITUCIONAL EN LA ATENCIÓN EN SALUD

La violencia institucional en la atención en salud es la ejercida por el personal de la salud, pues incluye personal médico, de enfermería, anestesiología, etc. , los tratos contrarios a la dignidad, atención que vulnera la libertad de las mujeres, la práctica de intervenciones sin justificación médica, sin que medie autorización por parte de la mujer, como la obligatoriedad del personal de la salud a cumplir protocolos, a pesar de que por su conocimiento saben que su práctica depende de circunstancias particulares. Entre otras prácticas.

Como por ejemplo no explicar a la paciente sobre los procedimientos y sus consecuencias, de forma clara y entendible.

Exigencia de las instituciones a su personal a realizar cesáreas, sin importar el caso.

3.3 VIOLENCIA FISICA

Retraso en la aplicación de la anestesia, inducción del parto sin consentimiento, episiotomías innecesarias (una episiotomía es una incisión que se hace en el perineo —el tejido entre la abertura vaginal y el ano— durante el parto. Aunque el procedimiento antes era una parte rutinaria del parto, ese ya no es el caso.) , tactos vaginales injustificados, rasurar los genitales de la paciente, amarrar a la parturienta a la camilla con el fin de inmovilizarla, impedirle caminar durante el trabajo de parto,

3.4 VIOLENCIA PSICO-SOCIAL

Es la ejercida por el personal de la salud sobre las mujeres y niñas que se encuentran en trabajo de parto y puerperio quienes agreden de manera verbal con frases y expresiones ofensivas, descalificadoras, prejuiciosas, racistas, ocasionando daños emocionales y afectación a la psiquis, la autoestima y dignidad.

Dentro de estos también encontramos los comentarios que pretenden avergonzar a las pacientes por su vida sexual.

Este es uno de los tipos de violencia más difíciles de probar, pues está tan naturalizado y no deja huellas físicas, que suele ser desestimado, pero que sus consecuencias son nefastas y pueden perdurar por mucho más tiempo que una herida física.

Frases como "para eso abren las piernas",

"cuando están en la calentura si no se quejan" y la tan popularmente espantosa "mientras lo están haciendo, si no les duele".

3.5 VIOLENCIA COMUNICATIVA

Tiende a confundirse con la primera, pero su diferencia radica en que en este tipo de violencia se describe el contenido y la forma en que se dan las interacciones y conversaciones entre el personal de salud y la paciente.

La forma en que los comentarios y frases son hechos y expresados. Es la manifestación externa de las concepciones morales detrás de los comentarios ofensivos

En frases como : "para eso abren las piernas", se intenta avergonzar a la mujer por haber tenido sexo.

El tono de voz de reproche con el cual se pronuncian estas y otras frases, gestos burlones y cargados de insinuaciones.

3.6 VIOLENCIA SIMBOLICA

La que, por la condición de su autoridad en salud, ejerce el personal sobre la paciente, reflejando una clase de "poder" por poseer el conocimiento académico y práctico para dar atención.

En situaciones en las que se ignora lo que desea la paciente o se actúa sin consultarle y se justifica en que "Aquí el que sabe soy yo"

Tener claro estos conceptos sirve para visibilizar la violencia a la que están expuestas las mujeres y niñas por parte del personal de la salud, pues en lugar de ser sus procesos sexuales y reproductivos un derecho, se les convierte en un sujeto pasivo de la atención autoritaria por parte del personal de las instituciones de salud, por ser quienes ostentan el conocimiento en cuanto a las practicas, dejando a un lado el respeto a los derechos sexuales y reproductivas y ejerciendo una o todas las formas en que se manifiesta la violencia obstétrica.

Hay que reeducar a todo un sistema sobre las concepciones machistas que han absorbido los procesos de parto y al personal que lo acompaña. Reproducir esquemas obsoletos de pensamiento en torno a la sexualidad, a la libertad sexual, a la toma libre y consiente de decisiones, ha dejado experiencias muy amargas y traumáticas, de las cuales las mujeres y niñas poco quieren hablar, para no revivir una experiencia que ha dejado en ellas secuelas como la de sentirse vulnerables y desprotegidas ante un personal de la salud que ha olvidado que hay seres humanos con sentimientos y emociones involucrados.

No queremos seguir siendo víctimas de malos tratos, se quiere que la experiencia de la maternidad pueda ser respetuosa desde el momento de la concepción y el trabajo de parto y puerperio no pueden quedar por fuera.

Queremos ser co-participes de los procesos, ser informadas y consultadas.

6. VIOLENCIA ECONÓMICA Y PATRIMONIAL

Por: Johanna Carolina Bula Carreño.

Lo que se ha hecho por siempre, no es sinónimo de haberse hecho bien y que sea aceptado por la mayoría tampoco lo convierte en algo bueno. Aplica para casi todo en la vida y para todas las formas de violencia que se ejercen en contra de las mujeres.

Con recelo se mira el feminismo y se le acusa de hacer temblar los cimientos de una sociedad que funciona, aunque esta no sea más que una frase para infundir miedo, porque los que la pronuncian lo tienen. Tienen miedo de que se les señale como victimarios, tienen miedo de que cada vez más personas sepan lo incorrecto de sus actos, lo injusto de sus formas.

Porque tienen miedo de que las mujeres puedan querer vengarse, porque su esquema mental les dice que justicia y venganza son sinónimos. Nada más alejado de la realidad.

La realidad del feminismo es una lucha constante por los derechos de ellas, y acertada es la palabra lucha, porque lo que a los hombres se les ha otorgado, reconocido y mantenido como derecho divino, a las mujeres les ha costado siglos de inequidad, de ser consideradas seres humanos de segunda categoría, propiedad de sus padres, de sus maridos. Agentes carentes de soberanía sobre sus cuerpos, decisiones y todo lo que sea con respecto a ellas. Y mucho de esto presentado en nombre de tradiciones y cultura.

Hemos sido máquinas de parir, las cuidadoras principales y hasta consideradas "naturales" de los miembros del hogar propio y político. Hemos sido las brujas o las santas. Hemos sido consideradas la perdición o el éxito de los hombres; las culpables de su poca o nula gestión de emociones sexo afectivas. Las incitadoras o las frígidas; hemos sido los extremos sin puntos medios, sin que se nos reconozcan matices.

Se nos ha exigido estar por encima de las emociones, del promedio, superar expectativas, pero a jamás querer aspirar a algo más, porque en nosotras la ambición es un pecado.

Debemos ser la presa, la que cede ante el deseo, pero no la que desea. La que aporta trabajo, pero que no puede llamarle así, ni exigir remuneración a cambio, porque esto hace tambalear un sistema impuesto, que beneficia a los hombres, sin costarles nada.

Y entre todas esas muchas cosas, variadas formas de violencia hacia las mujeres, se enquistaron de tal forma que al día de hoy se consideran normales y, peor aún, se consideran el deber ser.

El silencio cómplice de la sociedad, que se escucha en re victimizaciones incluso institucionales y que pretende disimularse con iniciativas escuetas y políticas públicas de poco impacto; con insistentes llamados a la aplicación de la perspectiva de género, que molesta a demasiadas personas porque en una mala propaganda lo vendieron como un favoritismo injustificado hacia las mujeres, y ya lo sabemos, lo que las beneficie, no suele gustarles a las mayorías. Y por eso lo vendieron y lo venden de esa forma, no como una perspectiva de análisis, sino como unos beneficios ilimitados a las mujeres, cosa que nada tiene de cierta.

Y entre todo y tanto, las formas de violencia se ejercen porque el mandato social así lo exige para mantenerse, así encontramos un tipo de violencia que hay que llamar por su nombre, para reconocer su existencia y las devastadoras consecuencias que tiene para las mujeres y en la inmensa mayoría de los casos, en contra de los niños y niñas hijos de esas mujeres. Nos abrimos paso después de esta necesaria introducción para hablar de la VIOLENCIA ECONÓMICA O PATRIMONIAL.

¿QUÉ ES LA VIOLENCIA ECONÓMICA Y PATRIMONIAL?

La RAE define la VIOLENCIA ECONOMICA como: Modalidad de violencia doméstica consistente en el daño o apropiación de bienes o recursos en el ámbito familiar o de pareja, así como el control de los mismos, el desconocimiento del valor económico del trabajo en las labores propias del hogar y la exigencia para que abandone o no inicie un trabajo remunerado.

Mientras que la VIOLENCIA PATRIMONIAL se ha definido como la violación a los derechos de propiedad de la mujer; es decir, a su derecho a administrar su propiedad individual y a disfrutar de los bienes comunes adquiridos durante el matrimonio -esto es a recibir la mitad de ellos al disolverse la sociedad conyugal y a sus derechos de sucesión. (DEERE, 2021)

Hay diferencia entre ambas, aunque suelen tomarse como sinónimos, sin embargo, desde la definición misma, se establece la diferencia, que nos indica que comportamientos pueden enmarcarse en una o en otra.

EL DISFRAZ DE ADMINISTRACIÓN

Es muy común que la forma en que se ejercen estos tipos de violencia venga acompañado de una desvalorización de la mujer ante las situaciones financieras, haciéndola sentir incompetente de administrar bienes o hasta su mismo sueldo, no es de extrañar que esas artimañas sean presentadas con el pretexto de "lo hago por tu bien", "es por el bienestar de la familia" "deja que yo me encargue que de eso no sabes" , porque ninguno dice abiertamente la verdad sobre la situación, no llegan diciendo: "si te controlo el dinero, te controlo a ti"

Porque una persona sin la capacidad de sostenerse o de proveer para sí misma o sus hijos, se sentirá incapaz de abandonar ese círculo de violencia, las mujeres no se van de situaciones de abuso, las mujeres huyen de abusadores y eso representa un reto y superar muchísimos miedos, ninguna madre quiere hacer pasar necesidades a sus hijos y eso es lo que muchas veces las hace soportar cosas inimaginables, no por ese gusto que se pregona, por miedo, por indefensión aprendida y por circunstancias que no deben ignorarse, ni tomarse a la ligera.

LA NECESIDAD DE DOMINACIÓN QUE SE MANIFIESTA EN LA DEPENDENCIA

Una de las frases que da inicio a la violencia económica es tomar las labores de cuidado y domesticas como naturales a las mujeres, como una obligación en función de sexo y una que no merece remuneración. Cuando se toma como cierto que las mujeres nacen para cuidar de otros, por razones carentes de lógica y que se sustenta en más frases elaboradas para lograr la completa sumisión de la mujer, mientras se le otorga ese poder sobrenatural de que solo ellas saben lavar platos, atender niños y encargarse de las labores domésticas con naturalidad, situación que la cotidianidad nos demuestra que no es así, que estas labores se asumen porque en su mayoría los hombres no saben ser adultos funcionales, ni les interesa serlo, por ahorrarse la fatiga de la realización de labores, ahora me pedirán artículos científicos que avalen mi postura, pero para la predominante manera de pensar nadie pide estudios, de hecho, piden ignorar los que dicen todo lo contrario. Porque no les conviene que esos cimientos se tambaleen, porque las únicas estructuras que defienden, son las que ubican a los hombres en posiciones ventajosas.

No es rencor, no es más que la puesta en escena de una aplastante realidad que tiene harta a las mujeres y que mantiene muy cómodos a los hombres.

Una mujer de la que dependen todas las labores domésticas, es una mujer con muy poco tiempo y energía para su realización como persona, y por favor, no me salgan con que se levanten más temprano, que hagan más esfuerzos, que hagan más sacrificios, porque la vida de la mayoría de las mujeres solo se valora en función de todo lo que son capaces de sacrificar y todo a lo que les toca renunciar y no es algo para sentirse orgullosos. Es sobre explotación, es indigno no tener tantas ventajas y con tan poca resistencia.

Libertad, equidad, acceso a oportunidad y hasta el tiempo de ocio y descanso representan para las mujeres una lucha, porque ni el cansancio es igual a los ojos de la sociedad de los hombres y las mujeres, nuestra lista de deberes es demasiado larga en comparación a nuestros derechos, que nos son concedidos casi que como un favor y no como lo que realmente son: inherentes a nuestra condición de seres humanos.

LAS INTERMINABLES PRUEBAS

Que no prueban nada ante la sociedad y para los administradores de justicia eres "una pendeja por haber escogido tan mal" y así libran a quienes ejercen violencia económica y patrimonial de cualquier tipo de consecuencia, es más, ni siquiera son catalogados como malas personas, parecieran estar cubiertos por un manto impenetrable que los blinda de expectativas, pues pareciera esperarse que actúen mal o con maldad.

Para nadie es un secreto que ocultan bienes, que traspasan propiedades y que se hacen los pobres mendigos ante comisarías de familia, centros de conciliación y juzgados. Y todo un sistema los ampara en sus quejas y solicitudes, otorgándoles incluso visitas a unos hijos que durante la relación de pareja jamás fueron su prioridad. Porque si algo es repetitivo en estos personajes es que parecen seguir un paso a paso de manual. Ejercen violencia, manipulan, se presentan encantadores en las audiencias y sobretodo se presentan como las victimas de mujeres que "solo quieren plata" y a las cuales llaman interesadas, cuando la realidad es que al sentir que pierden control sobre la otra persona, quieren seguir poder ejerciendo violencia y saben que la falta de dinero trae consigo penurias para la mujer víctima y para los hijos.

Ante las quejas de una "mujer loca", "de una mujer interesada" nadie pide mucho, se toma como verdad absoluta que las mujeres están locas, porque su naturaleza implica inmadurez, poca o nula inteligencia emocional, celos enfermizos y a todas casi que sin excepción se les da un diagnóstico de pacientes psiquiátricas. Y toda una sociedad y un sistema dan estos espeluznantes estereotipos por ciertos.

Dicen que las mujeres joden cuando el ex tiene una nueva pareja y saben qué … ¡es cierto! Pero no por celos, suele ser cuando se intensifica la violencia económica hacia los hijos, el incumplimiento de las visitas... pero es más fácil decir que las mujeres son unas celosas que no superan a admitir que los hombres suelen olvidar fácilmente sus obligaciones, pues se consideran con derecho a todo, incluso creen sin duda alguna que todo con respecto a ellos está por encima hasta de los hijos. Porque para viajar con la nueva pareja hay plata, pero para el colegio de los hijos no alcanza. porque el tiempo no les da para cumplir con sus responsabilidades, pero sí para disfrutar de la vida con la nueva pareja.

Y ante estas afirmaciones también pedirán pruebas, pero ante las falsas creencias instauradas en la cabeza, a esas se les seguirá dando fuerza. Es tan fácil ser una mujer loca, como una puta... somos las candidatas por excelencia para personificar lo malo. Tanto que se nos ha creído poco probable que seamos victimas por la maldad de las personas, seguiremos siendo las victimas de algo que nos buscamos (no importa el delito o la circunstancia).

Es así como sociedad, sistema e instituciones ignoran conscientemente la realidad, porque esa no coincide con las ideas pre concebidas y de las que no quieren desprenderse y se toma como discurso de odio defender nuestros derechos.

Lo que escribimos las mujeres sobre nuestras realidades y derechos suele leerse con un tono de odio, porque una frase contundente escrita por una mujer, no es más que una queja, pero ese tono con el que cada quien lo lee, es uno producto de usted mismo...

Odio es lo que mantiene las ideas machistas y que tiene naturalizadas las violencias en contra de las mujeres, no la lucha por sus derechos. Pero como todo es diferente para hombres y mujeres, se nos niega hasta el poder sentir emociones como la rabia, porque lo nuestro debería ser aceptación absoluta de lo que nos toca y de paso, casi que nos piden sonreír y dar las gracias.

Se requiere que cada tipo de violencia se conozca por su nombre y que las consecuencias que de ellas se desprende y el impacto en la vida de las mujeres y los niños no sean pasados por alto.

7. EL DELITO DE ACTOS SEXUALES DIVERSOS AL ACCESO CARNAL EN LAS SENTENCIAS DE LA CORTE SUPREMA DE JUSTICIA.

Por: Jorge Arturo Abello Gual.

Uno de los delitos más complejos es el delito de actos sexuales diversos al acceso carnal, pues es un delito de reciclaje, pues se define a partir de lo que no es acceso carnal, y porque no tiene como tal un patrón de conducta determinada, sino que deja la configuración de los actos ilícitos a criterio del ente investigador y del juez, lo cual implica una vulneración al principio de legalidad, por falta de determinación de la conducta. Ante este riesgo, la Corte Suprema de Justicia, Sala Penal, ha venido creando una línea jurisprudencial tendiente a tratar de determinar qué conductas configuran el delito de acto sexual diverso al acceso carnal, para que éste no se convierta en una caja de pandora, que todo lo recicla.

Para comenzar el análisis, hay que decir que los actos sexuales diversos al acceso carnal se pueden realizar mediante violencia (art. 206. C.P.), aprovechándose de una persona que se encuentre en incapacidad de resistir (art. 210 C.P.), o en persona puesta en incapacidad de resistir (art. 207 C.P.), o en un menor de 14 años (art. 209 C.P.). En síntesis los actos sexuales, se pueden presentar en las mismas circunstancias que los acceso carnal, pero se tratan de cualquier tipo de conducta de orden sexual, que no implique un acceso, entendido este según la definición legal como:

ARTÍCULO 212. Acceso carnal. Para los efectos de las conductas descritas en los capítulos anteriores, se entenderá por acceso carnal la penetración del miembro viril por vía anal, vaginal u oral, así como la penetración vaginal o anal de cualquier otra parte del cuerpo humano u otro objeto.

En primer punto, es claro que cualquier relación sexual en la que medie el consentimiento y por lo tanto, se ejerza el derecho de la libertad sexual de forma, consciente, voluntaria y libre, -entendiendo como libertad sexual como el derecho de toda persona a escoger con quién, donde, cuándo y cómo, tener una relación sexual-, quedan exentos de cualquier reproche penal, a menos que dicho consentimiento se encuentre viciado por error, fuerza o dolo.

Así las cosas, en primera instancia, cualquier acto que implique violencia dirigida a someter la voluntad de la víctima, vulnera la libertad sexual, aún así la víctima no se resista, no grite o se oponga a la voluntad del actor, basta con una amenaza real, futura y cierta, que haga que la víctima acceda al acto libidinoso del autor para que se configure el delito de acto sexual violento diverso al acceso carnal contemplado en el artículo 206 del C.P.. El mismo estatuto, define la violencia de la siguiente manera:

ARTÍCULO 212A. Adicionado por el art. 11, Ley 1719 de 2014. Violencia. Para los efectos de las conductas descritas en los capítulos anteriores, se entenderá por violencia: el uso de la fuerza; la amenaza del uso de la fuerza; la coacción física o psicológica, como la causada por el temor a la violencia, la intimidación; la detención ilegal; la opresión psicológica; el abuso de poder; la utilización de entornos de coacción y circunstancias similares que impidan a la víctima dar su libre consentimiento.

En consecuencia, se entiende que existe fuerza cuando la víctima se presenta ante el victimario, sin resistirse, cuando éste la amenaza con matar algún miembro de su familia, o cuando la amenaza con despedirla de su trabajo, o con exponer algún video íntimo ante familiares o amigos.

Un segundo punto, es la ausencia de consentimiento o la configuración de circunstancias en que no se pueda dar el consentimiento, también generan una conducta delictual, como cuando la víctima se encuentra en estado de indefensión o cuando el autor, la coloca en estado de indefensión:

ARTÍCULO 207. Acceso carnal o acto sexual en persona puesta en incapacidad de resistir. Modificado por el art. 3, ley 1236 de 2008. El que realice acceso carnal con persona a la cual haya puesto en incapacidad de resistir o en estado de inconsciencia, o en condiciones de inferioridad psíquica que le impidan comprender la relación sexual o dar su consentimiento, incurrirá en prisión de ocho (8) a quince (15) años.

Si se ejecuta acto sexual diverso del acceso carnal, la pena será de tres (3) a seis (6) años.

ARTÍCULO 210. Acceso carnal o acto sexual abusivos con incapaz de resistir. Modificado por el art. 6, ley 1236 de 2008. El que acceda carnalmente a persona en estado de inconsciencia, o que padezca trastorno mental o que este en incapacidad de resistir, incurrirá en prisión de cuatro (4) a ocho (8) años.

Si no se realizare el acceso sino actos sexuales diversos de el, la pena será de tres (3) a cinco (5) años de prisión.

En este tema del consentimiento, está más que claro que los menores de 14 años, no pueden consentir, y es una presunción legal que no admite prueba en contrario, debido a que se privilegia el derecho del menor a la formación sexual, y a pesar de que el menor consienta, la Ley penal, entiende que dicho consentimiento no existió, y por ello, el acto sería delictivo al catalogarse como un acceso carnal o un acto sexual diverso al acceso carnal abusivo.

> ARTÍCULO 208. Acceso carnal abusivo con menor de catorce años. Modificado por el art. 4, ley 1236 de 2008. El que acceda carnalmente a persona menor de catorce (14) años, incurrirá en prisión de cuatro (4) a ocho (8) años.

> ARTÍCULO 209. Actos sexuales con menor de catorce años. Modificado por el art. 5, ley 1236 de 2008. El que realizare actos sexuales diversos del acceso carnal con persona menor de catorce (14) años o en su presencia, o la induzca a prácticas sexuales, incurrirá en prisión de tres (3) a cinco (5).

Pero debido a que la tipificación de un acto sexual punible, se define a partir de la ausencia de acceso carnal, este se plantea de manera abstracta e indeterminada, y puede incluir cualquier tipo de conducta. Por esta razón, se puede decir que, este delito se hace necesario regularlo de esta manera, pues no podría existir un catálogo de conductas sexuales que pudieran abarcar la imaginación del hombre en cuanto a las prácticas sexuales, así como no puede existir un catálogo de formas de matar a una persona, por lo cual, se entiende que se habla de un acto sexual como un resultado de la conducta, más no así, como una forma de conducta.

Por lo anterior, para determinar el contenido de un acto sexual punible, habría que establecer en qué consistiría su resultado, y para ello, se ha encontrado por parte de las sentencias de la Corte Suprema de Justicia, Sala Penal, el concepto de acto libidinoso:

"Se entiende por acto sexual toda conducta que «en sus fases objetiva y subjetiva, se dirige ... a excitar o satisfacer la lujuria del actor o más claramente su apetencia sexual o impulsos libidinosos, y ello se logra a través de los sentidos del gusto, del tacto, de los roces corporales mediante los cuales se implican proximidades sensibles ..., y se consuman mediante la relación corporal, ...» (AP, jul. 27/2009, rad. 31715, reiterado en la SP15269-2016, oct. 24, rad. 47640)."

En otra sentencia la Corte Suprema explica:

"Es decir, como ya lo ha explicado la Sala, una actividad humana es de naturaleza sexual cuando, en sus aspectos objetivo y subjetivo, se dirige a excitar o satisfacer la lujuria o los impulsos libidinosos, lo cual se logra a través de los sentidos, principalmente del gusto y del tacto, pero también con participación de sensaciones visuales, olfativas y auditivas, que sin dudarlo intervienen en tal tipo de interacción humana -tendiente a la realización del coito, pero que de ninguna manera se agota en él-.

Conforme a esa explicación, para que una conducta humana constituya un acto sexual, no basta que excite a su autor o que satisfaga su libido desde su particular visión, pensamiento o deseo, pues será necesario también que aquella revista aptitud o idoneidad, según los criterios culturales y sociales predominantes sobre la sexualidad humana, para alcanzar esa finalidad. En efecto, desde la sentencia SP, oct. 26/2006, rad. 25743, se explicó que: El acto sexual debe ser apropiado para estimular la lascivia del autor y de la víctima o, al menos, de uno de ellos. Por eso, frente a la legislación penal de 1936 para Colombia, sobre el punto similar a la actual, Pedro Pacheco Osorio exponía: El acto erótico-sexual debe ser idóneo no solo para excitar o satisfacer la lujuria de ambos sujetos del delito, o siquiera de uno de ellos. ... Por eso se afirma que debe tratarse de prácticas de contenido sexual objetivamente consideradas, que la conducta tiene que revestir entidad significativa, … (Negritas fuera del original)" (Corte Suprema de Justicia, Sala Penal, SP2894-2020 Radicación N° 52024 doce (12) de agosto de dos mil veinte 2020.)

Así las cosas, la Corte plantea que para diferenciar un acto lícito de un acto sexual ilegal, se debe tener en cuenta tanto la parte subjetiva, como objetiva de la conducta, planteando que el acto, desde el punto de vista objetivo debe tener significado de índole sexual, y que debe estar dirigido a la satisfacción de los impulsos libidinosos, por lo menos de alguna de las partes, que en este sentido se entendería que sería, por lo mínimo, el autor de la conducta. Y desde el punto de vista objetivo, también se exige que la conducta implique social y culturalmente, un acto de contenido sexual, pues de lo contrario, estaríamos vulnerando el principio del acto, al punir solo los pensamientos, o la idealización o excitación mental de una persona, lo cual excede los límites de un derecho penal de un Estado social de Derecho:

"La insuficiencia de la idoneidad subjetiva del acto obedece a que, como también se explicó en la precitada decisión, «la sola idealización o representación mental que hagan de su objeto de deseo (un niño o niña), estarían en posibilidad de alcanzar la excitación sexual, lo cual implicaría desnaturalizar el derecho penal, al sancionar, no las acciones humanas que lesionen o pongan en peligro los bienes jurídicos, sino las fantasías e intenciones sexuales de algunos sujetos en particular» (Corte Suprema de Justicia, Sala Penal. SP123-2018, feb. 7, rad. 45868).

En este sentido se insiste por parte de la Corte, que la conducta además de satisfacer los deseos libidinosos, debe ser social y culturalmente señalada como un contenido sexual explícito, y no basta con la realización de un fetiche, como el rose de una prenda de vestir, que no cumpliría con ese aspecto objetivo, de ser una conducta explícitamente sexual:

> "En la sentencia SP, nov. 5/2008, rad. 30305, se dio cuenta del caso del fetichista que toca «los zapatos de una mujer o tirarle una trenza» con ánimo libidinoso, respecto del cual se citó la doctrina autorizada de Luis Muñoz Sabaté (Sexualidad y derecho, Elementos de sexología jurídica, Barcelona, 1976, p. 62): "...desde un punto subjetivo y por usar la propia terminología jurídica, tal conducta constituye indudablemente un acto lascivo, porque mediante el mismo el agresor descarga su tensión sexual, pero, en cambio, objetivamente hablando, es decir, según las pautas culturales de la comunidad e incluso de la propia víctima, aquello no puede pasar de ser una simple gamberrada con la consiguiente risa o susto."

Sobre este aspecto, se hace énfasis y se refuerza la postura de la significación objetiva y subjetiva de la conducta de contenido sexual, para que pueda ser catalogado como un acto sexual diverso al acceso carnal, en el siguiente pronunciamiento:

> "Siendo así, con mayor razón la actividad sexual desarrollada debe ser explícita o tener la suficiente aptitud para causar excitación o satisfacción sexual a su realizador o realizadores, como sería, por ejemplo, el acceso carnal (vaginal, anal u oral), besos o caricias en órganos genitales u otras zonas erógenas, tocamientos lascivos del propio cuerpo o del de un tercero, la masturbación, entre otros. De otra parte, existen conductas que tienen alguna connotación sexual ya sea porque obedece a impulsos de esa naturaleza en su ejecutor sin que tengan un desarrollo exterior trascendente, como sería el fetichismo manifestado en el tocamiento de una prenda de vestir exterior, por ejemplo; o porque, aun cuando desde el punto de vista objetivo puedan tener algún significado o connotación libidinosa, carecen de entidad suficiente para ser caracterizadas como actos

La razón de lo anterior, se debe a que existen comportamientos comunes que no pueden ser enmarcados dentro de lo que se entiende como acto sexual ilícito, como, por ejemplo, cuando una madre se cambia de ropa enfrente de su hijo, o cuando se limpia el pañal a un bebé, o cuando se cambia de ropa o se baña a un menor de edad. Tampoco sería un acto sexual punible, examinar los genitales de un niño o un adulto por temas de brotes, salpullidos, espinillas, hemorroides o cualquier otra anomalía, que implique la inspección por motivos de salud o limpieza. En el campo médico, por ejemplo, la inspección del área genital o la solicitud de quitarse la ropa, debe ser un acto respetuoso y que debe mediar el consentimiento del paciente, o el consentimiento sustituto de los padres en el caso de menores o de incapaces, y solo puede ser omitido, en casos de estados de necesidad, como cuando una persona ingresa inconsciente a un quirófano, luego de un accidente, y no existen familiares o acudientes. En estos casos, la ausencia de actos libidinosos impide la configuración del delito.

Muchos de estos casos, que son de la vida cotidiana, y que no revisten el delito de acto sexual diverso al acceso carnal, son los fundamentos de las denuncias penales por abuso, cuando dichos actos se confunden con actos abusivos, y son comentados por los niños, y son tergiversados por la parte denunciante. Estos son los casos más complejos, que de no existir prueba documental (videos o fotos) que capten la acción, y ante la falta de secuelas físicas, cuando no quedan lesiones o marcas en el cuerpo, la prueba es, el testimonio del menor, o testigos de oídas (familiares que dicen lo que el menor les dijo) y las pruebas realizadas por psicólogos a la víctima y al victimario. Ante un juicio así, se está ante el peligro de condenar a un inocente o de absolver a un culpable.

Otro de los problemas que ha tratado la Corte, sobre el delito de acto sexual diverso del acceso carnal, es el relativo a los exhibicionistas, que exponen su desnudes frete a terceros y entre ellos a niños. Sobre este tema ha dicho la Corte lo siguiente:

"Ahora bien, si a un adolescente mayor de 14 años o a un adulto se exhibe alguna parte del cuerpo, incluido un órgano genital, con la única finalidad de mancillar o menoscabar su honor; habrá que analizarse la eventual comisión de una injuria por vías de hecho (art. 226 C.P.) a través de una conducta con alguna connotación sexual, según la explicación que de esta modalidad típica se hizo en la sentencia SP107-2018, feb. 7, rad. 49799: ... se trata de las formas, distintas a las verbales, en que se ofende el honor de una persona, como cuando se le abofetea –sin que se trate, en estricto sentido, de lesiones personales-, escupe o somete a escarnio –despojarla de sus vestiduras, arrojarle excrementos, etc.- Desde luego que el agravio, si ese es el querer del ofensor, puede ocupar matices sexuales, visto que este es un aspecto que como el que más puede incidir en el honor de las personas. Por ello, si es factible hablar de injurias verbales cuando se pone en tela de juicio el honor de una persona en esta materia, algo similar cabe predicar del mancillamiento por vías de hecho. Es a esto a lo que atendió la Corte en decisión ya conocida (SP, oct. 26/2006, rad. 25743), ..., No obstante, en la misma decisión se aclaró que «si el acto o actos de claro contenido erótico-sexual, dirigido indudablemente a satisfacer la libido del sujeto activo, se manifiesta evidente, ajeno a la repentina y fugaz acometida, no es posible mutarlo hacia una conducta ontológica y jurídicamente diferente –injuria por vías de hecho-». En consecuencia, una conducta que objetiva y subjetivamente Casación L. 906/2004 Rad. 52024 Jack Alexander Díaz Agudo pueda catalogarse como sexual y el sujeto pasivo sea un individuo mayor de 14 años, sólo será típica si reúne los elementos de alguno de los delitos contra la libertad, integridad y formación sexuales"

En síntesis, se puede extraer de las decisiones de la Corte Suprema, que la exposición de los genitales a terceros, se puede constituir en una injuria por vías de hechos, cuando el acto busca la humillación o el insulto, como el que expone sus glúteos o su ano a terceros, con ese propósito. Sobre este punto, y no lo dijo la Corte, es que pueden existir personas que exhiben su desnudez, por amor al arte, o por una protesta pública, o en un acto espontáneo en una fiesta o un carnaval, lo cual no configuraría delito, pues haría parte del ejercicio a la libre expresión, y no conlleva el deseo de insulto o humillación de una persona determinada. Que el delito de acto sexual diverso al acceso carnal con mayores de 14 años, además de la necesidad de ser un acto subjetivamente y objetivamente sexual, requiere que se busque hacer parte a la víctima del comportamiento. Que cuando no existe el propósito de insulto, sino que es un acto libidinoso, fugaz y repentino, no se configura el delito, pues caería en el mero exhibicionismo que se encuentra dentro de la órbita del derecho de policía. Pero cuando existen actos con contenido sexual explícito que se hagan en presencia de un menor de 14 años, ha dicho la Corte, que se configura el acto sexual diverso al acceso carnal abusivo, contemplado en el artículo 209 del Código Penal, pues esa conducta afecta el bien jurídico de la formación sexual:

"Pero, de otra parte, si la conducta exhibicionista reúne las condiciones de un acto de naturaleza sexual y es presenciada por menores de la edad en mención, puede afectar la integridad y formación sexuales y, por ende, encajar en la segunda modalidad típica concebida en el precitado artículo 209

Siendo así, la exhibición de órganos genitales ante niños o adolescentes menores de 14 años configurará la segunda modalidad típica del artículo 209 del C.P., siempre que constituya una conducta sexual explícita, lo que ocurrirá cuando el agente tenga ánimo libidinoso y, además, sus manifestaciones objetivas, más allá del simple desnudo, generen un contexto sexual, como por ejemplo aquél acompañado de palabras, comentarios, masturbación u otros gestos o movimientos corporales asociados al ejercicio de la sexualidad." (Colombia, Corte Suprema, Sala Penal, SP2894-2020 Radicación N° 52024 Aprobado acta No. 166 Bogotá, D.C., doce (12) de agosto de dos mil veinte (2020) PATRICIA SALAZAR CUÉLLAR Magistrada Ponente.)

También hizo la claridad la Corte, en la sentencia citada que no existe delito de acto sexual diverso del acceso carnal, en la exhibición de los genitales, si el acto no es un acto con contenido sexual explícito, ni tampoco sería una injuria por vía de hecho, si el autor no tiene como propósito mancillar el honor de la víctima, por tanto, dicho acto es atípico en el derecho penal, quedando solo sancionable en el ámbito del derecho policivo:

Ahora, aun cuando se admita que la hipótesis más plausible es que JACK ALEXANDER DÍAZ AGUDO pretendía la excitación o la satisfacción de su libido, porque enseñó un órgano directamente asociado a la sexualidad y la explicación alterna de que estaba orinando fue descartada; esa exhibición repentina no tuvo la idoneidad -objetiva- para configurar una conducta sexual explícita, es decir, careció de la capacidad para conducir a las espectadoras -y, en general, a un observador promedio- a un escenario inequívocamente libidinoso.

Claro está, fue un acto grotesco, vulgar, impúdico y degradante que generó malestar e intimidación en aquéllas, propio de un «acoso sexual callejero» que, hasta el momento, sólo se encuentra sancionado en el ámbito policivo, no en el penal como lo han hecho ya la mayoría de países de la región por constituir ese tipo de conductas en el espacio público una forma de violencia de género que es más grave cuando recae en mujeres menores de edad, como ocurrió en el presente evento.

(...)

Ya en la sentencia SP107-2018, feb. 7, rad. 49799, se precisaron los alcances del precedente en los términos explicados en el acápite anterior, es decir, que esos Casación L. 906/2004 Rad. 52024 Jack Alexander Díaz Agudo tocamientos configuran injuria por vías de hecho siempre que: (i) sea repentino o fugaz y que, en todo caso, no alcance a constituir un acto de naturaleza sexual; y, (ii) que el ánimo del agente sea el de mancillar o menoscabar el honor de la persona agraviada. (Colombia, Corte Suprema, Sala Penal, SP2894-2020 Radicación N° 52024 Aprobado acta No. 166 Bogotá, D.C., doce (12) de agosto de dos mil veinte (2020) PATRICIA SALAZAR CUÉLLAR Magistrada Ponente.)

Otro de los casos que ha tratado la Corte Suprema respecto de los actos sexuales diversos al acceso carnal, son los casos de "las nalgadas" o tocamientos furtivos en público o en el transporte público, la Corte Suprema de Colombia ha planteado, que se configura una injuria por vías de hechos, pero no actos sexuales diversos al acceso carnal:

Para soportar esa tesis, el juez de segunda instancia citó el criterio establecido en la sentencia SP15269-2016, oct. 24, rad. 47640, según el cual «si se trata de actos sexuales "fugaces, sorpresivos, realizados sin violencia sobre una persona capaz y sin su consentimiento", el ilícito será el de "injuria por vías de hecho"». En consecuencia, consideró que el acusado agravió «la integridad moral y la honra de M.P.L.G., mediante la exhibición sorpresiva e inesperada de su miembro viril, cuya connotación sexual, permite colegir, a su vez, la poca estimación y ausencia de deferencia con la que la menor de edad fue tratada por el agresor, ...».

En la precitada sentencia, la Sala de Casación Penal reiteró la tesis expuesta desde la SP, oct. 26/2005, rad. 25743, en la que se explicó que:

> La conducta consistente en realizar tocamientos fugaces e inesperados en las partes íntimas del cuerpo de una persona capaz sin su aquiescencia es, sin duda, un acto reprochable, sea que se realice súbitamente en vía pública –como en este caso- o en el servicio del transporte masivo o aprovechando las conglomeraciones humanas en manifestaciones, centros comerciales, espectáculos públicos, etc., pero no constituye actualmente un delito contra la libertad, integridad y formación sexuales que consagra el título IV de la Ley 599 del 2000.

> Objetivamente constituye, sí, delito de injuria, concretamente en su modalidad injuria por vía de hecho.

Ello, por cuanto esos tocamientos libidinosos «fugaces e inesperados» no están tipificados como delitos sexuales, no son idóneos para satisfacer la libido y, por ende, son insuficientes para lesionar el bien jurídico de la libertad, integridad y formación sexuales. Pero, en todo caso, sí «afectan la dignidad de la persona agraviada, lesionan su integridad moral y constituyen actos de menosprecio al tratarla como objeto de lujuria, degradando su condición humana». (Colombia, Corte

Suprema, Sala Penal, SP2894-2020 Radicación N° 52024 Aprobado acta No. 166 Bogotá, D.C., doce (12) de agosto de dos mil veinte (2020) PATRICIA SALAZAR CUÉLLAR Magistrada Ponente.)

Por razones de política criminal, estos casos de "las nalgadas", han sido tratadas en Colombia y en otros países a través de las injurias por vías de hecho, en donde la conducta sigue teniendo una connotación penal, y no solo de una infracción de policía, pero que no reviste una pena tan grave como lo sería un acto sexual diverso al acceso carnal. El conflicto es, que "una nalgada" es un acto repudiable de una cultura machista y por tanto, una agresión de género, pero que desde el punto de vista de la proporcionalidad de la pena, no amerita la pena de un acto sexual punible, que está entre tres y seis años.

También hay que mencionar, que la Corte Suprema de Justicia (S 4573-2019 Radicación 47234, Sentencia del 24 de octubre de 2019 M.P. EUGENIO FERNÁNDEZ CARLIER) ha catalogado como acto sexual violento diverso al acceso carnal, el hecho de constreñir a otra persona para a través de internet acceda a tomarse videos o fotos en desnudo:

> "Esto último, desde luego, obedecería a un caso delictivo de "child grooming" o "engaño pederasta por la red" si no fuera porque Laura tenía más de catorce (14) arios cuando accedió a las peticiones iniciales del abusador sexual. Y, como se vio (2.3), lo jurídico penalmente reprochable con Laura no fueron los actos que él adelantó para ganarse su confianza (que eran preparatorios y, por lo tanto, aún no punibles), sino doblegar la voluntad de la joven para que se desnudara y tocara frente a la cámara. No hubo una situación de explotación ni abuso sexual: fue una coacción a la libertad de la víctima (acto sexual violento)."

(…)

En efecto, el núcleo básico de la imputación consistió en exigirle a una joven desnudarse y masturbarse frente a una cámara, a cambio de no divulgar material intimo que el sujeto agente ya tenía de ella. Es decir, MANUEL AUGUSTO PARRA JIMÉNEZ perpetró "en otra persona" (Laura, de quince -15- arios) un "acto sexual diverso al acceso carnal" (grabarla a ella mientras se desnudaba y se tocaba) por medio de la "violencia" (de carácter moral: doblegó su voluntad amenazándola con publicar fotos suyas en ropa interior).

Es cierto que en algunos sectores de la doctrina penal se ha desprendido de la expresión "realizar en otra persona acto sexual, obrante en dicha norma, cierta exigencia de contacto físico entre ambos sujetos de la conducta. Esta postura, sin embargo, no es acertada. Es posible efectuar actos sexuales diversos al acceso carnal en otro, mediante la violencia, sin la necesidad de tocarlo. Piénsese, por ejemplo, en el que apunta con un revólver a una persona y le pide desnudarse mientras él se masturba. Nadie dudaría de que el agente realizó un acto sexual sobre el sujeto pasivo, así nunca hayan llegado a tener contacto físico. O lo que pasó en este asunto: el contacto entre los sujetos era virtual, por vía de la función de cámara de una red social, y no obstante el agente obligó con amenazas a la víctima a grabarla en un video de índole pornográfica. El tipo que se configuró fue el del artículo 206 (no el artículo 182 ni el 244) del Código Penal."

En el mismo fallo, la Corte ha establecido, que cuando se trata de menores de 14 años, cuando el delincuente los induce a prácticas sexuales o los invita a realizarlas, ya se configura el delito de acto sexual diverso al acceso carnal abusivo:

El delito de actos sexuales con menor de catorce (14) años abarca tres (3) escenarios principales: (i) la realización entre los sujetos de la conducta de actos sexuales diversos al acceso carnal, ii) la perpetración de actos sexuales en presencia de un menor de catorce (14) años y iii) la inducción del sujeto pasivo a prácticas sexuales.

Por "inducir" se entiende la acción de «provocar o cansar algo» y también «mover a alguien, a algo o darle motivo para ello». Hacer ofertas con fines sexuales a otro es una manera de inducido a prácticas sexuales, en tanto le está brindando motivos para incurrir en tales actividades, así no se consiga el resultado querido. Por ende, el simple hecho de pedirle al que no haya cumplido los catorce (14) años cualquier actividad de índole sexual se ajusta a la descripción típica del artículo 209 de la Ley 599 de 2000, bajo la variante de la inducción, y se sanciona con prisión entre nueve (9) y trece (13) años.

(...)

Con la calificación actual, la conducta desde lo fáctico fuera en la práctica idéntica: la realización de ofertas de corte sexual a José M. y Sara, menores de catorce (14) años de edad. La única diferencia es que el medio utilizado (esto es, la red social Facebook) termina por ser irrelevante. El núcleo fáctico, por consiguiente, es el mismo, pero se valora desde lo jurídico como una "inducción a prácticas sexuales", variante prevista en el artículo 209 del Código como actos sexuales con menor de catorce (14) años. (Colombia. Corte Suprema de Justicia fallo S 4573-2019 Radicación 47234, Sentencia del 24 de octubre de 2019 M.P. EUGENIO FERNÁNDEZ CARLIER).

Ahora bien, también se aclara en dicho sentido que la inducción a prácticas sexuales a mayores de 14 años, por internet, así sea haciéndose pasar por otra persona, por un menor de edad, o con una cuenta falsa, no genera el delito de acto sexual diverso al acceso carnal, pues la persona se encuentra dentro de su ámbito de libertad y ya no tiene la protección especial de los menores de 14 años en relación con la formación sexual. Sin embargo, también se hace la claridad de que si a pesar de ser mayor de 14 años, su video es divulgado, se configuraría el delito de pornografía (Colombia. Corte Suprema de Justicia fallo S 4573-2019 Radicación 47234, Sentencia del 24 de octubre de 2019 M.P. EUGENIO FERNÁNDEZ CARLIER). Y bueno, hay que tener en cuenta, que en efecto, si aún se tratara de un mayor de 18 años, el que es grabado y el video es publicado sin su consentimiento, se presentaría el delito de violación de datos personales artículo 269F del Código Penal.

Por último, y menos importante se debe plantear dentro de la conducta de actos sexuales diversos al acceso carnal, el exigir a otra persona desnudarse, ello conforme a las sentencias de los Tribunales internacionales, en los que se ha establecido, que el hecho de coaccionar a otra persona para que pose desnuda, es un crimen de lesa humanidad o crimen de guerra, de acuerdo con el contexto en que se presente la conducta punible. Así por ejemplo en el caso de Ruanda, se presentó el caso Akayesu, donde se consagró que la desnudez forzada constituye una forma de trato inhumano (Moreyra, 2007). En este caso, se condenó a un funcionario público que era alcalde de una comunidad, por alentar y tolerar actos de violencia sexual y de desnudez forzada en contra de mujeres tutsi, por parte de los Hutus, como táctica de humillación. El funcionario era conocedor de la violencia que se cometía en contra de las mujeres, y no hacía nada para evitarlas, promoviendo con su comportamiento omisivo la comisión de la violencia sexual en contra de las mujeres tutsi. En este sentido, se avanzó en el concepto de violencia sexual, al desligarla del contacto corporal y del concepto de acceso carnal, desde el punto de vista internacional.

CONCLUSIONES

El acto sexual diverso al acceso carnal, debe ser entendido como un tipo de resultado, y no como un tipo abierto o indeterminado que vulnera el principio de legalidad. En tal sentido, no puede existir un catálogo de actos sexuales diversos al acceso carnal, como tampoco puede existir un catálogo de cómo se puede matar a un ser humano.

Los pronunciamientos de la Corte Suprema de Justicia en este campo, han definido qué debe entenderse como un acto sexual diverso al acceso carnal, como una conducta libidinosa objetiva y subjetivamente, tendiente a satisfacer los deseos sexuales del delincuente. Quedando por fuera de estas categorías, los actos de exhibición de los genitales con la intención de insultar o humillar a otro, lo que corresponde a una injuria por vías de hecho, y la exposición repentina y fugaz de los mismos, sin actos sexuales explícitos, que se podrían catalogar como una contravención de policía.

Que los casos de "nalgadas o tocamientos en público" sin que exista acceso, se configuran también en injurias por vías de hecho, y no como actos sexuales diversos al acceso carnal.

Que en el ámbito virtual, el obligar a una persona a fotografiarse o a grabarse desnuda o realizando actos de contenido sexual, configura el delito de acto sexual violento. Y cuando se trata de menores 14 años, el solo hecho de inducirlos a una práctica sexual, sin que se presente el resultado, ya configura el delito de actos sexual abusivo. Lo anterior, implica que el acto sexual, no requiere de contacto físico con la víctima.

Y desde el punto de vista internacional, obligar a una persona a desvestirse, lo que se llama la desnudez forzada, ya implica un crimen de lesa humanidad, sin que se requiera tener contacto físico con la víctima.

8. EL CONSENTIMIENTO EN LOS DELITOS CONTRA LA LIBERTAD Y FORMACIÓN SEXUALES.

Por: Jorge Arturo Abello Gual.

El consentimiento es la principal fuente de derecho con que contamos todas las personas. La autonomía de la voluntad de las partes es el mayor poder jurídico que tenemos todos los ciudadanos en nuestra vida cotidiana, así por ejemplo, son manifestaciones de ese poder creador de derecho, acciones tan elementales como comprar un café para desayunar, comprar un tiquete de bus para ir al trabajo, o contratar a un taxista para que nos lleve a algún sitio. Cada una de esas decisiones implica un acuerdo de voluntades entre los intervinientes de la relación, así por ejemplo, en el caso del café:

A: Quiero un café por favor.

B: ¿Cómo lo quiere?

A: Un expreso.

B: Cuesta $3000.

A: Perfecto, aquí tiene.

B: Gracias por su compra.

En este caso, hay un acuerdo de voluntades que generó un contrato, una factura, el pago y la entrega de un producto.

El consentimiento deja por sentado ya muchas de nuestras relaciones diarias, pero al trasladarse a aspectos más complejos como contratos de seguros, contratos de compra y venta de inmuebles, o de prestación de servicios, se requiere de mayor técnica jurídica y atención, para estipular de manera clara los derechos y deberes de cada una de las partes.

Dentro del concepto de consentimiento, existe un tema más complejo, como cuando aceptamos la intromisión de terceros en nuestros derechos fundamentales, y para dar un ejemplo se trae el consentimiento informado[30] que debemos dar antes de cualquier intervención médica, y el consentimiento que se debe dar antes de las relaciones sexuales, que es el tema central de este artículo.

En el caso del consentimiento informado en las intervenciones médicas, se presentó una evolución en la relación médico- paciente, donde se abandonó la concepción paternalista en la que la decisión del médico prevalecía sobre la del paciente, y se adoptó la del consentimiento informado, en la que el médico no puede intervenir de ninguna manera sin el consentimiento del paciente[31]. Desde esta nueva concepción de la relación médico - paciente crea un derecho fundamental de carácter constitucional, en el que "Nadie podrá intervenir en tu cuerpo sin tu consentimiento".

En este orden de ideas, para que el médico pueda intervenir en un paciente, no solo debe obtener el permiso del mismo, sino que antes, debe explicar de manera fácil y sencilla, el diagnóstico, el procedimiento a seguir, los riesgos, y los cuidados del tratamiento, para que el consentimiento no se encuentre viciado por el desconocimiento técnico del paciente[32]. Así las cosas, si un médico interviene a un paciente sin consultarle previamente, o si omite información sobre el procedimiento y algunos efectos negativos que

---

[30] JARAMILLO, C. 2008 responsabilidad civil médica. Universidad Javeriana. Civitas. Págs. 223-256; CHACÓN, A. (2014). Responsabilidad penal del médico. Grupo editorial Ibáñez. Págs. 82-86; LOMBANA, J. (2010). Derecho penal y responsabilidad médica. Págs.59-93; SOLORZANO, C. (2010). Responsabilidad penal y responsabilidad médica en Colombia. Ediciones nueva jurídica. Universidad Católica. Págs.116-127; ABELLO, J. (2015) Derecho Penal empresarial. Leyer. Pág. 130-132.

[31] Ibíd.

[32] Ibíd.

puede producir, éste asume la responsabilidad sobre lo que no ha informado y tendrá que responder por los daños que se presenten.

Pasando al tema central de este artículo, el consentimiento[33] en el caso de las relaciones sexuales es la línea divisoria entre una relación sexual consentida y un delito de violación. De conformidad con el bien jurídico que se protege en el derecho penal, que es la libertad y la formación sexual, se entiende como libertad sexual[34] la potestad de escoger el con quién, el cómo, el cuándo y el dónde (de una relación sexual) y lo básico es que el NO, es un NO en mayúsculas, y quién sigue adelante a pesar de una negativa, vulnera ese bien jurídico que se busca proteger desde una concepción garantista del derecho penal.

Así las cosas, el NO implica alto, no sigas, no continúes, en cualquier tipo de relación, esto es, novios, amigos, conocidos, prostitución, matrimonio, unión marital, etc. Partiendo de lo anterior, tener una relación sentimental o pagar por tener una relación sexual, no permite vulnerar la libertad personal de la otra persona, y volvemos a la concepción constitucional de ese derecho a la no intromisión en el cuerpo de otro, sin su consentimiento, que es inviolable.

El gran problema en este campo, es que el consentimiento en las relaciones sexuales, a diferencia del consentimiento informado en la medicina, no se hace por escrito, y no se trata de procedimientos médicos regulados por una lex artis, en el campo sexual el instinto, los fetiches y las preferencias de cada quien son las bases de la relación y muchas veces el consentimiento se convierte en tácito, es decir, que por el comportamiento de la otra persona, se asume su decisión, que puede luego generar problemas. Por eso es que en las relaciones sexuales, el NO, es el límite de todo.

---

[33] FERNANDEZ, J (2012) Derecho penal parte general. Vol I. Editorial Ibáñez. Pags. 614-616; VELASQUEZ, F (2013). Manual de derecho penal parte general. Quinta edición. Ediciones jurídicas Andrés Morales. Págs.405-407.

[34] BENAVIDES, D., (2011). Delitos contra la libertad, integridad y formación sexuales. Manual de derecho penal parte especial. Coordinador. Castro, C. Tomo I. Colección textos de jurisprudencia. Temis. Bogotá. Págs.146-147

Al igual que en todas las relaciones contractuales, en las relaciones sexuales el consentimiento debe ser consciente, libre y voluntario, exento de vicios, como la fuerza o el error. Así las cosas, personas con somnolencia, o bajo bebidas alcohólicas o sustancias alucinógenas, no pueden consentir una relación sexual de manera plenamente consciente[35], y por ello, se castiga el acceso carnal en persona en incapacidad de resistir o en persona puesta en incapacidad de resistir:

> Artículo 207. Acceso carnal o acto sexual en persona puesta en incapacidad de resistir. Modificado por el art. 3, ley 1236 de 2008. El que realice acceso carnal con persona a la cual haya puesto en incapacidad de resistir o en estado de inconsciencia, o en condiciones de inferioridad síquica que le impidan comprender la relación sexual o dar su consentimiento, incurrirá en prisión de ocho (8) a quince (15) años.
>
> Si se ejecuta acto sexual diverso del acceso carnal, la pena será de tres (3) a seis (6) años.
>
> Artículo 210. Acceso carnal o acto sexual abusivos con incapaz de resistir. Modificado por el art. 6, ley 1236 de 2008. El que acceda carnalmente a persona en estado de inconsciencia, o que padezca trastorno mental o que esté en incapacidad de resistir, incurrirá en prisión de cuatro (4) a ocho (8) años.
>
> Si no se realizare el acceso sino actos sexuales diversos de él, la pena será de tres (3) a cinco (5) años de prisión.

De esta forma, conductas como: "La emborracho y me la llevo a la cama", o "deja que se duerma", se entienden prohibidas en el derecho penal, a pesar de que culturalmente existan formas de desprestigiar y culpabilizar a la víctima como "¿quién la manda?", "ella se lo buscó", "ella buscó el peligro", "la mujer debe cuidarse", entre otras frases que tratan de justificar conductas prohibidas por el derecho penal. Ahora

---

[35] FERNANDEZ, J Ob.cit. Págs. 614-616

bien, la problemática de estos casos es cuando todas las personas vinculadas a la relación sexual se encuentran en altos grados de inconsciencia, y en estos casos habría que hablar de la inimputabilidad o el error de tipo, haciendo la aclaración que no se podría tener como inimputable a aquella persona que haya preordenado su estado de inimputabilidad para propiciar una violación (Art. 33 del Código Penal colombiano). Ahora bien, todo ello también ocurre cuando es el hombre el que es puesto en un estado de indefensión, es decir, que lo emborrachan o lo drogan para yacer con él, solo que culturalmente estos casos no se conciben como una violación, pero de acuerdo con el derecho sí lo son.

Por otra parte, en los casos de acceso carnal violento, si una persona sufre violencia, es claro que su voluntad se encuentra anulada, y dicha violencia puede ser física o psíquica, de tal magnitud que genere el temor de la víctima y que logre anular su voluntad o resistencia:

> Artículo 205. Acceso carnal violento. Modificado por el art. 1, ley 1236 de 2008. El que realice acceso carnal con otra persona mediante violencia, incurrirá en prisión de ocho (8) a quince (15) años.

El código Penal Colombiano estableció el concepto de violencia de la siguiente manera:

> Artículo 212A. Violencia. [Adicionado por el artículo 11 de la ley 1719 de 2014] Para los efectos de las conductas descritas en los capítulos anteriores, se entenderá por violencia: el uso de la fuerza; la amenaza del uso de la fuerza; la coacción física o psicológica, corno la causada por el temor a la violencia, la intimidación; la detención ilegal; la opresión psicológica; el abuso de poder; la utilización de entornos de coacción y circunstancias similares que impidan a la víctima dar su libre consentimiento.

Dentro de este concepto se incluyen palabras como coacción, amenaza, temor, intimidación, opresión, abuso de poder, entornos de coacción y circunstancias similares. Todas estas palabras implican un tipo de violencia que busca anular el consentimiento libre y espontáneo de la víctima.

Para introducirnos más en la complejidad del tema, tenemos que entender que tanto el consentimiento como la violencia, son aspectos muy difíciles de analizar desde el punto de vista psicológico, puesto que tienen un gran componente cultural y por tanto sociológico, que distorsionan muchas veces el análisis de un caso en concreto, y así lo explican varios expertos en la materia, en una entrevista que les hizo el Diario el Clarin:

> "Nadie nos enseña a ejercer un consentimiento explícito y afirmativo al tener relaciones sexuales, porque nos han transmitido 'costumbres', construcciones culturales, que nos dejan en una posición de sumisión, diciéndonos que es incómodo hablar de ciertas cosas. Pensemos que culturalmente, por ejemplo, es habitual hablar de roles pasivos y activos a nivel sexual, se piensa en eso de manera estereotipada y allí está el peligro, no se registra que dicha diferenciación, tan presente en el imaginario colectivo, puede influir de manera directa en los modos de practicar nuestra sexualidad, reforzando actitudes abusivas, incluso dentro del matrimonio o los vínculos de pareja", agrega Villalba.

> Poco tiene que ver esto con el tipo de sexualidad que se lleve adelante, aunque parezca obvio aclararlo. El sexo más extremo, las prácticas sadomasoquistas más jugadas, sexo anal, oral, uso de juguetes. El consentimiento abre las puertas del paraíso, y la omisión del límite ajeno abre las del infierno, llamado violación.

> Explica la licenciada Mariana Kersz, psicóloga y sexóloga: "El consentimiento sexual no tiene que ver con avanzar sobre el acto sexual, es independiente de estar con o sin ropa, dando o recibiendo sexo oral o estando en pleno coito. Si en algún

momento alguna de las dos partes dice 'no', es no. Y debe ser tenida en cuenta, respetada y validada: inmediatamente hay que detener toda la actividad sexual. Si necesita revisar la situación por la que está atravesando, es importante darle el tiempo y el espacio para que pueda tranquilizarse y poner en palabras su malestar".

"Entonces, aunque parezca ilógico, sucede que al vincularnos muchas veces terminamos soportando abusos, que no interpretamos claramente que lo sean. Pesa tanto la cultura patriarcal, que la mujer expuesta a situaciones de violencia de género, puede naturalizar todo tipo de maltratos y llegar a tomar decisiones completamente condicionada por dicho contexto. Hay mucho aún, para trabajar al respecto, la Justicia Penal debería tener presente la Jurisprudencia y Doctrina que propone la Unidad Fiscal Especializada en Violencia Contra las Mujeres", concluye Villalba.

Tomar por asalto a la otra persona cuando está dormida, o en un estado pseudoconsciente por haber tomado alcohol, dar por sentado que la pareja quería tener sexo, usar como excusa que se llegó a instancias eróticas avanzadas, forzar situaciones cerrando las puertas del auto o inducir a una persona cuando está en una situación de vulnerabilidad son eventos que violan el consentimiento y pueden dejar huellas psíquicas traumáticas.

"Si una pareja naturaliza la violencia, el consentimiento sexual también tendrá límites difusos. Los golpes, la dominación, la sumisión económica suelen darse en una situación de manipulación emocional, si uno de los miembros de la pareja decide, por la razón que fuera, detener o pausar el acto sexual, suele no ser tenido en cuenta en su determinación", opina Kersz.[36]

---

[36] DIARIO EL CLARIN. Desde lo íntimo. Apuntes sobre la nueva ley sueca: el sexo sin consentimiento y las costumbres heredadas de una cultura patriarcal. En la siguiente página Web: https://www.clarin.com/entremujeres/pareja/apuntes-nueva-ley-sueca-sexo-consentimiento-

De esta forma, existe una complejidad en el análisis del consentimiento puesto que se deben tener en cuenta factores culturales, en los que existe una violencia o actos abusivos que la víctima sufre, y que ella misma concibe asumirlos porque socialmente son admitidos.

Así las cosas, cómo debe ser entendido un sí y cuáles son los límites, es un tema que vincula temas personales, familiares y culturales, sobre los cuales se debe comenzar a unificar criterios para quitarnos concepciones que violan el derecho a la no intromisión en el cuerpo de otro sin su consentimiento como: "tú te lo buscaste", "todo es culpa tuya", "¿quién te manda a vestirte de esa manera?", "tú me provocaste", "tu eres una prostituta que no tiene derechos", o "ella es mi novia o mi esposa y le toca", que en definitiva fomentan las violaciones, desacreditan a las víctimas y fortalecen a los victimarios, lo cual es bastante peligroso, como bien lo resaltan en un caso de una violación en Reino Unido, donde el agresor se justificaba por la forma en que vestía la víctima:

> "Noeline Blackwell, la directora del Dublin Rape Crisis Center, dijo que no estaba sorprendida por el enfoque puesto en la ropa interior de la adolescente. "La referencia a la ropa interior y la inferencia de que el jurado fuera invitado a pensar que, debido a que estaba vestida de esa manera, estaba pidiendo sexo, no nos sorprende", dijo. "Acompañamos a la gente a los Tribunales y todo el tiempo vemos estereotipos de violación utilizados para desacreditar a denunciantes", dijo la mujer según reproduce el diario español."[37]

Los casos de violación deben ser analizados objetivamente sin prejuicios culturales o sociales, tratando de no promover las

---

costumbres-heredadas-cultura-patriarcal_0_SyyZ07ZGm.html consultado el 4 de Enero de 2019.

[37] DIARIO EL CLARIN. Juicio en Irlanda. "Llevaba una tanga de encaje", el argumento para absolver a un acusado de violación. Un hombre de 27 años fue declarado inocente de abusar de una joven de 17. El polémico razonamiento que utilizó la abogada defensora del imputado. En la siguiente página Web: https://www.clarin.com/sociedad/llevaba-tanga-encaje-argumento-absolver-acusado-violacion_0_qRaMW86Kz.html consultada el 4 de Enero de 2019.

violaciones, al destruir la imagen de la víctima y enaltecer al victimario. Igualmente, el exceso de publicidad de un caso de violación puede promover más violaciones, logrando un efecto inverso en la búsqueda del rechazo del acto despreciable.

La impunidad es el gran problema de estos delitos, puesto que les envía un mensaje permisivo a los violadores que continúan delinquiendo y que no son procesados, hasta convertirse en violadores seriales, que el sistema no pudo controlar ni contener a tiempo. Igualmente, la falta de tratamiento penitenciario a los delincuentes sexuales impide garantizar la no repetición de los delitos, y que los condenados que vuelvan a la libertad no pongan en riesgo a otras personas.

Por último, ante la complejidad del tema, es necesario ser muy cautos en estos delitos específicamente por su connotación social y los problemas procesales y de prueba que se generan a través del proceso penal. Existen muchos casos denunciados de violaciones que son falsas denuncias, ya sea por una madre que quiera acusar a su ex esposo de acceso carnal abusivo en contra de su hija, solo para destrozar su vida. También se encuentra los casos de mujeres que denuncian a hombres ricos y poderosos por violación para extorsionarlos, o mujeres que denuncian haber sido abusadas sexualmente por actores, cantantes o políticos para armar escándalos y buscar beneficios de cualquier orden. Estos casos, son los grandes retos del derecho penal, donde la defensa solo puede contar con las versiones de los implicados, las versiones de unos familiares o amigos que nunca estuvieron en los hechos, de peritos psicólogos y pruebas psicológicas que permiten dar indicios de comportamientos extraños, y de dictámenes médicos que buscan rastros físicos de violaciones. Y estos son los pocos casos en los que el derecho penal puede condenar a inocentes porque cuando el tema probatorio es supremamente deficiente, y la percepción del juez y su convencimiento es lo que termina decidiendo la condena de un acusado de violación sin pruebas contundentes, como testigos presenciales del hecho, grabaciones, prueba física de medicina legal de lesiones de violación, pruebas de fluidos humanos. Aquí el juez se enfrenta a su subjetividad, ante la presión mediática y ante la responsabilidad de dejar libre a un posible violador, muy a pesar de que exista una duda razonable.

Veamos a continuación, algunos casos complejos de abusos sexuales:

CASO No. 1. LA VIOLACIÓN EN CIRCUNSTANCIAS DONDE LA VÍCTIMA SUFRE GRAVE INTIMIDACIÓN.

Sobre este tema, ocurrió un caso muy particular en España, que fue nombrado como el caso de La Manada, donde 5 hombres en una fiesta de San Fermín en la ciudad de Pamplona, abusaron sexualmente de una mujer que conocieron circunstancialmente en la fiesta. Los hombres la tomaron por sorpresa, la encerraron en un lugar donde los cinco la accedieron carnalmente, en la forma en que se le dio la gana[38]. La mujer no se resistió, no gritó y se sometió a todos los actos que los individuos quisieron hacerle.

El tema central era si los hombres habían utilizado violencia en contra de la mujer en forma de intimidación, porque en el momento la mujer no protestó, y tomó una actitud sumisa frente a los hombres. La Fiscalía y la Policía judicial argumentaron que la mujer se encontraba indefensa frente a cinco hombres y que el miedo la llevó a una parálisis nerviosa, por lo cual mantuvo una actitud sumisa frente a sus agresores. Por su parte, la defensa tomó la actitud de la mujer para argumentar que ella había consentido la relación, y que la denuncia se

---

[38] SECCIÓN SEGUNDA DE LA AUDIENCIA PROVINCIAL DE NAVARRA. Proceso: PROCEDIMIENTO SUMARIO
ORDINARIO Nº: 0000426/2016. NIG: 3120143220160006413. Resolución: Sentencia 000038/2018. D. JOSÉ FRANCISCO COBO SÁENZ (Ponente).

presentó, por retaliación a que después del hecho la habían dejado abandonada.

La condena por parte de La Sección Segunda De La Audiencia Provincial De Navarra, fue por abuso sexual[39] y no por agresión sexual[40], lo cual generó un fuerte debate sobre la violencia por intimidación, puesto que los magistrados no acogieron la tesis de la Fiscalía que solicitó la condena por el delito de agresión sexual (que es con violencia)[41]. La decisión también fue criticada por el voto disidente de uno de los magistrados que planteó que se separaba de la decisión de sus pares, por considerar que en el caso hay duda razonable sobre si la mujer dio o no el consentimiento, y que con base en las pruebas no se podía afirmar más allá de toda duda razonable, con las pruebas valoradas, que la mujer haya entrado en un estado de pánico, que la llevó a una actitud sumisa.

Así las cosas, en el presente caso se valoró por un lado la posibilidad de anular el consentimiento por intimidación que configuraría una

---

[39] Artículo 181.
1. El que, sin violencia o intimidación y sin que medie consentimiento, realizare actos que atenten contra la libertad o indemnidad sexual de otra persona, será castigado, como responsable de abuso sexual, con la pena de prisión de uno a tres años o multa de dieciocho a veinticuatro meses.
2. A los efectos del apartado anterior, se consideran abusos sexuales no consentidos los que se ejecuten sobre personas que se hallen privadas de sentido o de cuyo trastorno mental se abusare, así como los que se cometan anulando la voluntad de la víctima mediante el uso de fármacos, drogas o cualquier otra sustancia natural o química idónea a tal efecto.
3. La misma pena se impondrá cuando el consentimiento se obtenga prevaliéndose el responsable de una situación de superioridad manifiesta que coarte la libertad de la víctima.
4. En todos los casos anteriores, cuando el abuso sexual consista en acceso carnal por vía vaginal, anal o bucal, o introducción de miembros corporales u objetos por alguna de las dos primeras vías, el responsable será castigado con la pena de prisión de cuatro a diez años.
5. Las penas señaladas en este artículo se impondrán en su mitad superior si concurriere la circunstancia 3. a o la 4. a , de las previstas en el apartado 1 del artículo 180 de este Código
[40] Artículo 178 Código Penal Español. El que atentare contra la libertad sexual de otra persona, utilizando violencia o intimidación, será castigado como responsable de agresión sexual con la pena de prisión de
uno a cinco años.
[41] "Tenemos por tanto una primera y fundamental base en la que apoyar nuestro juicio de valor, no meramente descriptivo , para afirmar que las relaciones de contenido sexual se mantuvieron en un contexto subjetivo y objetivo de superioridad, configurado voluntariamente por los procesados, del que se prevalieron , de modo que las prácticas sexuales se realizaron, sin la aquiescencia de la denunciante en el ejercicio de su libre voluntad autodeterminada." Op. Cit.

agresión sexual por violencia en España, y por el otro, la anulación del consentimiento por la posición dominante del autor del delito que configuraría el delito de abuso sexual en la legislación española. El problema base es determinar cómo valoramos la violencia por intimidación, cuando el autor del delito no amenaza con un mal futuro a la víctima, ya sea con un arma, con golpes u otro tipo de amenaza expresa. Por otra parte, será que la violencia por intimidación se valora desde el punto de vista de la víctima y solo se tiene en cuenta cuando ésta llora, sufre lesiones, se resiste o grita. La gran pregunta que surge es: ¿cómo se valora el silencio por resignación?

El caso de "la manada" tuvo amplio cubrimiento por parte de los medios de comunicación y la sociedad civil en general exigió un castigo más ejemplarizante para los procesados, por considerar el caso de alta gravedad para los derechos de las mujeres, para lo cual, criticaron que los jueces hayan desestimado la violencia por intimidación.

Incluso, se presentó un salvamento de voto, en el que un magistrado expresa su disidencia, respecto de los demás jueces, al calificar que de acuerdo con los videos que se presentaron, no había observado más que "una desinhibición total y explícitos actos sexuales en un ambiente de jolgorio y regocijo en todos ellos, y, ciertamente, menor actividad y expresividad en la denunciante." [42] También dijo que no podía interpretar en los procesados, gestos o palabras o intención de burla, desprecio, humillación, mofa, o jactancia de ninguna clase"[43], también dijo que en los videos no encontraba que existiera algún tipo de fuerza, imposición, conminación o violencia. Respecto de la víctima dijo que en los videos no se vio ni en su expresión ni en sus movimientos, "atisbo alguno de oposición, rechazo, disgusto, asco, repugnancia, negativa, incomodidad, sufrimiento, dolor, miedo, descontento, desconcierto o cualquier otro sentimiento similar"[44]. Y notó que la

---

[42] AUDIENCIA PROVINCIAL DE NAVARRA. PROCESO. 38/2018. Del 20 de Marzo de 2018.
[43] Ibíd.
[44] Op. Cit.

expresión de la víctima era relajada y distendida, incompatible "con cualquier sentimiento de miedo, temor, rechazo o negativa."[45]

Por su parte, el Tribunal Superior de España si consideró la violencia por colocar a la víctima en un ambiente de intimidación expresa, donde no podía expresar su voluntad, ante el miedo que le causó enfrentarse a cinco hombres:

> "El Supremo cree que la víctima sufrió una "situación intimidante" que hizo que ella misma "adoptara una actitud de sometimiento, haciendo lo que los autores le decían que hiciera ante la angustia e intenso agobio que la situación le produjo por el lugar recóndito, angosto y sin salida en el que fue introducida a la fuerza". Los magistrados consideran que los acusados se "aprovecharon" de estas circunstancias para atacar a la joven, que sufrió al menos "diez agresiones sexuales con penetraciones bucales, vaginales y anales".[46]

El debate jurídico y probatorio sobre la existencia de violencia, en el acto que realizaron los victimarios en contra de la víctima, generó muchas reacciones en los grupos feministas, porque se presentaban dos posturas, las que consideraban que la violencia debía ser expresa, para tipificar el delito de violencia sexual, y los que consideraban que en circunstancias de intimidación como la que sufrió la victima en el caso de "la manada" no es necesario que la violencia sea expresa.

Si el caso de "la manada" se hubiese presentado en Colombia, el Código penal define a la violencia de la siguiente forma:

> Artículo 212A. Violencia. [Adicionado por el artículo 11 de la ley 1719 de 2014] Para los efectos de las conductas descritas en los capítulos anteriores, se entenderá por violencia: el uso de la

---

fuerza; la amenaza del uso de la fuerza; la coacción física o psicológica, corno la causada por el temor a la violencia, la intimidación; la detención ilegal; la opresión psicológica; el abuso de poder; la utilización de entornos de coacción y circunstancias similares que impidan a la víctima dar su libre consentimiento.

Así las cosas, un Juez en Colombia solo tendrían que valorar si existió violencia o no, puesto que la opresión psicológica, el abuso del poder, y la utilización de entornos de coacción y circunstancias que impidan a la víctima dar su libre consentimiento, se entienden como violencia, por lo que no hay un punto intermedio, el debate probatorio deberá darse en torno a si se puede probar la violencia o no, concepto que incluye las circunstancias que impidan a la víctima dar su libre consentimiento.

La problemática del debate jurídico, es que tiene no solo una dimensión de interpretación jurídica de las normas, sino que tiene una dimensión probatoria, en donde se prueban los hechos que encuadran la conducta en una norma. De esta manera, el debate jurídico se traslada a que la violencia debe probarse, y ello es un derecho del procesado, que se encuentra vinculado con otros derechos como el debido proceso, la presunción de inocencia (nadie podrá ser declarado culpable hasta que no se le demuestre lo contrario), el indubio pro reo (toda duda debe ser resuelta a favor del reo). En el análisis probatorio, se tienen que tener en cuenta principios como el de la sana crítica, la preminencia de la prueba científica y las reglas de la experiencia, entre otros, que permiten guiar al juez en la valoración probatoria.

Así las cosas, en un debate jurídico las suposiciones solo se encuentran dentro de las reglas de presunciones legales, algunas admiten prueba en contrario, y otras no, como, por ejemplo, la presunción de que los menores de 14 años no pueden consentir una relación sexual. En consecuencia, habrá que probar jurídicamente que existió violencia, y tendrá que probarse que existió una circunstancia que impidió a la víctima dar su libre consentimiento, por presión psicológica o por coacción. Una vez probada la violencia, el juez no podría desconocer que existió. En el caso español, el Tribunal provincial de Navarra, en primera instancia no encontró probada la violencia, por lo que resolvió condenar por abuso sexual, por falta de consentimiento, porque la víctima sí se encontraba en una situación de sometimiento. En el caso colombiano, el juez tendrá que reconocer que existió violencia si encuentra que la víctima se encuentra en una circunstancia en la cual no puede dar su libre consentimiento, y por tanto, condenar por acceso carnal violento.

CASO No.2 EL ACCESO CARNAL MEDIANTE ENGAÑO.

En un caso ocurrido en Estados Unidos, se presentó un acceso carnal de un hombre en contra de una mujer, que lo creyó su pareja sentimental, situación que aprovechó el hombre para lograr su cometido. La mujer por su parte accedió a una relación sexual con el hombre convencida de que era otra persona (su novio). La justicia exoneró al hombre quien era plenamente consciente de que la mujer mantuvo relaciones sexuales con él, creyendo por error que se trataba de otra persona. Los detalles del caso son los siguientes:

> "Abigail Finney estaba en su amplio dormitorio universitario pasando un rato con su novio y algunos amigos de él, en la First Street Towers, en el campus de West Lafayette de la Universidad de Purdue, en Indiana, Estados Unidos. Mientras ellos jugaban a los videojuegos ella, recostada en su cama, hacía compras online desde su computadora. Su novio, de vez en cuando —relató el portal BuzzFeed.News— se recostaba junto a ella y le hacía algún mimo. La noche se hizo madrugada y a Abigail le dio sueño. Se quedó dormida.
>
> Aunque tiene el sueño pesado, un roce sobre su remera la despertó. La habitación estaba a oscuras y en silencio. Algunos de los chicos que hasta hace rato charlaban y tomaban algo,

dormían sobre los futones. De espaldas, Abigail consintió las caricias y terminó de consumarse una relación sexual, que ella interrumpió para ir al baño.

Según el relato de BuzzFeed.News, cuando la chica regresó del baño, vio con sorpresa que quien estaba en su cama no era su novio, sino uno de sus amigos, Grant (Donald Grant Ward). En un primer momento creyó que era una broma que le jugaban entre su novio y los amigos, que se habían cambiado de lugar mientras ella estaba en el baño. Pero su novio no estaba en el lugar.

La chica se puso frenética. Fue hasta la habitación de su novio y él dormía allí. Él le explicó que le había dado sueño y que había decidido irse a dormir a su cuarto. Ella le contó lo ocurrido. Él, furioso, salió corriendo. Abigail estaba confundida: ¿la habían violado? ¿lo que le habían hecho era ilegal? Le escribió a una amiga. Se sentía violada; se sentía mal.

Esa misma noche, la joven y su novio fueron al hospital y una estación de Policía, y Ward fue detenido. Según su declaración, admitió que tuvo relaciones sexuales con la chica sabiendo que ella creía que él era su novio."[47]

La razón jurídica por la cual, se exoneró al denunciado, fue la atipicidad de la conducta, es decir, el consentimiento viciado por error, en una relación sexual no se configura como delito en la Ley del Estado de Indiana:

"En Indiana, el sexo solo se convierte en violación cuando se lo obliga a través de la fuerza o las amenazas, si la víctima tiene una discapacidad mental y no puede dar su consentimiento

---

[47] EL DIARIO EL CLARIN. Estados Unidos. Tuvo sexo con un hombre creyendo que era su novio: lo acusó de violación, pero lo absolvieron. En la siguiente página web: https://www.clarin.com/sociedad/polemico-fallo-renueva-debate-consentir-relacion-sexual_0_ehiCN-U28.html?utm_medium=Social&utm_source=Facebook#Echobox=1545233266 Consultada el 4 de Enero de 2019.

correctamente, o si no está consciente de que se está llevando a cabo la relación sexual. Y Abigail sabía que estaba teniendo sexo. Ella simplemente no sabía que era con Grant."[48]

En este caso, los argumentos de la defensa estuvieron dirigidos a plantear que el consentimiento viciado de error o engaño no es un delito:

> "Según señaló este miércoles el sitio web de la revista People, el abogado de Ward, Kirk Freeman, argumentó que su defendido no puede ser condenado solo porque Finney, quien consintió en tener relaciones sexuales, creía que él era otra persona.
>
> Freeman sugirió que algunos hombres echan mano a todo tipo de identidades para convencer a las mujeres de tener relaciones sexuales. El abogado señaló que muchos hombres dicen "te amo" y "estoy listo para un compromiso", pero el hecho de que estén mintiendo no los hace culpables de violación"[49]

El caso y la absolución del procesado ha generado reacción, y se ha planteado que existe un vacío legal, que no tiene en cuenta casos de engaños y de suplantación de identidad, incluso se plantea que se castigue los casos de acceso carnal en los que el autor incurre en un error tipo al desconocer la edad de la víctima, en los que tocaría imponer una pena por un acceso carnal culposo.

En el caso planteado, es claro que, si alguien da su consentimiento para una relación sexual con una persona, creyendo que se trata de otra, existe claramente un error que vicia el consentimiento, y por lo tanto, este se convierte en inválido.

De acuerdo con lo anterior, si bien el autor no actúa con violencia, por lo cual se descarta la aplicación del acceso carnal violento, si es posible aplicar el delito de acceso carnal en persona puesta en incapacidad de

---

[48] Ob.cit.
[49]49 Ob. Cit.

resistir, puesto que el autor en este caso, siendo plenamente consciente de que la víctima lo creyó otra persona, consuma el acto, y el engaño se convierte en el modo, por medio del cual el autor logra que la víctima no se resista. En estos casos, la voluntad de la persona queda anulada por el engaño, y es el modo, que el delincuente oportunista logra su cometido, evitando la resistencia de la víctima que incurre en un error en la persona. Si bien es cierto, el delito de acceso carnal en persona puesta en incapacidad para resistir se encuentra diseñado para casos, como el que utiliza bebidas alcohólicas o narcóticas, para acceder a la víctima, en el caso del engaño, a través de artificios que hagan incurrir en error a la víctima, en relación con la persona con la que supuestamente iba a tener una relación sexual, el error es la maniobra que utiliza el autor de la conducta para anular la voluntad de la víctima y por ello la coloca en incapacidad para resistir.

Así las cosas, cuando la víctima incurre en un error en la persona es más que claro que su consentimiento se encuentra viciado y existe la posibilidad de aplicarle a quién engaña el delito de acceso carnal en persona puesta en incapacidad para resistir, puesto que la resistencia de la víctima no se presente por el actuar engañoso previo del actor. Y así nos encontramos con casos del que suplanta a otra persona y accede carnalmente a otra, citando casos como el que aquí se ha planteado o casos de suplantación utilizando disfraces o máscaras, haciéndole incurrir a la víctima en error sobre la persona con la que va a tener una relación sexual.

Ahora bien, no tendrían el mismo tratamiento aquellos casos donde exista error de tipo sobre el consentimiento, donde el supuesto autor de la conducta incurre en un error al creer razonablemente que la víctima ha consentido una relación sexual.

Tampoco podría dársele un tratamiento punitivo a aquellos casos donde el error en la persona es mutuo, entre el supuesto autor y la víctima, es decir, ambos incurrieron en un error en la persona con la que creyeron haber tenido relaciones sexuales. En estos casos, el supuesto autor no realiza artificios o engaños para acceder a la otra persona, tanto él como la víctima no se encuentran conscientes de que están sosteniendo relacione sexuales con otra persona, lo cual se puede presentar en una fiesta de disfraces o de máscaras.

Ahora bien, si es un tercero el que propicia la situación para que dos personas incurran en el error de creer que están yaciendo con otra, esta persona podría ser responsable de dos delitos de acceso carnal en persona puesta en incapacidad para resistir, en calidad de autor mediato.

9. VIOLACIÓN CONYUGAL O EN CONTEXTOS DE RELACIONES DE PAREJA O EX-PAREJA

Por: Johanna Carolina Bula Carreño.

A todas las víctimas de violencia sexual conyugal, a todas aquellas cuyos cuerpos han sido usados por las personas en las que una vez confiaron; a todas a las que les dijeron que el sexo en una relación de pareja era una obligación, a todas esas personas las abrazo con solidaridad. Porque son víctimas de un sistema que perpetúa los deseos masculinos (en su mayoría) sobre sus derechos.

Dentro de las muchas violencias de las que no se habla lo suficiente, es sobre aquella que le da título a este capítulo y es la relacionada a los delitos de violencia sexual que, por parte de la pareja, ex pareja, compañero permanente, cónyuge, novio, pueda sufrir una mujer.

El 30% de las mujeres del mundo sufrirá violencia por parte de su pareja o ex-pareja en algún momento de su vida. El 8% de las mujeres será agredida sexualmente por su pareja o por un hombre ajeno a la relación, y el 38% de las mujeres asesinadas lo son por sus parejas o exparejas. Estamos hablando de millones de mujeres agredidas y violadas cada año dentro del contexto de las relaciones de pareja, un contexto en el que la referencia se supone que es el cariño y el amor. (LLORENTE, A. 2020)[50]

Estas son las cifras que arrojan las estadísticas, la realidad es muy superior, ya que para nadie es un secreto que muchos de los delitos de violencia que sufren las mujeres por parte de sus parejas, sean cónyuges, novios, compañeros permanentes o exparejas no son denunciados. Hay una vergüenza asociada al hecho de reconocerse como víctima de violencia por el reproche social que se encarniza con la mujer, con su comportamiento, con lo que según la opinión de los demás pudo hacer en contra del perpetrador, al que catalogan como aquel que "por su gran amor, se dejó llevar por x o y razón". O que en razón de ese gran amor, puede hacer son su pareja lo que se le

---

[50] Llorente Acosta, M. (2020) *El género y el sistema de (in)justicia. Panorama general acerca del fenómeno de la violencia de género* (Págs. 25-37). Tirant lo Blanch. Valencia. Disponible en https://bd.usergioarboleda.edu.co:2534/cloudLibrary/ebook/show/9788413360157. [Consultado el 28 de octubre de 2020]

antoje, porque desde muy temprana edad le dijeron que sus deseos eran derechos.

Razones que son demasiadas, que son descabelladas y carentes de sentido, pero que forman parte del discurso de la cultura patriarcal que normaliza la violencia en contra de las mujeres y las hace responsables de la violencia que contra ellas se ejerce. Cuánto daño han hecho los mandatos de obediencia y la sumisión que le ha impuesto la religión a las mujeres, para ser consideradas virtuosas; han probado ser más bien, mecanismos de control sobre los cuales se apoya todo un sistema que trasgrede sus derechos.

LOS VÍNCULOS AFECTIVOS, CIVILES O RELIGIOSOS NO OTORGAN CONSENTIMIENTO ILIMITADO

Y es que el mito extendido de que todo lo que pasa dentro de la institución del matrimonio es puro, sagrado y valido, por el simple hecho de estar casados, ha evitado que muchas mujeres se reconozcan víctimas de violencia sexual y le ha otorgado impunidad a los perpetradores, que usan el cuerpo de su cónyuge como un objeto.

"Aunque los hombres empiezan a tomar en consideración los deseos y las ganas de las mujeres, el sacrosanto deber conyugal sigue enraizado en las mentalidades", deplora la Federación Nacional Solidaridad Mujeres. (2011)[51]

Así como la falsa creencia de que, por existir una relación entre dos personas, se anula la libertad sexual de una de las partes. Vemos como se trasladan los actos violentos a relaciones de pareja distintas al matrimonio, como los noviazgos.

---

[51] RFI. (2011). Cuando deber conyugal es sinónimo de violación. Disponible en https://www.rfi.fr/es/francia/20110614-cuando-deber-conyugal-es-sinonimo-de-violacion. [Consultado el 28 de octubre de 2020]

Pero haber tenido sexo mil veces con una persona no le resta importancia a los delitos de violencia sexual que puedan darse en la dinámica de las relaciones de pareja. Puesto que el consentimiento sexual no es algo que se otorga sin límites y sobre cualquier circunstancia.

 Aceptar una relación o establecer un vínculo afectivo con alguien, sea civil, religioso, natural, no implica un sometimiento a los deseos sexuales de la otra persona, el consentimiento sexual es algo que puede o no existir, haya o no relación de pareja. **En resumidas palabras, nadie está obligado a tener sexo con nadie, por obligación, ni deber.** Y si no se tuvo en cuenta el consentimiento y se sometió mediante violencia física, psicológica, amenaza o cualquier otra, eso se llama violación.

Y pues sí, hay esposos, novios, parejas, exparejas que violan, porque creen que el cuerpo de su pareja les pertenece, porque ven en su pareja un objeto para su disfrute y en otras ocasiones porque disfrutan hacerles daño, porque su carente formación sexo-afectiva los lleva a emplear la violencia en sus dinámicas de relación de pareja.

Creer que el vínculo afectivo, civil o religioso otorga un consentimiento ilimitado y una especie de licencia sobre el cuerpo de la mujer, ha dificultado que la mujer se reconozca como víctima de este delito, la conciencia del perpetrador de que es delito, la revictimización a la que es sometida la víctima, pues ni los operadores de la justicia están formados para su adecuado tratamiento; que la víctima, el victimario, el núcleo familiar y cercano de la víctima y victimario, la sociedad en general comprendan que no es una obligación ni deber mantener relaciones sexuales con la pareja, ni que el sometimiento por la fuerza es "algo que pasa en las relaciones". Hay que educar a la sociedad en general, a los abogados y a los operadores de justicia en el reconocimiento y adecuado tratamiento a este delito que tiene por nombre VIOLACIÓN y tiene devastadoras consecuencias.

TRATAMIENTO JURÍDICO DE ESTE DELITO

En una sociedad como la nuestra en la que los deseos de los hombres se han puesto por encima de los derechos de las mujeres, justificándose con premisas como aquellas que afirman que los hombres son seres sexuales e incapaces de controlar sus impulsos, contradicción bastante frecuente en el lenguaje masculino, pues al mismo tiempo afirman ser superiores a las mujeres; pero si hay una verdad que no admite argumento en contra y es que ningún ser superior es dominado por sus impulsos. Y mucho menos un ser superior, se sabría señor y dueño de un cuerpo distinto al suyo. Pero es una contradicción constante en el machismo, que se alterna como excusa en distintos contextos.

También se ha legislado en favor de los deseos de los hombres desde que el mundo es mundo. Como lo puntualizan FACIO y FRIES (2005) *Desde el punto de vista histórico, las diferencias entre los sexos y la desigualdad legal están estrechamente ligadas. ¿por qué? Porque la diferencia mutua entre hombres y mujeres se concibió como la diferencia de las mujeres con respecto a los hombres cuando los primeros tomaron el poder y se erigieron en el modelo de lo humano. Desde entonces, la diferencia sexual ha significado desigualdad legal en perjuicio de las mujeres.*[52]

Y no me refiero a que nuestra legislación no lo tenga tipificado, pues sí reconoce que una violación conyugal, es un delito que debe tener el mismo tratamiento punitivo que si fuera cometido por un extraño, con el agravante que supone el vínculo marital y/o de relación de pareja. (Sentencia C-285/97)[53]. Una violación lo es indistintamente de

---

[52] Facio, Alda; Fries, Lorena.(2005) Feminismo, género y patriarcado. Revista sobre enseñanza del derecho de Buenos aires. Año 3, número 6. ISSN 1667-4154. Págs. 259-294

[53] Corte constitucional. Sentencia C- 285. Disponible en https://www.corteconstitucional.gov.co/relatoria/1997/C-285-97.htm . [Consultada el 28 de octubre de 2020]

la relación que la víctima tenga con el agresor, en este caso tiene un mayor grado de lesividad por la existencia del vínculo marital, porque no es posible diferenciar una conducta que atente en contra de la libertad sexual y la dignidad humana, dependiendo del agresor; en el caso de las violaciones conyugales estas tienen mayor grado de reproche cuando víctima y agresor están unidos por vinculo marital. Este vínculo, no disminuye, sino que aumenta la punibilidad del hecho y lo agravan.

Sin embargo, el abordaje a este delito por parte de los operadores de justicia es reprochable porque viene condicionado con esquemas patriarcales, esos que ya hemos mencionado anteriormente y que incluyen la errónea premisa que las relaciones sexuales en el matrimonio o la relación de pareja son de carácter obligatorio y que no importa los medios que se empleen para conseguirla, es un derecho del hombre sobre la mujer pareja.

Nos encontramos, entonces, ante el amanecer de la clásica cultura de la culpabilización a la mujer que es víctima de delitos sexuales y delitos asociados con el "honor sexual masculino", como el homicidio por la ira desatada por algún atentado contra la hombría o la virilidad (valores máximos elevados a bienes jurídicos tutelados por los estados hasta nuestros días). Se trata de narrativas basadas en la sobre-exigencia al comportamiento de las mujeres que son víctimas, no solo de sus agresores sexuales y físicos, sino víctimas también de una cultura que estereotipó sus cuerpos y sus hábitos, que estandarizó y normalizó la violencia y la agresión contra ellas y que positivizó la cultura de la culpa por el mal, el crimen o el dolor en los exclusivos actos femeninos, fueran incluso estos de tipo omisivo. Todo lo anterior fundamentado en valores an-drocéntricos2 cuya guarda implicaba la deshumanización de las mujeres y la tolerancia cultural sobre su dolores y sufrimientos. (MOLINA, D; CASANOVA, A. 2019)[54]

---

[54] Molina-Rodríguez, D. I. y Casanova-Mejía, A. C. (2019). *Marco jurídico para la violencia sexual en Colombia.*(Págs. 42 y 43). En Y. A. Carrillo-Cruz (Comp.), La violencia de género desde un enfoque multidisciplinario (pp. 40-83). Bogotá, Colombia: Ediciones Universidad Cooperativa de Colombia.

Los deseos y los derechos de las mujeres, en las sociedades y entornos machistas, no se perciben como propios, de hecho, se condenan cuando lo son. El deseo sexual de una mujer para que sea justificado debe ser en respuesta al deseo masculino, me explico mejor, se sostiene que si una mujer tiene relaciones sexuales con un hombre, es porque este hombre fue capaz de convencer a la mujer para acceder a su pretensión, porque esta mujer debe responder a los caprichos del hombre que siente atracción por ella; como si existiera una obligación en responder de manera afirmativa a esta. El deseo del hombre se superpone a los derechos de la mujer que no tiene obligación de sentir nada por él y desde adolescente le enseñan a "aprender a rechazar delicadamente", porque a los hombres no les enseñan a aceptar un no como respuesta y esa negativa, puede desencadenar una respuesta agresiva por su parte. Entonces se nos educa para no "herir las susceptibilidades masculinas", en un amplio desconocimiento de nuestro derecho de decir no, sin que este implique una consecuencia que lamentar. Basta de chistes flojos, como ese de que un "no, se convierte en un sí" porque lo que perpetua son culturas de acosos y violación.

VIOLENCIA EN LAS RELACIONES AFECTIVAS DESDE LA ADOLESCENCIA.

Estos comportamientos no son exclusivos de la edad adulta, ya son comportamientos que se han venido reproduciendo desde años anteriores, porque el entorno está permeado con esta clase de comportamientos transgresores de la libertad y dignidad sexual. Así que desde muy temprano como en una especie de legado violento, las niñas y niños que ven esos esquemas, que los apropian y los replican, llegan a ser adolescentes que establecen relaciones afectivas desde el conflicto y las distintas formas de violencia.

Disponible en https://bd.usergioarboleda.edu.co:2351/10.16925/9789587601220. [Consultado el 28 de octubre de 2020]

No podemos ser ajenos, al hecho de que se ha ensalzado como propio de las relaciones de pareja, los comportamientos tóxicos, abusivos y violentos, como estándar y como una especie de meta aspiracional. Nada más es observar las redes sociales y ver la glorificación que de estas conductas se hace.

La deficiente formación sexo-afectiva, la influencia de la pornografía, el mito del amor romántico que en libros, películas y novelas se mantiene como una constante, derivan en una distorsión de la realidad en la cual los antivalores y las conductas violentas son la norma.

Por tanto, se puede considerar que la adolescencia es una etapa clave para el aprendizaje, en la que las pautas de comportamiento que se adquieran van a influir en la formación tanto de los jóvenes como de los adultos. Asimismo, de acuerdo con Sebastián et al. (2010), la violencia en las relaciones afectivas entre jóvenes se produce en una fase en la que se empiezan a hacer realidad las primeras relaciones románticas anheladas y, en muchos casos, soñadas, en las que varias de las pautas de interacción pueden dejar las puertas abiertas al abuso en las relaciones presentes y futuras (GARRIDO y otros; 2020).[55]

Es hora de empezar a enseñar diferente, de tener modelos de relaciones sanas y que estas a diferencia de lo que describen, no carecen de emoción, de risas, de momentos increíbles, ni siquiera de sexo. Las relaciones sanas, lo que no tienen, es violencia; las componen personas que decidieron trascender a esos modelos de machismo, toxicidad y violencia. Si supieran cuanta paz y calma hay en relaciones sanas y horizontales y estas se convirtieran en el tipo de relación aspiracional, no solo tendríamos un cambio en la mentalidad de los adolescentes en cuanto a conductas y comportamientos sexuales, estos los llevarían a su etapa adulta y si estas personas

---

[55] Garrido Antón, M. J., Arribas Rey, A., de Miguel, J. M., & García-Collantes, Á. (2020). La violencia en las relaciones de pareja de jóvenes: prevalencia, victimización, perpetración y bidireccionalidad. *Revista Logos Ciencia & Tecnología, 12*(2), 8–19. https://bd.usergioarboleda.edu.co:2289/10.22335/rlct.v12i2.1168 [Consultado el 28 de octubre de 2020]

deciden tener descendencia, tendríamos una generación de niñas y niños, sin tantos traumas y carencias emocionales, tendríamos un mejor modelo de familia, sea como sea que estas se compongan.

EL SIGNIFICADO DE UNA VIOLACIÓN

Ya hemos dejado claro que no importa la relación de la víctima de violencia sexual con su agresor y que lejos de estar o haber estado en una relación de pareja lo justifique, esto se convierte en un agravante.

No existen consecuencias menos lesivas a la dignidad, a la libertad sexual porque el ataque provenga de un agresor conocido. No hay menos dolor, ni menos trauma, ni son menores las consecuencias, porque en algún momento o durante muchos años se tuvo relaciones sexuales con el agresor.

Una violación conyugal es de igual manera un cuerpo invadido y violentado, es la traición de la confianza en la persona con la que se tiene o tuvo un vínculo afectivo, es el sometimiento a un deseo que no respeta la voluntad propia, es un atentado directo a la psiquis, al cuerpo y a las emociones. Es un delito contra la dignidad y la libertad sexual.

¿Por qué la violación obtiene ese significado? Porque debido a la función de la sexualidad en el mundo que conocemos, ella conjuga en un acto único la dominación física y moral del otro. Y no existe poder soberano que sea solamente físico. Sin la subordinación psicológica y moral del otro lo único que existe es poder de muerte, y el poder de muerte, por sí solo, no es soberanía. (SEGATO, R. 2016).[56]

Se intenta por medio de este vejamen someter, minimizar a la víctima, se intenta desposeerla de sí misma al arrebatarle la soberanía sobre sus decisiones y su cuerpo. No es un deseo incontrolable, es un

---

[56] Segato, Rita Laura. (2016) La guerra contra las mujeres. Colección Mapas 45. Madrid. Traficantes de Sueños. Pág. 38

despliegue de fuerza y poder, de quien desprecia el cuerpo del otro y cuya satisfacción sexual, está en el menoscabo de la moral de la persona a la que violenta.

LOS TIPOS DE VIOLACIÓN EN LAS RELACIONES DE PAREJA

Dentro de las formas de violación conyugal que se dan en los contextos del matrimonio y de las relaciones de pareja, de acuerdo a (Finklehor , D. y Yllo K)[57] podemos encontrar las siguientes

Violación con el Uso de Fuerza Solamente

La pareja usa sólo la cantidad de fuerza necesaria para obligar a su cónyuge o pareja íntima. El golpear a su pareja usualmente no es característico de estas relaciones.

Violación con Golpes Físicos

Compañeros que golpean y violan a su cónyuge o pareja íntima. Los golpes pueden suceder al mismo tiempo, antes o después de la violación sexual.

Violación Obsesiva

La pareja usa tortura o actos sexuales perversos contra su cónyuge o pareja íntima. Ellos están dispuestos a hacer uso de fuerza para llevar a cabo estas actividades.

No siendo estas las únicas formas, pues la violencia psicológica que se emplea para forzar a la otra persona a mantener relaciones sexuales, por medio de amenazas tan distintas como:

---

[57] TAASA. Texas Association Against Sexual Assault. Fuente de Información: License to Rape: Sexual Abuse of Wives by D. Finklehor & K. Yllo. Disponible en http://taasa.org/wpcontent/uploads/2015/05/BR_RapeInMarriage_SPAN_2014.pdf. [Consultado el 28 de octubre de 2020]

1.	Insinuar que si la otra persona no tiene sexo es porque tiene un amante

2.	Amenazar con violentar a los hijos si no se accede

3.	Amenazar con no proveer dinero para la alimentación familiar

4.	Ex parejas que piden sexo a cambio de la cuota alimenticia

Entre un largo etcétera, las violaciones sexuales en contextos de parejas y exparejas, debe ser entendida en la particularidad de la relación, no son iguales en todos los contextos los medios utilizados por el victimario para violentar.

VIOLACIONES CONYUGALES EN PAREJAS DEL MISMO SEXO

No es de extrañar que los delitos sexuales que se cometen en parejas del mismo sexo han sido muy poco estudiados por el derecho y que no se conocen cifras oficiales para establecer el número de personas que han sido víctimas de este delito en relaciones de pareja del mismo sexo.

Esto podría deberse a situaciones como aquellas en las que erróneamente se cree, que hay una igualdad absoluta en las relaciones de pareja homosexuales, es decir, no se concibe que una relación de personas del mismo sexo pueda dar lugar a violencia sexual. Cuando lo cierto es que la violencia en las relaciones de pareja, no se da por el sexo o género de quienes la compongan, si no por las desigualdades entre los miembros y las dinámicas de poder que en ellas se empleen, así como en las relaciones heterosexuales.

Es por esto que resulta importante identificar y describir los tipos de violencia dentro de las parejas homosexuales, ya que al no tener conocimientos sobre esta realidad se vuelve más vulnerable a esta minoría (Cantera, 2004 citado por SALDIVIA et al., 2017).[58]

La violencia sexual en parejas del mismo sexo, se da de la misma manera, mediante actos que atentan contra la libertad sexual, que tienen consecuencias igualmente adversas sobre las personas que la sufren, pero que por prejuicios y desconocimientos en los operadores de justicia se trivializa o se invisibiliza.

CONCLUSIÓN

Las violaciones conyugales son aquellas perpetradas por la pareja sea esta cónyuge, compañero permanente, ex pareja, en contra del otro miembro.

Que es un delito que se agrava por el parentesco y cuyas consecuencias no son menores por ser el agresor una persona con la cual se está o se estuvo en una relación de pareja, ni por haber tenido sexo en ocasiones anteriores.

Sus formas son muchas y se ha invisibilizado y minimizado por parte de una sociedad que cree que los vínculos afectivos son un consentimiento ilimitado y las falsas creencias de que el cuerpo del otro, en su mayoría de las mujeres, le pertenece a su pareja.

Que este delito se da de igual forma en parejas del mismo sexo y se le debe tratar de la misma manera, pues los derechos son en nuestra dimensión de seres humanos y no de nuestra preferencia sexual.

Razón por la cual, el derecho debe brindar las garantías necesarias para proteger y judicializar a sus perpetradores, así como los

---

[58] Saldivia Mancilla, C., Faundes Reyes, B., Sotomayor Llanos, S., Cea Leyva, F. (2017). *Violencia íntima en parejas jóvenes del mismo sexo en chile.* Última década, n°46, julio 2017, PP. 184-212. Disponible en http://www.codajic.org/sites/www.codajic.org/files/Violencia%20%C3%ADntima%20en%20parejas%20j%C3%B3venes%20del%20mismo%20sexo%20en%20Chile%20.pdf . [Consultado el 11 de noviembre de 2020]

operadores de justicia deben ser educados en políticas de derecho y género, para que puedan ser las victimas tomadas en serio.

Ni que decir, que como sociedad tenemos una deuda pendiente en educación sexo-afectiva libre de machismo, en la cual el respeto hacia el otro, su dignidad y libertad sexual sean reconocidas y actuaciones contrarias tengan todo el reproche social.

10. VIOLENCIA SEXUAL EN CONTRA DE LAS TRABAJADORAS DEL HOGAR.

Por: Johanna Carolina Bula Carreño.

A ellas, a las que se les han negado sus derechos; a ellas que se les ha desposeído hasta de ellas mismas; que las han hecho sentir que no tienen valor. A ellas, que sufren la vergüenza que la sociedad le adjudica a las víctimas y que encubre al victimario. A ellas, a las que la vida les ha mostrado su peor cara. A ustedes, a nosotras, porque la historia de las mujeres es una sola, una constante lucha por ser tratadas y reconocidas como sujetas de derechos.

Todas las mujeres se encuentran expuestas a los distintos tipos de violencia, desafortunadamente, unas en mayor medida que otras y las trabajadoras del hogar llevan tanto sufrimiento en sus espaldas como abusos en sus cuerpos y mentes.

Son ellas (porque en su mayoría las personas dedicadas al trabajo del hogar son mujeres) las protagonistas de este capítulo de historia de violencia, pues hay quienes a lo largo de la historia han pretendido una servidumbre sexual por parte de las mujeres a las que contratan para realizar tareas del hogar, con la complicidad de un silencio que hace demasiado ruido para ser ignorado.

Esa sociedad que quiere esconder como quien esconde polvo debajo de un tapete y que no le quiere llamar delito a los abusos laborales, psicológicos y sexuales que se cometen en contra de cientos de niñas y mujeres trabajadoras del hogar.

UNA REALIDAD NO DOCUMENTADA

Que no haya cifras oficiales, no significa que la problemática no exista y mucho menos evita que se debata sobre este tema en particular, en el que confluyen varias problemáticas que afectan a las niñas y las mujeres, que se dedican al trabajo del hogar.

Es difícil estimar la preponderancia del abuso debido a la falta de mecanismos de denuncia, la carencia de protecciones legales y las restricciones de la libertad de movimiento de las trabajadoras domésticas. (HRW.ORG, 2006)

Ya quisiéramos haber erradicado el trabajo infantil, la esclavitud, la discriminación y la violencia, pero la realidad es otra y se ensaña con más fuerza contra algunas personas.

Las cifras oficiales sobre el trabajo doméstico infantil en Colombia, es una problemática sigue vigente y ha existido por años, marcando profundamente la historia de miles de mujeres, adolescentes y niñas invisibles.

El Ministerio de Trabajo reportó que en 2013 más de 20.000 menores de edad eran trabajadoras domésticas: 14.000 por días y 6.000 en la modalidad de internas.

La última encuesta de Trabajo Infantil del Dane (Departamento Administrativo Nacional de Estadística de Colombia) no especifica cuántas niñas y niños se dedican al trabajo doméstico en el país, pero sí muestra que hasta diciembre de 2018, 475.000 personas de los 5 a los 17 años realizaban oficios del hogar por 15 horas o más durante la semana, lo que para la Organización Internacional del Trabajo (OIT) se llama "trabajo adicional". (ESCOBAR, 2019)

En cuanto a mujeres adultas y la forma en que reciben su ingreso,

Según datos de la Escuela Nacional Sindical (ENS), el 61 por ciento de las empleadas del hogar gana menos de un Salario Mínimo Legal Vigente y el 77% recibe alimentos como pago en especie. Así mismo, solo el 18% está afiliado a pensión.

Las cifras indican, además, que el 96% de los empleados domésticos del país son mujeres, de las cuales apenas el 38% de ellas terminó la primaria. (PORTAFOLIO, 2019)

EL CUENTO DEL "BUENISMO"

Niñas y mujeres en condiciones vulnerables que son llevadas a trabajar a "hogares" en los cuales son violentadas en todas las formas que se pueda imaginar.

Familias que se creen buenas por explotar una menor de edad o a una mujer con labores domésticas interminables a cambio de un cuarto del salario mínimo, un techo que paradójicamente no da cobijo y las sobras de comida que ellas preparan pero de la que nunca o rara vez podrán disfrutar caliente, de primera o una buena porción, humilladas, despojadas de deseos, a las que se les prohíbe el cansancio o la enfermedad.

Familias "de bien" que creen que las trabajadoras del hogar deben trabajar jornadas superiores a las reglamentarias y a las que pueden prohibir salir, sostener relaciones sentimentales o forjar lazos de amistad, esto con el fin de que no sean reveladas las intimidades del hogar que generalmente vive de las apariencias.

Las mismas familias, que aprovechando la vulnerabilidad de las mujeres, las hacen "responsables" de la iniciación sexual de adolescentes en las familias, o que son tocadas en contra de su voluntad por sus empleadores o los amigos y familias de estos. Que son violadas por sus empleadores y si acaso se atreven a decirlo, culpadas por ello.

Parecen historias sacadas de la ficción, pero son una realidad que parece no tener intenciones de cambiar.

Personas que están convencidas de que las trabajadoras del hogar les deben amor, sumisión y pleitesía, porque de alguna manera conviven bajo un mismo techo.

El buenísimo en este caso es estar convencido que la explotación y las agresiones sexuales a las que son sometidas las trabajadoras del hogar son un acto de caridad.

LA VIOLENCIA SEXUAL

La explotación laboral no es el único flagelo que enfrentan, también son víctimas de todo tipo de agresiones físicas y sexuales cientos de mujeres y niñas, que se dedican al trabajo doméstico, que van desde el hostigamiento o acoso sexual

El acoso sexual es una conducta no deseada de naturaleza sexual en el lugar de trabajo, que hace que la persona se sienta ofendida, humillada y/o intimidada. Es un término relativamente reciente que describe un problema antiguo. Tanto la OIT como la CEDAW identifican el acoso sexual como una manifestación de la discriminación de género y como una forma específica de violencia contra las mujeres. El acoso sexual es una violación de los derechos fundamentales de las trabajadoras y los trabajadores, constituye un problema de salud y seguridad en el trabajo y una inaceptable situación laboral. (OIT, 2012)

Hasta el más grave de los delitos que atentan contra la libertad sexual que es la violación.

(...) lo común y normalizada que parece ser la violencia sexual en el trabajo doméstico. En efecto, la exacerbación que generan las diferencias de clase, raza, género, así como la subvaloración de este trabajo, sobre la ya asimétrica relación laboral, genera mayores riesgos para las mujeres, en particular, si se considera que es una labor que se realiza en el espacio privado. Mayores riesgos se advierten aun para las trabajadoras domésticas internas. El acoso y la violencia sexual aparecen como fenómenos comunes en el sector, en los estudios de caso. Un 41,2 % de las trabajadoras en Urabá afirmó conocer trabajadoras domésticas que habían sufrido agresiones sexuales en su trabajo; mientras que en Cartagena esta proporción fue del 23,5 %. (OSORIO, V y TORRADO, C, 2019)

De estas violaciones han nacido niñas y niños, que se convierten en hijos de nadie, pasan a la categoría de "el hijo o la hija del patrón", porque esos padres biologicos no aceptan la paternidad, es más la niegan vehementemente. Y una mujer con miedo no reclama derechos, mucho menos si es amenazada, por quien ante la sociedad su palabra tiene un valor más alto la de ella.

CONCLUSIÓN

La violencia se perpetúa mientras haya quienes crean que pueden pasar por encima de los derechos de los demás. Mientras subsista la falsa creencia de que las personas son objetos que se pueden poseer.

Podríamos culpar a la pobreza, a la falta de acceso a la educación, a la injusticia social, pero no sería ni adecuado, ni suficiente, porque si bien, son elementos comunes que aumentan la vulnerabilidad de las víctimas de violencia sexual, los verdaderos culpables son los violadores y todo el sistema patriarcal que ha convertido esta conducta delictiva en algo habitual y que sostiene su impunidad.

11. EL CASO DE "LAS MANADAS" EN ESPAÑA: AGRESIONES SEXUALES GRUPALES.

1. CONTEXTUALIZACIÓN SOCIAL DEL CASO.

El caso de "las manadas" en España, es uno de los temas más aberrantes de los casos de violaciones y agresiones sexuales que ha enfrentado el derecho penal. El término de "manada" proviene del nombre del grupo de whatsaap al cual pertenecían cinco hombres, responsables de agredir sexualmente a una mujer. En ese chat grupal, los miembros compartieron los videos que tomaron de su delito, y que posteriormente fue utilizado como evidencia.

Las "manadas" hoy en día se denomina a una forma de agresión sexual, que incluye la participación de varios hombres en contra de una o más mujeres, que intimidadas por la cantidad, ceden por miedo a ser objeto de una práctica sexual grupal destructora de su cuerpo, su dignidad y su mente. Los perpetradores en cambio aprovechan su número y su fuerza para acceder al cuerpo de la mujer, a la que despojan de su ropa y la someten a realizar todo tipo de prácticas sexuales. Lo más grotesco es que se encuentran convencidos de que están haciendo una hazaña y en muchas oportunidades se graban.

Todo se inició con el caso de la manada de pamplona:

> "La víctima fue dirigida por los procesados a un habitáculo de tamaño muy reducido, rodeándola. Al encontrarse en esa situación, en un lugar recóndito, con una sola salida, rodeada de cinco varones, de edades muy superiores y fuerte complexión, se bloqueó, no pudo reaccionar y sintió una sensación de angustia que le hizo adoptar una actitud de sometimiento y pasividad, determinándole a hacer lo que los procesados querían que hiciera. La víctima fue penetrada bucalmente, vaginalmente y analmente en diez ocasiones por los acusados", según los hechos probados de la sentencia firme dictada por el Tribunal Supremo."[59]

Otro antecedente brutal fue la manada de Manresa:

> "Los hechos se produjeron el 26 de octubre del 2016 en una fiesta de Halloween celebrada en una fábrica abandonada de la capital del Bages. Uno de los acusados, conocido de la víctima, se la llevó a un lugar apartado, abusó de ella y animó a otros a hacerlo por turnos."

> En el caso de la Manada de Manresa, el tribunal da por acreditado que "la víctima, mientras se producían los hechos, y desde el momento antes hasta horas después de lo sucedido, se encontraba en estado de inconsciencia, sin saber qué hacía y qué no hacía, y, consecuentemente, sin poder determinarse y aceptar

---

[59] GUINDAL, Carlota. Manada, Manresa y Arandina: condenas dispares en violaciones grupales. La vanguardia. 16 de diciembre de 2019. Publicado en la siguiente página: https://www.lavanguardia.com/vida/20191216/472242485488/tribunal-supremo-manada-manresa-arandina.html

u oponerse a las relaciones sexuales que con ella mantuvieron la mayor parte de los procesados, los cuales pudieron realizar los actos sexuales sin utilizar ningún tipo de violencia o intimidación."[60]

Y otro de los casos más sonados, fue el de unos jugadores de fútbol, que se llamó el caso de la manada de Arandina:

"El tribunal ha dado por probado que hubo tres agresiones sexuales con acceso carnal en forma bucal, respecto de la víctima, con intimidación ambiental por el hecho de haber actuado los tres acusados sobre la menor, en el piso de éstos, con la luz apagada y por sorpresa, sin que la menor pudiera reaccionar, debido a la diferencia de edad y complexión física de los acusados. Se ha tomado en consideración el testimonio de la denunciante, en cuanto resultó corroborado por los de aquellas personas más allegadas y por el informe psicológico."[61]

Y el problema más grande, es que se ha generalizado o más bien se ha masificado la conducta, como bien lo señalan los medios españoles:

"Pero hay otras 'manadas'. Muchas, de hecho. El observatorio Feminicidio.net, a través de su proyecto 'Geoviolenciasexual', ha contabilizado nada menos que 125 ataques sexuales en grupo desde 2016 hasta julio de 2019. Y no se han limitado a contarlos, sino que han desarrollado un prolijo registro estadístico que permite conocer otros datos escalofriantes, como el hecho de que el 25 % de los agresores han sido menores de edad, al igual que el 38 % de las víctimas, entre las que incluso hay una niña de nueve años.

"Hemos registrado 59 agresiones sexuales múltiples en 2018, 41 más que en 2016 y 45 más que en 2017", aseguran desde el

---

[60] Ibídem
[61] Ob. Cit.

observatorio, señalando la preocupante "tendencia al alza" detectada en este tipo de delitos. "En lo que va de 2019 –añaden–, ya son 34 las agresiones sexuales múltiples conocidas".

Otros datos inquietantes desprendidos del estudio llevado a cabo por 'Geoviolenciasexual' tienen que ver con la grabación o registro audiovisual de las violaciones, la llamada 'pornificación': "El 12,8 % de las agresiones (16 de los 125 casos) fue pornificada: consta al menos una grabación o fotografía por parte de los agresores", indican desde el observatorio."[62]

El tema que surge y que es preocupante, es el efecto de masificación de una conducta que además de ser un delito grave, su sanción no está generando la prevención general del delito, sino por el contrario que se replique a tal punto que se presentan más casos.

Entre las reacciones sociales muchas veces se encuentra la masificación de un conducta, como por ejemplo, si una persona aplaude, existe la propensión de que las demás que estén cerca terminen también aplaudiendo; igualmente, si en una multitud, una persona grita, es posible que las demás lo sigan, lo que igualmente puede ocurrir si alguien corre, y si está en medio de una multitud, lo más seguro es que varios reaccionen de la misma manera. A veces, ese mismo efecto se puede producir en los delitos, donde varias personas observando el hecho delictivo de otro, se identifican y terminan realizando la misma conducta.

En el caso de las manadas en España, ha ocurrido el mismo fenómeno, pero el origen social de esta imitación tan peculiar, algunos expertos lo atribuyen a la pornografía:

---

[62] David Romero. El fenómeno de las 'manadas' en España: 125 agresiones sexuales en grupo en los últimos tres años. Actualidad. 19 de Julio de 2019, en la siguiente página web: https://actualidad.rt.com/actualidad/321569-fenomeno-manadas-espana-agresiones-sexuales-grupo

Cree la experta que esto responde a "unos comportamientos aprendidos a través del relato pornográfico en el que se muestran infinidad de relaciones sexuales no consentidas y violentas". Eso, apunta, es una de las cuestiones básicas comunes: "Una cultura del sexo basado en un porno cada vez más violento, con menos comunicación, más enfocado a las prácticas en grupo y visualizado desde edades más tempranas".

Además, apunta, "en general quienes cometen las violaciones suelen ser jóvenes". Los cinco de Pamplona tenían entre 24 y 27 en aquel momento; en Manresa, entre 19 y 26, y uno de ellos 39. Tal vez esa "juventud", alega Parrón, sea parte de ese otro elemento común, "la banalización de la violencia". Para ellos, explica, "es parte de un juego, lo han visto demasiadas veces en una pantalla".

Eso genera un cambio de patrón que indica Bárbara Tardón, investigadora y experta en género y violencia sexual, que tiene que ver tanto con los elementos de la pornografía actual, que reproduce todos los mitos que hay en torno a la sexualidad —la violencia vista como erótica, cosificación del cuerpo y de la mujer misma, el poder…—, como con "la ideología del momento, el contexto social y el momento histórico". En la violación ocurrida en los sanfermines de 2016, los cinco hombres pronunciaron frases como "me toca a mí" mientras se reían, hacían fotos y grababan vídeos; en Manresa, la orden del supuesto incitador a uno de sus amigos fue: "Te toca a ti, 15 minutos cada uno. No tardes".[63]

Igualmente, señala otro experto lo siguiente:

---

[63] Isabel Valdez. Anatomía de dos 'manadas'. Diario El país. 9 de Julio de 2019. España, en la siguiente página web: https://elpais.com/sociedad/2019/07/08/actualidad/1562607853_963405.html

"El relato de la violación por turnos en la que seis hombres de entre 19 y 26 años agredieron sucesivamente a una joven que entonces tenía 14 años, aprovechando su estado de inconsciencia, revela mucho de lo que esos jóvenes entienden por sexo. No es casualidad que tanto este caso como el de la violación en grupo de Pamplona por parte de los cinco integrantes de la Manada, tengan como ingrediente central un comportamiento en el que los agresores se consideran con derecho de tomar el cuerpo de las víctimas como un mero objeto para sus desfogues. En el caso de Manresa fantasearon incluso, según un testimonio, con tirarla al río después de usarla.

Tampoco es casualidad que todo esto coincida con el hecho de que uno de los vídeos porno que figura entre los más vistos en Internet sea precisamente el de una violación en grupo. Diversos estudios han alertado de los cambios sociológicos que se están produciendo en torno a la pornografía, tanto en relación a los contenidos como a la forma de consumirla. La pornografía tiene cada vez menos erotismo y más brutalidad. Es cada vez más violenta y más interactiva, con el sometimiento de la mujer y su cosificación como ingrediente de la excitación masculina. La mujer reducida a un cuerpo reducido a su vez a un objeto destinado a dar placer, ese es el paradigma de la nueva pornografía.

Lo grave es que el primer contacto que muchos adolescentes tienen con el sexo es este tipo de pornografía. El promedio de edad en que los jóvenes llegan a la pornografía es de 14 años, pero uno de cada cuatro la ha consumido antes de los 13. La radiografía que hacen Carmen Orte y Lluís Ballester en su investigación Nueva pornografía y cambios en las relaciones interpersonales es alarmante, porque a través de esta pornografía los niños aprenden que la sexualidad no tiene que ver con la comunicación o el afecto, sino con el sometimiento y el poder. Si además quienes la consumen son niños ególatras, a los que no se ha inculcado la noción de límite, acostumbrados a tener lo que quieren en el momento, tenemos la combinación perfecta para que proliferen las "manadas". Así las cosas, lo mejor que podemos desear para nuestros niños/as es que encuentren lo más pronto posible un amor que les quiera y puedan descubrir lo que tienen que descubrir lejos de los estereotipos de la pornografía.[64]

Aquí encontramos una explicación sociológica de este comportamiento que ya se puede considerar como un patrón delictual, promocionado por una desviación del comportamiento sexual, generado por una falla en la formación sexual de los individuos que podríamos catalogarlo con los siguientes elementos:

Primero, una distorsión de la realidad con el fetiche erótico, generado por una falsa percepción dada por la pornografía, donde convierte una violación en algo que genera placer en grandes proporciones.

Segundo, exalta la comisión de un delito con exhibicionismo, sexo grupal, sexo violento, y esclavitud sexual.

Tercero, convierten el delito, en un crimen pasional, en el cual el autor no mide las consecuencias de sus actos, sino la satisfacción de sus intereses pasionales, por lo que no siente arrepentimiento, y lo que siente es el placer de haber cumplido su deseo. Para los delitos pasionales, no existe pena que genere suficiente poder disuasorio, pues el autor, al hacer un balance de costo- beneficio, no mira los costos, sino solo el beneficio.

Cuarto, el hecho de grabar la violación masiva es una muestra de la inversión de valores. Un delincuente siempre busca borrar las pruebas de sus hechos. En los casos de las manadas, se encuentra que lo que buscan en graban su acto y mostrarlo como una hazaña personal. Aquí

[64] PEREZ OLIVA, Milagros. Del porno a las manadas. El país. Publicado el 8 de Junio de 2019 en la siguiente página web: https://elpais.com/elpais/2019/07/08/opinion/1562608449_234129.html

se ve con preocupación, que solo aquellos delincuentes convencidos de su causa, son los que buscan un reconocimiento por sus hechos, y quieren pasar a la fama.

Quinto, la degradación del respeto por el género femenino, la concepción machista y primitiva del hombre que plantea su superioridad sobre la mujer, y de la negación de reconocerla como persona. El acto sexual de manera grupal, por violencia, por intimidación, sometimiento y acorralamiento, simula una cacería ancestral de bestia, que busca el maltrato, la humillación y la cosificación de la víctima, destruyéndola moral y físicamente, al someterla a todo tipo de maltrato sexual. Esto es sin duda una forma una concepción filosófica de la vida primitiva que simula la esclavitud sexual de la mujer, basada en una lógica del enemigo traída del imperio romano, en la que la persona sometida a la esclavitud no tiene derechos, es una cosa, contra la cual se puede hacer cualquier tipo de agresión.

Sexto, tratar dicha conducta como si fuera un juego, risible, irresponsable. La normalización de una violación a tal punto que se ve como un juego, donde se viola de acuerdo con turnos, o se van pasando a la víctima como un balón de futbol, "pásamela", "ahora me toca a mí", "vamos, ahora es tu turno", genera una alta impresión de maldad y a su vez de inmadurez mental, por un hecho que no solo es irresponsable, sino que es macabro, por todo el daño que le causan a la víctima.

Séptimo, también preocupa desde la perspectiva de género la polémica social, de expresiones como "ella no era ninguna niña", "ella no era ninguna santa", "ella se lo buscó", "ella no debió estar en ese lugar", "eso le pasa por borracha", "esa niña se jactaba de haber estado con tres al tiempo". Frases provenientes tanto de hombres como de mujeres que atacan a la víctima, por lo que le pasó, y minimizan los actos delictivos de los perpetradores, lo cual fomenta más la inversión de los valores, pues justifican al victimario, y desacreditan a la víctima.

Los efectos sociales de estas frases fomentan una cultura de violación, de maltrato de la mujer, y retornan a modelos de esclavitud sexual como el de la época romana.

Octavo, la reacción feminista al maltrato y humillación del género, ha sido importante con este caso de "las manadas", la expresión "no es abuso es violación", ha sido la frase emblemática en el debate español de cara al tratamiento que se ha exigido de la justicia frente a estos casos. En el fondo, se busca un trato ejemplarizante de la pena para aguantar la avalancha de casos que hoy suman más de cien, pero más al fondo, se debe evidenciar la búsqueda de no minimizar las agresiones sexuales en contra de las mujeres por un tema técnico, que encubre un trato preferencial a los hombres que realizan este tipo de conductas.

Y así como el feminicidio es una respuesta a la matanza de mujeres por su hecho de ser mujer, los casos hoy denominados "las manadas", no son otra cosa que otro ataque directo a la dignidad y al ser mujer, a través de violaciones grupales, que incluyen la agresión sexual, la humillación y la destrucción física y emocional de la víctima, a tal punto que se cosifica su ser para convertirse en un objeto y en una esclava sexual, sin más derechos que soportar los vejámenes a los que se somete.

Noveno, desde el punto de vista de la victimología, las agresiones sexuales, hoy denominados manadas, generan una mala percepción de la mujer y unos preconceptos bastante complejos. Por una parte pasa como modelo de víctima, la mujer "libertina", de ahí las expresiones "ella no era ninguna santa", y hay quienes van más allá con etiquetas y sentencian "era una puta". La libertad sexual es un derecho de todo ser humano a escoger con quién, dónde, cómo y cuándo tener una relación sexual, y ello implica, que no solo los hombres tienen ese derecho sino también las mujeres.

Precisamente, en el caso de la manada de Arandina, mucha gente del pueblo atacó más a la víctima que a los victimarios, por ser éstos jugadores de fútbol:

> "Una vecina se acerca: "Ella no era ninguna santa", suelta de forma espontánea y añade que la menor se jactaba de haberse acostado con tres chicos de la Arandina.
>
> (...)
>
> Poco a poco, Aranda fue despojándose de la atención mediática, hasta que este mismo sábado, 200 personas se manifestaron en la Plaza de la Constitución para defender la presunción de inocencia de los jugadores. La protesta, convocada por las redes sociales, pedía justicia y cargaba contra la "manipulación de los medios de comunicación". Algunas voces aisladas salieron en defensa de la víctima. "El pueblo con los ídolos tiene muchísima más tolerancia. A los ídolos se les acepta y no se les juzga nunca. Los futbolistas son ídolos indiscutibles, un ejemplo de vida para los jóvenes", opina Manuel Mandianes, antropólogo del CSIC y autor de El fútbol no es así. Aunque no sean tan famosos, Mandianes ve similitudes entre el caso de la Arandina con otros en los que jugadores investigados por haber cometido un delito, fiscal en el caso de Messi, o de maltrato en el de Rubén Castro, han recibido el apoyo de parte de su afición. "Dentro de su mundo son famosos. Se puede comparar a nivel micro", asegura el experto."[65]

Desde el punto de vista de la cultura machista, si un hombre es libertino, es objeto de admiración, pero si una mujer es libertina, es objeto de reproche, así las cosas, frente a los derechos debe existir una igualdad, pero frente a la cultura social, hay un modelo de

---

[65] DIARIO EL PAIS. La doble desdicha de la víctima de la Arandina. 19 de diciembre de 2017. https://elpais.com/deportes/2017/12/18/actualidad/1513634594_464661.html

desigualdad, en el que se premia a los hombres, y se castiga a las mujeres, y ese modelo se termina divulgando como un dogma, proveniente del machismo, que las mismas mujeres lo asimilan como si no existiera otra opción, por temor a ser rechazadas. La moral, la ética, las concepciones religiosas, las costumbres y los modelos culturales concebidos justifican una diferencia de trato entre hombres y mujeres, respecto de la libertad sexual, que no se encuentra en el derecho, es decir, el derecho no distingue entre la libertad sexual entre hombres y mujeres, y por lo tanto, el ejercicio de un derecho como lo es la libertad sexual, no tiene ni las restricciones, ni los castigos, ni las retribuciones que le son impuestas a las mujeres desde el punto de vista social.

Otro punto que se encuentra con la victimología, es el preconcepto o idealización de que las agresiones sexuales son sufridas por mujeres que se colocan en riesgo, ya sea porque deambulan solas por la calle a altas horas de la noche, porque ingieren bebidas alcohólicas o drogas, o porque viven acompañadas de muchos hombres, o frecuentan muchos lugares nocturnos. El efecto de estos preconceptos, proviene nuevamente de la cultura machista, donde se busca generar en el grupo de mujeres varios mensajes intimidantes: "si tú haces esto, te puede pasar esto", "estos lugares no son para mujeres", "mira lo que pasa si estás sola", "estas cosas no las deben hacer las mujeres", "los hombres son malos, cuídate de ellos". Estos mensajes limitan los ámbitos de desarrollo de las mujeres a través del miedo y el temor, de que están haciendo las cosas mal, y por ello, les pueden pasar cosas malas. Lo único cierto, es que los que están mal son los violadores, y las violaciones le pueden ocurrir a cualquier mujer, e incluso a cualquier hombre, niña o niño, que se tope con algún violador en su vida, incluso en su propia casa –donde más se dan las violaciones-, bajo el cuidado de sus padres; en el trabajo, bajo presión de un jefe; en el colegio o en la universidad, por un profesor o por un compañero; en el ejército, por un superior; en la comunidad religiosa, por un miembro o director de la misma. El gran riesgo es toparte con un violador, y no identificarlo a tiempo, para salir corriendo o más bien, tomar las medidas para neutralizarlo, antes de que actúe, o inicie a revelarse su instinto predador. Precisamente los estudios de victimología en estos casos, no deben estar dirigidos a definir qué deben o que no deben hacer las mujeres, sino cómo pueden las víctimas evitar o neutralizar a los delincuentes sexuales.

2. ASPECTOS DOGMÁTICOS DEL DERECHO PENAL

2.1. EL CONSENTIMIENTO EN UN CONTEXTO DE INTIMIDACIÓN.

El primer aspecto dogmático que se debatió en este tema de las manadas fue el consentimiento. En el primer caso, de la manada de pamplona, el debate que se dio entre la fiscalía, la defensa y los jueces fue, si hubo o no consentimiento de la víctima, que luego de haber sido tomada por sorpresa por 5 hombres, la introdujeron en un espacio reducido, donde le quitaron la ropa y realizaron en grupo y en su contra todo tipo de actos sexuales.

La defensa por una parte, alegó que la mujer no gritó, no pidió auxilio, no dijo no, y que sus clientes, no ejercieron violencia para someter a la mujer. También argumentó con base en lo dicho por alguno de los procesados, que la mujer los denunció porque luego del hecho, se había sentido usada y abandonada.

Por su parte, la fiscalía alegó como lo expuso la víctima, que la mujer fue intimidada por cinco hombres, que el miedo la paralizó y que asumió una postura sumisa, para evitar ser agredida de peor manera por todos los hombres.

La sentencia de primera instancia, consideró que existió un abuso y no una agresión sexual, pues no existe evidencia de que los autores utilizaran una violencia en contra de la víctima. Por su parte, el Tribunal Superior de España si consideró la violencia por colocar a la víctima en un ambiente de intimidación expresa, donde no podía expresar su voluntad, ante el miedo que le causó enfrentarse a cinco hombres:

> "El Supremo cree que la víctima sufrió una "situación intimidante" que hizo que ella misma "adoptara una actitud de sometimiento, haciendo lo que los autores le decían que hiciera ante la angustia e intenso agobio que la situación le produjo por el lugar recóndito, angosto y sin salida en el que fue introducida a la fuerza". Los magistrados consideran que los acusados se "aprovecharon" de estas circunstancias para atacar a la joven, que sufrió al menos "diez agresiones sexuales con penetraciones bucales, vaginales y anales".[66]

Sobre el tema, es importante la posición de la Dra. Patricia Faraldo, quién considera al respecto lo siguiente:

> "Si a una persona la rodean cinco chicos de noche, borracha y, sin decirle nada, extienden la mano y le piden la cartera, siempre se va a considerar robo con violencia. Si le ocurre a una mujer y le piden relaciones sexuales, vamos a discutir si consintió o no. La violación debe ser un delito que se realiza sin consentimiento de la víctima y no contra su voluntad. Esto último obliga a analizar el comportamiento de la víctima siempre: ¿Se ha opuesto suficientemente? Y no centra la atención en el autor, lo importante es el comportamiento de él. Tiene que haber un cambio de paradigma. El silencio no es consentimiento ni debe ser interpretado como tal. Ante la duda, el hombre debe abstenerse. Si no está seguro de si ella consiente o no o si ella

---

[66] RINCON REYES. El Supremo eleva la condena a La Manada a 15 años: fue una violación múltiple, no un abuso sexual. El país. 22 de Junio de 2019. Publicado en https://elpais.com/sociedad/2019/06/21/actualidad/1561109434_286735.html

calla, que no la toque. Ese tiene que ser el mensaje y no el de ahora, que si ella calla, consiente."[67]

En efecto, el consentimiento es la única frontera entre un acto sexual consentido y una violación. Para el código penal colombiano, existen cuatro tipos de violaciones, el acceso carnal violento artículo 206 del C.P., el acceso carnal en persona puesta en incapacidad de resistir artículo 207 del C.P., el acceso en persona en incapacidad de resistir artículo 210 del C.P., y el acceso carnal abusivo en menor de 14 años artículo 208 C.P., todos estos delitos protegen la libertad, integridad y formación sexual de la conducta de acceso carnal –definida en el artículo 212[68], entendiendo la primera como la facultada para decidir, con quién, cómo, cuándo y dónde tener una relación sexual. Y en el caso de la violencia, el mismo código establece la definición de violencia de la siguiente forma:

> "Artículo 212A. Violencia. [Adicionado por el artículo 11 de la ley 1719 de 2014] Para los efectos de las conductas descritas en los capítulos anteriores, se entenderá por violencia: el uso de la fuerza; la amenaza del uso de la fuerza; la coacción física o psicológica, corno la causada por el temor a la violencia, la intimidación; la detención ilegal; la opresión psicológica; el abuso de poder; la utilización de entornos de coacción y circunstancias similares que impidan a la víctima dar su libre consentimiento."

Aquí podemos encontrar, que el Código penal concibe como violencia, aquellos entornos de coacción que impidan a la víctima dar su libre consentimiento, e incluye la coacción física o psicológica causada por el temor a la violencia y la intimidación. En estos conceptos, se encuentra

---

[67] FARALDO, Patricia. Entrevista en el diario el País de España, realizada por Pilar Alvarez. "Esto es proteger menos a las mujeres que beben y quedan inconscientes", el 1 de Noviembre de 2019. Publicada en la siguiente página: https://elpais.com/sociedad/2019/10/31/actualidad/1572547623_563524.html

[68] ARTICULO 212. ACCESO CARNAL. Para los efectos de las conductas descritas en los capítulos anteriores, se entenderá por acceso carnal la penetración del miembro viril por vía anal, vaginal u oral, así como la penetración vaginal o anal de cualquier otra parte del cuerpo humano u otro objeto.

una protección hacia la víctima, en relación a valorar la ausencia de un sí, a través del silencio. Como dijo la Dra. Faraldo, no se trata de quién calla, está consintiendo la relación sexual, sino que hay que valorar las circunstancias que alrededor se dan, pues si existe un ambiente de intimidación, que le impida a la víctima dar voluntariamente el consentimiento, su silencio, se entiende como un no, y aún un sí, puede significar en este tipo de contextos un no, pues no es un consentimiento voluntario, exento de vicios de violencia.

Por otra parte, también se encuentra el caso de la manada de Manresa, en la cual, se violó a una mujer que se encontraba en estado de inconsciencia, por parte de cinco hombres:

> "En el caso de la Manada de Manesa, el tribunal da por acreditado que "la víctima, mientras se producían los hechos, y desde el momento antes hasta horas después de lo sucedido, se encontraba en estado de inconsciencia, sin saber qué hacía y qué no hacía, y, consecuentemente, sin poder determinarse y aceptar u oponerse a las relaciones sexuales que con ella mantuvieron la mayor parte de los procesados, los cuales pudieron realizar los actos sexuales sin utilizar ningún tipo de violencia o intimidación"."[69]

En este caso, se planteó que por no existir violencia o intimidación el delito aplicable era el de abuso y no de agresión sexual, pues era evidente que la víctima ante su estado de inconsciencia, no pudo dar un consentimiento válido, no queda acreditada ninguna conducta de violencia o de estado de intimidación.

En Colombia, no habría ninguna discusión al respecto, puesto que el Legislador ha planteado la misma pena (de 12 y 20 años de prisión), para los delitos de acceso carnal violento, acceso carnal en persona en incapacidad de resistir, para el acceso carnal abusivo en menor de

---

[69] GUINDAL, Carlota. Manada, Manresa y Arandina: condenas dispares en violaciones grupales. Ob. Cit.

catorce años, y de acceso carnal en persona en incapacidad para resistir, asimilando la pena, en las cuatro situaciones, en las que se pueda presentar el acceso carnal, es decir, para el legislador colombiano, todos los accesos carnales delictivos tienen una misma pena. Por tanto, no hay diferencia entre quien viola a una mujer valiéndose de la violencia, o quién viole a una mujer que encontró en estado de inconsciencia, o que viole a una mujer a la que haya drogado previamente, o quién viole a una niña menor de 14 años.

En el caso español, se alega que la inexistencia de actos de violencia o de intimidación a la mujer, excluye un elemento típico de la agresión sexual, y por ello, configura el delito de abuso sexual, cuando no existe el consentimiento del sujeto pasivo. Por esta razón, se plantea la necesidad de una reforma en el Código Penal español para resolver el tema.

Desde el punto de vista dogmático, se debe volver a plantear en este caso que no se trata de un requisito o de una conducta más grave que la otra, lo cierto es que quién no puede valerse por sí mismo, por encontrarse en estado de inconsciencia, no puede oponer resistencia. Y ello puede ocurrir por muchas razones, ya sea porque la misma víctima ingirió cualquier droga o bebida alcohólica, o ya sea que el victimario le suministró aquellas sustancias.

El punto clave sobre este tema, no es que si la víctima se colocó en riesgo, es que emborracharse o drogarse no es delito, lo delictivo es la violación que sufren estas personas, y que la sociedad considera como un castigo hacia la víctima y una atenuación para el victimario. Una violación mediante violencia no es más grave porque se haya vencido la oposición o defensa de la víctima, y las violaciones a personas en incapacidad de resistir o puestas en ese estado, son menos graves, porque la víctima, no se defendió, sino simplemente no pudo dar su consentimiento. El tema central en los casos de inconsciencia, es que la víctima no se defiende, porque no tiene la oportunidad de defenderse, y no tiene la capacidad de defenderse, que es lo que aprovecha el victimario para lograr su objetivo más fácilmente.

Tanto la violencia, como los diferentes estados de inconsciencia, son instrumentos para someter la voluntad de la víctima al arbitrio del victimario. No es que la víctima tiene una corresponsabilidad por colocarse en riesgo, al estar en estado de inconsciencia, es que el victimario realizó una conducta prohibida, que es el acceder carnalmente a una persona a la que en condiciones normales no hubiese aceptado voluntariamente tener una relación con él, aprovechándose de algún tipo de intimidación, actuación, engaño o treta.

Y precisamente, en muchos casos de violación, los victimarios antes de usar la fuerza, acuden a drogas o al alcohol para, someter la voluntad de la víctima, vencer su resistencia, y evitar ser descubiertos. Contemplar esta conducta de menor gravedad que una violación con violencia o intimidación, generando una doble victimización de la víctima, una por haber sido violada y otra por haberse colocado en situación de riesgo por ingerir alguna bebida o alguna droga, es un efecto discriminatorio y afecta la dignidad de la víctima, y justifica en parte la actuación del agresor, con la aplicación de una especie de circunstancia de atenuación, que de ninguna forma se justifica.

2.2. LA AUTORÍA Y LA PARTICIPACIÓN Y EL CONCURSO DE CONDUCTAS PUNIBLES.

En el caso de las manadas, se ha venido discutiendo la base de la autoría y la participación en los actos de violación grupal. Por una parte, en el caso de la manada de pamplona, se castigó a los perpetradores de la violación, como autores de agresión sexual en la modalidad de delito continuado, por el contrario, en el caso de la manada de Arandina, la condena se dio a cada participante, por la autoría de la violación realizada, y por la participación necesaria en el hecho de sus demás coparticipes.

Es obvio que la disparidad de criterios genere confusión en la sociedad frente a las condenas aplicadas:

> "El 'modus operandi' es similar. Hombres jóvenes, en grupo, cogen a una chica, algunas con alcohol en su cuerpo, dos de ellas menores, la otra con 18 años, y entre varios la fuerzan a mantener relaciones sexuales no consentidas. Sin embargo, la disparidad en las condenas es llamativa. La última, la del 'caso Arandina', los tres exjugadores del club de Aranda de Duero, han sido condenados a penas de 38 años de cárcel; mientras que para los cinco de la Manada, la pena llegó hasta los 15 años, y para los otros cinco de la llamada Manada de Manresa se quedó en 10 años."[70]

La razón de esta disparidad la explica el Tribunal Supremo Español, quién consideró un error en la tipificación realizada en el juicio de la manada de pamplona, que no pudo ser objeto de corrección en la sentencia emitida, por no ser objeto de recurso:

> "El hecho de no haber sido condenados como cooperadores necesarios en las agresiones sexuales consumadas por los otros procesados, sino exclusivamente como autores directos en las que han sido autores materiales, aplicando la continuidad delictiva, lo que es discutible doctrinal y jurisprudencialmente en supuestos como el analizado en los que hay intercambio de roles, cuando un sujeto accede y otro intimida, para luego intercambiar

---

[70] GUINDAL, Carlota. Manada, Manresa y Arandina: condenas dispares en violaciones grupales. Ob cit.

sus posiciones, lo que normalmente ha sido subsumido por esta Sala en las normas concursales; no obstante, al no haber sido objeto de impugnación, el principio acusatorio impide que nos pronunciemos al respecto"[71]

En el caso de la manada de arandina, la judicatura aplicó la teoría de la complicidad necesaria de la siguiente manera:

> "En este caso, la Audiencia ha tenido en cuenta la doctrina ya fijada por el Tribunal Supremo de agresiones grupales, que marcarán situaciones similares a partir de ahora. El alto tribunal define que "será cooperador necesario, no solo el que contribuye o coadyuva al acceso carnal ajeno, aportando su esfuerzo físico para doblegar la voluntad opuesta de la víctima, sino también aquel o aquellos que respondiendo a un plan conjunto ejecutan con otros una acción en cuyo desarrollo se realiza una violación o violaciones, aunque no se sujetase a la víctima porque la presencia de varios individuos concertados para llevar a cabo el ataque contra la libertad sexual conlleva en sí mismo un fuerte componente intimidatorio mucho más frente a una única joven y en lugar solitario"[72]

En la primera tesis, se consideró como un solo hecho delictivo –una violación- perpetrada por varias personas, y todos en calidad de autores, pero de su propio hecho. Por el contrario, la segunda tesis entiende que por el intercambio de roles que se presentó, los actos se dividieron, y por ello, cada responsable responde como autor de su violación, pero también responde por la participación en los hechos cometidos por los demás, lo cual sin duda eleva el monto de la pena, y además, genera mayor prevención general de estos delitos por el monto de la misma.

---

[71] Ob. Cit.
[72] Ob. Cit.

Ahora bien, veamos la aplicación práctica de cada una de las teorías y sus dificultades dogmáticas.

Desde la teoría del delito continuado, se encuentra, que en los casos de las manadas, se presentan los requisitos de la coautoría[73]:

- Acuerdo en común.
- División de trabajo.
- Importancia del aporte.
- Dominio del hecho.

Sin embargo, la coautoría no es aplicable en los delitos de propia mano, en los cuales, el sujeto activo, debe cometer directamente el hecho, como ocurre en el acceso carnal, donde la acción solo puede ser cometida por quién realiza la conducta, es decir, quien realiza la penetración por vía vaginal, anal u oral. Por lo tanto, en esa línea, el autor sería quién accede, y los otros serían participes. En España, se encuentra la figura del cómplice necesario, que es aquel que realiza un aporte tan importante, que la conducta no se hubiese cometido. En el caso colombiano, no existe la figura del cómplice necesario, sino la del cómplice. Ahora bien, también habría que plantear la posibilidad del inductor o determinador, que es aquel que determina a otro dolosamente a realizar la conducta, que en el caso de las manadas, siempre existió una o dos personas que animaban a los demás a unirse a la violación grupal.

Sin embargo, la discusión no termina solo ahí, pues también existe la posición de garantía, que permitiría, la autoría por comisión por omisión, cuando una persona creando una situación antijurídica previa, como lo sería colocar a la víctima en estado de indefensión, y desnudarla para luego ser violada, adquiere la posición de garante, y teniendo ese deber legal, y estando en posibilidad de impedirlo no lo hace, respondería como si lo hubiese hecho. Y lo anterior, con base en

---

[73] VELASQUEZ VELASQUEZ, Fernando. Manual de Derecho Penal. Parte General. Quinta edición. Ediciones jurídicas Andres Morales. Bogotá. 2013. Págs.. 583-585; ABELLO GUAL. Jorge Arturo, Derecho Penal empresarial. Leyer.2014. págs. 16-26

el dominio sobre la evitabilidad del hecho de Schunemann[74], o con la teoría de la infracción al deber de Roxin[75], o con la teoría de la competencia por la institución de Jakobs[76], se generaría una autoría por comisión por omisión de los que colocan a la víctima en una situación de indefensión, y que ven a otro violarla y no hacen nada.

El problema que aquí se presenta es cómo debe entenderse la violación realizada por varias personas, a una sola víctima, alternándose los roles. Se puede entender que se trata de un solo acto que se realiza de forma fragmentada, o se debe separar cada violación, como un acto diferente.

Para que pueda entenderse como un solo acto, la única forma es plantear el hecho como un delito continuado[77], en el cual varias personas, fraccionan una conducta en varios actos, pero para ello, se requieren los siguientes requisitos:

- Un mismo autor, o pluralidad de autores.
- Una víctima o varias víctimas.
- Un fraccionamiento de la conducta en varios actos homogéneos, o mismo modus operandi, mismas circunstancias de modo, en un tiempo determinado.
- Un dolo global que agrupe a todos los actos como uno solo, que también incluye un plan de autor común y una división de trabajo, en caso de existir coautoría.
- Y que los bienes jurídicos no sean personalísimos (vida, integridad física, libertad sexual).

Aquí encontramos, que si bien es cierto, se puede encontrar que se presentan varios requisitos, como el acuerdo en común y el

---

[74] SCHUNEMANN, Bernd. Aspectos puntuales de la dogmática jurídico penal. Grupo editorial Ibáñez. Santo Tomás. Bogotá. 2007. Págs. 202-203, 206.
[75] ROXIN, Claus. Autoría y dominio del hecho en el derecho penal. Séptima edición. Marcial Pons. Madrid- Barcelona. 2007.Pág. 385-393
[76] JAKOBS, Gunther. Imputación objetiva en el derecho penal. Universidad Externado de Colombia. Bogotá. 1998. Págs. 73- 101.
[77] VELASQUEZ VELASQUEZ, Fernando. Ob. cid. Págs.. 638-643

fraccionamiento de la conducta, con una unidad, de los hechos, y en circunstancias de modo, en un tiempo determinado, no se cumple con el requisito de ser bienes personalísimos.

Ahora bien, si alguien lanza una granada en contra de varias personas y mata a dos, y hiere a tres, se dice que hay un concurso ideal heterogéneo, en el cual se le imputa una sola conducta, que infringe varios tipos penales, es decir, se presentan dos homicidios y tres tentativas de homicidios. Si otras personas participan del acto serían coautores o cómplices de acuerdo con la importancia del aporte (si tienen o no dominio del hecho). Si tres personas se colocan de acuerdo para agredir físicamente a otra, se presentaría un delito de lesiones personales y todos serían coautores, si todos lo golpean. El problema con el delito de violación es que se parece al delito de lesiones, pues afecta la integridad de la víctima sin quitarle la vida, pero se parece al delito de homicidio porque tiene unas consecuencias definitivas en la víctima. Pero a diferencia de las lesiones y del homicidio, la violación es un delito de propia mano, que no admite la coautoría. Por lo anterior, ¿cómo entender la violación de una persona, por parte de un grupo, como un solo plan de autor fraccionado en varias etapas, o como varios hechos realizados consecutivamente?

Como dijimos anteriormente la tesis de aceptar el delito continuado, es consecuente con aceptar que los delincuentes actuaron en coordinación, con un plan de autor, para realizar un acto fraccionado en varios, colocando a su vez un límite de punibilidad.

En la tesis de la autoría combinada con la complicidad necesaria, o la autoría combinada con la complicidad o con la determinación, o la autoría combinada con la autoría por comisión por omisión, es el desconocimiento del acuerdo en común para realizar un solo plan de autor que implica varios actos, y con ello, el riesgo de vulnerar el principio de non bis in ídem, (la prohibición de doble incriminación), y el principio de proporcionalidad de la pena.

Lo cierto es que como se dijo anteriormente, no es posible aplicar la teoría del delito continuado cuando se agreden bienes personalísimos, y en el caso de las manadas, la libertad sexual, no admitiría en principio la aplicación de un delito continuado.

Por otra parte, si una banda de delincuentes plantea hurtar un banco, y para ello secuestra a la hija del gerente para facilitar en hurto, pero además asesinan a dos guardias del banco, y violan a una cajera, pues todos los miembros de la banda, siempre que todo esté acordado dentro del plan de autor con división de trabajo, responderán por todos los hechos que realizaron conforme con su accionar, por tanto, responderán por el hurto, por el secuestro, por dos homicidios y por la violación, ahora bien, el grado de participación, es decir, que sean imputados como coautores o como cómplices dependerá de la importancia del aporte al hecho, y de su dominio del mismo. Entonces, si ello es viable, también será viable que se le impute a una banda de depravados, la violación que hizo, pero a su vez, su participación, en la violación que también realizó otro compañero y así, pues existe un acuerdo común permanente para realizar varias violaciones, que son delitos de propia mano.

Con lo anterior, no se vulnera el principio del non bis in ídem[78], puesto que este principio opere se requiere de:

- Un mismo autor
- Una misma víctima.
- Mismo delito.
- Y misma circunstancia de tiempo, modo y lugar.

Aquí no se aplica, la identidad del autor, y por ser el delito de violación de otro, es otro hecho que obedece a una circunstancia de tiempo diferente.

---

[78] Ob. Cit. Pág. 93-35

Igualmente, no es la misma situación el de un violador en serie, que viole en varias ocasiones a la víctima a la que tiene secuestrada y en incapacidad de resistir, a que sean varios los violadores, que acceden en diferentes momentos a la víctima, a la que han puesto en incapacidad de resistir. En el segundo caso, estamos hablando de varios hechos realizados por varias personas diferentes, en momentos distintos, y requiere de un trato diferente.

Ahora bien, esta tesis también nos llevaría a considerar también el tema de los abusadores crónicos, que se ensañan con una misma víctima, valiéndose de su posición como empleador, familiar, guía religioso, jefe, profesor, y accede tres veces por semana a su víctima de manera violenta, durante dos años, hasta que esta logra resistirse, liberarse de la violencia o denunciarlo. En estos casos, tendríamos que pensar en un concurso material homogéneo, y condenar al abusador, por cada acto de violación que hubiese cometido en contra de la víctima.

El único problema de esta tesis, es que aumentaría el tiempo de condena, y a su vez aumentaría la probabilidad de que el violador, asesine a la víctima para no ser descubierto, con la posibilidad a su vez, de que repita el modelo con otra víctima de reemplazo, y con la posibilidad también, de convertirse en un asesino en serie. No hay delincuente más peligroso que el que se enfrenta a una cadena perpetua o una pena de muerte, porque no tiene mucho que perder.

Ahora bien, la función simbólica del derecho penal en la prevención general del delito, si bien es importante, no es la única ni la mejor forma de prevenir los futuros crímenes, pues una sentencia condenatoria no borra la atrocidad cometida por los delincuentes, y por ello, es necesario un proceso de motivación ética y jurídica y de reeducación en la sociedad dirigida a los siguientes puntos:

- No sobre-victimizar a la víctima, achacándole parte de la culpa del delito.

- No enaltecer al delincuente, atenuar su culpabilidad, justificarlo, ni darle mucha publicidad, para que no se vuelva un mártir o en un ejemplo a seguir.
- Reivindicar los derechos humanos y redefinirlos para su protección.
- No alentar impulsos de venganza o enardecedores de la sociedad.
- Debe existir un rechazo, y una exigencia a los órganos de justicia para una actuación rápida y eficaz.

12. CASO DE LA VIOLACIÓN DE LA NIÑA INDIGENA POR SOLDADOS DEL EJERCITO COLOMBIANO

CONSIDERACIONES CRIMINOLÓGICAS PREVIAS.

Uno de los casos más tristes y con más divulgación en la opinión pública y jurídica colombiana, fue el de la violación de una niña de 13 años de edad, por parte de un grupo de 7 soldados del ejército colombiano. En resumen, los hechos fueron los siguientes:

"A la menor la vieron andar el domingo por la comunidad Santa Teresa, muy cerca del corregimiento Santa Cecilia. Caminó y corrió con los otros niños del lugar. Al mediodía se bañaron en el río San Juan, jugaron a las sirenitas y luego ella subió a su casa, un pequeño rancho de tablas sin puertas ni ventanas. Su hermana Felicinda la envió a recoger unas guayabas para comer en la tarde, y se fue sola. No tenía nada que temer si nunca había pasado nada. La niña se alejó del centro poblado para conseguir los mejores frutos. En el camino se encontró con sus verdugos.

Los hombres vieron a la tímida niña de origen indígena como una presa. Se la llevaron aún más lejos, a un lugar donde decidieron doblegarla violentamente. Le arrancaron la ropa y, uno a uno, la violaron. La tendieron en el piso, le taparon la boca para ahogar sus gritos, la sometieron a la fuerza y, en medio de un delirio brutal, arruinaron su vida. Solo un soldado se abstuvo de violarla, pero tampoco se opuso. Solo observó.

Mientras tanto la familia, al advertir la tardanza, se inquietó. Empezaron a llamarla con gritos desde la casa, esperaban que la niña volviera pronto. Pero cayó la noche y nada; decidieron salir a buscarla. Le preguntaron a algunos vecinos y recorrieron el sector próximo a la casa. En particular, la hermana mayor y la mamá de la niña, una mujer enferma y sin esposo, intuyeron que no era una pilatuna sino que algo malo estaba pasando. No obstante, su búsqueda no dio frutos a pesar de que duró hasta las tres de la mañana. Al día siguiente, desde muy temprano, retomaron la búsqueda. Fueron hasta algunas veredas todavía más apartadas e hicieron correr la voz de que la niña había desaparecido. Toda su comunidad embera entró en alerta.

"A ella le temblaba todo el cuerpecito y no paraba de llorar. Yo pensé que tenía frío, porque esa agua es helada y ella estaba mojada"

La familia asegura que incluso el lunes por la mañana, al buscar a la menor, se toparon con un grupo militares y que estos dijeron que habían visto a una niña por ahí el día anterior. Nada más. Finalmente, hacia las diez de la mañana, la pequeña apareció. Su familia la encontró en shock, llorando junto a una quebrada. La llevaron a la casa y, tras calmarla un poco, empezó a relatar cómo la había violado un grupo de soldados del Ejército.

Los siete militares la mantuvieron 15 horas retenida en la selva y solo la dejaron ir tras advertirle que no podía contar nada de lo sucedido. Pero la niña no solo dio cuenta del crimen, sino que cuando su hermana le preguntó si podría reconocer a los soldados, dijo que sí. Entonces decidieron ir hasta la base militar para enfrentarlos. Allí la niña, efectivamente, identificó y señaló al menos a tres de los responsables. La familia lanzó insultos contra el Ejército en medio de una escena de lágrimas, impotencia e indignación.

Los soldados regulares Luis Fernando Mangareth Hernández, Deyson Andrés Isaza Zapata, Óscar Eduardo Gil Alzate, Juan David Guaidi Ruiz, José Luis Holguín Pérez, Yair Steven González y Juan Camilo Morales Poveda, todos entre los 18 y 21 años, dieron un paso al frente. A tres de ellos ya los había reconocido la menor.

Las autoridades condujeron a los siete ante un juez y fueron acusados de acceso carnal abusivo contra menor de 14 años. A seis militares los imputaron como autores, y al séptimo, en calidad de testigo.

Todos los militares implicados se declararon culpables y no presentaron recurso alguno. Eso los puso ante una sentencia condenatoria que puede llegar hasta 30 años. A pesar de la prontitud y contundencia con que procedió la Fiscalía, hay un gran debate jurídico, pues importantes penalistas salieron a señalar que los soldados debieron ser acusados de acceso carnal violento y no de acceso carnal abusivo. Al respecto, el fiscal Francisco Barbosa señaló que se trata de "un matiz que no tiene relevancia desde el punto de vista del castigo, que va a ser de 16 a 30 años por parte de esos soldados. En menos de 72 horas se practicaron más de 40 actividades investigativas que fueron determinantes para poner en evidencia a los siete soldados. No vamos a ceder un ápice en la defensa de los derechos humanos de nuestros niños".

La Fiscalía solicitó enviar a los soldados a la cárcel, pero su abogado señaló que, como el caso tenía connotación nacional y había despertado una gran indignación, los responsables corrían peligro en una prisión ordinaria. El juez entonces decidió que mientras dicta sentencia, los soldados estarán presos en una guarnición militar."[79]

En primera instancia se presenta la indignación nacional por un hecho de abuso sexual a una niña, una menor de 14 años y sobre este punto, las altas cifras de abuso sexual de menores que se han venido presentado en Colombia, son sin duda un tema alarmante y que se muestra las siguientes cifras:

"La directora del ICBF señala que 62.042 menores de edad (44 por ciento hombres y 56 por ciento mujeres) tienen medidas de protección impuestas mientras se hace el respectivo restablecimiento de derechos.

"Estos casos se empiezan a desagregar en los diferentes tipos de vulneración. El componente de violencia física, sexual y psicológica es el 38 por ciento de esos 62.000. Por negligencia o abandono, 24.000; por trabajo infantil 3 por ciento y la categoría 'otros' -en la que está la trata de personas, el reclutamiento y el desplazamiento- es cerca del 35 por ciento", dice Arbeláez."

"Según el Instituto de Medicina Legal y Ciencias Forenses, entre enero y mayo de 2020 se han practicado **7.544 exámenes**

---

[79] REVISTA SEMANA. COLOMBIA. ¡Qué dolor! La violación de la niña embera de 11 años tiene indignado al país. SEMANA visitó el resguardo donde ocurrió el crimen y habló en exclusiva con el comandante que denunció a los soldados que abusaron de la menor. 6/28/2020, en la siguiente página web: https://www.semana.com/nacion/articulo/violacion-de-nina-embera-la-historia-del-crimen-y-habla-comandante-que-denuncio/682623/ consultada el 21 de Octubre de 2020

médicos legales por presunto delito sexual que representan el 43,49 por ciento de las lesiones no fatales en el país. De estos, **6.479 fueron realizados a menores de edad** que se desagregan de la siguiente forma:

Edad: 0-4 años: 744 exámenes 5-9 años: 1.749 exámenes 10-14 años: 3.001 exámenes 15- 17 años: 985 exámenes."[80]

Como podemos ver, se reportan 6479 casos de investigaciones de abusos a menores de edad, y no podemos concluir que estás sean las cifras reales, pues como se dice, existe una cifra negra u oculta, de casos que no se reportan, y entre ellos, los casos más complicados, que son aquellos en los que el violador es del mismo núcleo familiar, como también lo hacen notar las cifras:

"...según cifras del Instituto de Medicina Legal y Ciencias Forenses de los 7.544 exámenes médicos legales realizados por presunto delito sexual, a corte de mayo de 2020, 3.457 presuntos agresores son familiares de la víctima (mayor o menor de edad); mientras que 16 pertenecen a las Fuerzas Armadas, la policía, policía judicial o a los servicios de inteligencia."[81]

En definitiva, las estadísticas son bastante graves, pues como se deja ver, más del 40% de las agresiones provienen de los familiares, y ello, genera una necesidad de trabajar con las culturas familiares en las que se reproducen ambientes propensos a la violación de los menores de edad, en los que definitivamente se presentan problemas psicológicos y culturas de violación que se transmiten de generación a generación, y se normalizan, donde el agresor se acerca a su víctima, se gana su confianza primero a través del buen trato y regalos, para luego lograr un acto sexual con la víctima, y luego de ello, viene el chantaje, la

---

[80] REVISTA SEMANA. Colombia. Abuso sexual de niños y niñas en Colombia: cifras de este grave delito. 6/25/2020 en la siguiente página web: https://www.semana.com/nacion/articulo/abuso-sexual-en-colombia-2020-cifras-de-medicina-legal-icbf-y-procuraduria/682120/ consultada el 20 de octubre de 2020
[81] Ibíd.

manipulación y la extorsión para lograr la impunidad de su conducta, y tener a la víctima bajo su control.

De las cifras tampoco deja de preocupar los casos en los que se encuentran involucrados miembros de las fuerzas armadas, porque como bien lo señala Adriana Herrera Beltrán, Procuradora para la defensa de los derechos de la infancia y la adolescencia, refiriéndose al caso de la niña indígena violada por los 7 soldados:

> "Son unas personas que en teoría lo que tienen que hacer es proteger los derechos de todos y no puede pasar que comentan este tipo de actos que claramente vulneran y truncan el proceso de vida a una niña de 13 años."[82]

Como se puede ver en el caso, cuando se encuentran miembros de las fuerzas armadas involucradas en un delito de estos, se presenta el miedo de las víctimas de que los victimarios las amedranten con amenazas, por ejemplo en el caso de la niña embera, los familiares sintieron temor por las represalias que pudieron tomar los soldados en su contra, pero aún así denunciaron[83] gracias al apoyo de la comunidad.

Precisamente, esta es una de las razones que motivan la impunidad de estos casos, y es sentir que los victimarios son personal armado, autoridades públicas, o son miembros de una institución como el ejercito cuya imagen puede verse seriamente afectada, y que van a buscar por muchos medios evitar un escándalo y acallar a las víctimas, como ocurre en los casos de abusos sexuales donde se encuentra vinculado un sacerdote o pastor religioso.

Otro de los puntos importantes que hay que mencionar en los casos de violaciones por parte de los miembros de los cuerpos armados,

---

[82] Entrevista contendida en el REVISTA SEMANA ob.cit.

[83] También sintieron temor. "Ellos saben quiénes somos y dónde vivimos, nos pueden hacer cosas...", dijo a SEMANA la hermana de la niña. En REVISTA SEMANA. COLOMBIA. ¡Qué dolor! La violación de la niña embera de 11 años tiene indignado al país. Ob. Cit.

policías, ejercito, naval, aviación, es tratar de justificar los casos de las violaciones, como una consecuencia de su aislamiento sexual por razones del servicio, lo cual, hace pensar que "los pobres soldados o marines", aislados por meses sin tener contacto sexual, terminan violando porque sucumben a sus impulsos sexuales reprimidos. NO podemos admitir que se debe tolerar la violación de una mujer, de una niña o de un hombre, como un mal necesario para mantener una tropa en pie de guerra. La violación o la agresión sexual no es un trofeo para los guerreros, ni puede justificarse ni por su vida en sacrificio al servicio militar, ni por sus grandes logros en la lucha contra sus enemigos. Estos conceptos traídos de otras épocas en los que no existía el Derecho Internacional Humanitario de por medio, permiten la creación de subculturas en los ejércitos, donde los superiores violan a sus subalternos o subalternas, para satisfacer sus deseos sexuales, luego de días de campaña; o que una tropa se sienta con derecho de violar a mujeres o niñas de una comunidad porque no han tenido relaciones sexuales en días, y la gente de la comunidad debe entender o tolerarlos, por todos los sacrificios que ellos hacen por la patria. Cuando estos actos se toleran y se ocultan, hacen que se promuevan y se multipliquen, porque el violador que sienta que no le pasa nada si viola, no se detiene y sigue violando, y lleva a otros a cometer el delito, contando su experiencia y garantizando que no les va a pasar nada.

Por otra parte también, se genera la agresión a una comunidad indígena, hecho que también genera ruptura y desconfianza entre la sociedad y la comunidad indígena a la que de conformidad con la Constitución multicultural tienen un reconocimiento especial, y se les garantiza una autonomía y jurisdicción especial. Sobre la agresión a la menor, las autoridades indígenas reaccionaron de la siguiente manera:

> "La guardia bloqueó los accesos al resguardo para impedir el regreso de las tropas. "Las niñas y mujeres están atemorizadas. No quieren ver a ningún grupo armado, porque ya pusieron

nuestras vidas en peligro. Ya no se sienten seguros como anteriormente, sino que hay una sensación de que se irrespetó a una menor y a toda la comunidad", dice Juan de Dios.

La cultura de los emberas chamí es disciplinada y hermética. Se deben a las órdenes de su gobernador, jefe máximo de la comunidad, y de la guardia indígena. En las comunidades no hablan español sino kativo, su lengua tradicional. Las casas no tienen puertas ni ventanas, porque entre la comunidad no hay qué temer y nada que ocultar. No permiten la mezcla de etnias, es decir, las mujeres y los hombres solo deben buscar pareja en el resguardo.

Por eso lo ocurrido con los militares no solo violentó a una niña, sino a una comunidad entera. "Nosotros estamos dispuestos a llegar hasta las últimas consecuencias para defender la autonomía de nuestros territorios. Los militares rompieron la confianza que les teníamos y eso no se va a remediar jamás", subraya el gobernador Juan de Dios."[84]

Sin embargo, está claro que en las comunidades indígenas también se presentan casos de violaciones, y de culturas ancestrales donde propician la venta de niñas, las utilizan como objetos transaccionales, y someten a las mujeres a matrimonios obligados o serviles, y su libertad sexual también se ve fuertemente afectada por estas prácticas violatorias de los derechos humanos, de lo cual también advierte la procuradora Herrera Beltrán:

"el tema no es normativo" y que "valdría la pena trabajar desde la idea de que las mujeres son objetos de deseo, complacientes, que las niñas se pueden vender o comprar, que no se reconocen hombres y mujeres con la misma dignidad humana cuando esa debería ser la base para poder concluir estas violencias"[85].

---

[84] Ob. Cit.

[85] REVISTA SEMANA. Colombia. Abuso sexual de niños y niñas en Colombia: cifras de este grave

Igualmente, las cifras de violaciones de víctimas de comunidades étnicas también arrojan resultados, sin descartar que no todos los casos se denuncian, pues como se mencionó, existen algunas costumbres en contra del derecho, que tienden normalizar las violaciones y a tratarlas como hechos legales cuando no lo son:

> "Las mujeres siguen siendo las víctimas más recurrentes del abuso sexual sin distinguir edad. Y al revisar más a fondo, la población indígena y negra de la nación suma un porcentaje importante en los registros, luego de los casos denunciados donde no hay distinción étnica: 151 indígenas (136 mujeres y 15 hombres), así como 183 negros (166 mujeres y 17 hombres).

En efecto, ponerle precio en dinero o en especie a una niña para acceder a ella, o para que se entregue en un matrimonio servil, es una trata de personas[86], pues es tratar a un ser humano como un objeto sin derechos, desconociendo su dignidad humana, y es más grave, cuando el acto contrario a los derechos humanos de la mujer lo realiza un miembro de la familia.

Por último, cabe mencionar las cifras de los delitos así como se vieron son muy altas, y que sin duda esto genera una reacción por parte la sociedad que le exige a las autoridades medidas para que estos hechos no se repitan, sin embargo, la gran problemática de estos temas, además de ser un patrón cultural bastante preocupante, pues como se

---

delito ob.cit.

[86] ARTÍCULO 188-A del Código Penal Colombiano. TRATA DE PERSONAS. <Artículo modificado por el artículo 3 de la Ley 985 de 2005. El nuevo texto es el siguiente:> El que capte, traslade, acoja o reciba a una persona, dentro del territorio nacional o hacia el exterior, con fines de explotación, incurrirá en prisión de trece (13) a veintitrés (23) años y una multa de ochocientos (800) a mil quinientos (1.500) salarios mínimos legales mensuales vigentes.

Para efectos de este artículo se entenderá por explotación el obtener provecho económico o cualquier otro beneficio para sí o para otra persona, mediante la explotación de la prostitución ajena u otras formas de explotación sexual, los trabajos o servicios forzados, la esclavitud o las prácticas análogas a la esclavitud, la servidumbre, la explotación de la mendicidad ajena, el matrimonio servil, la extracción de órganos, el turismo sexual u otras formas de explotación.

El consentimiento dado por la víctima a cualquier forma de explotación definida en este artículo no constituirá causal de exoneración de la responsabilidad penal.

dijo, la mayor parte de violaciones se presentan entre los miembros de la familia, y otras, se encuentran culturalmente arraigadas en las costumbres contrarias a derecho, los problemas se pretenden solucionar a partir del aumento de las penas a los violadores, y de propuestas como la cadena perpetua para los violadores de menores, sin entender, que el mayor problema de la violación es la impunidad, pues si a un violador no se le captura al momento en que realiza su primer delito, y si siente que si lo vuelve a hacer lo le va a pasar nada, pues va reincidir tantas veces como el sistema judicial se lo permita, por ello, es supremamente importante analizar que el problema no es tanto la pena, sino la impunidad como se verá en las siguientes cifras:

"Lina María Arbeláez señala que casi la totalidad de casos que registra el ICBF siguen sin ser resueltos. El sistema judicial colombiano no da a basto con los procesos y cada vez que llega una denuncia pueden pasar meses antes de que un fiscal o juez revise los pormenores del hecho. La Procuraduría también maneja cifras similares. En un estudio realizado por la entidad, entre enero de 2017 y agosto de 2018, se encontró que el 90 por ciento (65.430) de los delitos sexuales estaban en fase de indagación; solo el 1,2 por ciento en ejecución de penas; 5,7 por ciento en juicio y 2,5 por ciento en investigación.

La reacción tardía del sistema en cada uno de estos procesos es la razón por la que no se pueden cruzar los datos sobre exámenes de presunto abuso sexual de Medicina Legal con las cifras de cuántos de esos casos conllevaron efectivamente a una sanción por un delito de violencia sexual contra niños, niñas y adolescentes.

Exámenes médicos legales por presunto delito sexual según la ciudad en 2020

- Bogotá: 1.435 casos

- Cali: 244 casos

- Medellín: 224 casos

- Barranquilla: 154 casos

- Cartagena: 150 casos

- Pereira: 142 casos"[87]

Así las cosas, la mejor forma de combatir los delitos sexuales es garantizar la eficiencia en la investigación y juzgamiento de los violadores, para evitar que reincidan impunemente en sus prácticas, y se envié un mensaje de rechazo de ese patrón de conductas, que permita su prevención a través de la sanción jurídica que disuada y neutralice a los violadores, pues de nada sirve promulgar leyes que castiguen con la cadena perpetua a los violadores, si todos siguen en las calles haciendo de las suyas, y si los capturan, terminan libres por vencimiento de términos en los procesos judiciales, por negligencia en los desarrollos de los procesos.

Antes de garantizar una pena extensa, un estado debe garantizar que toda persona que viole a otra, será procesado y judicializado en el menor tiempo posible, y una vez condenado, tendrá un tratamiento carcelario necesario, que garantice, que si el individuo sale de prisión algún día, salga mejor de lo que entró, porque ese es otro de los problemas en este tipo de delitos, pues ingresan personas a la cárcel ya sea por una detención preventiva o por una condena, y aparentemente se soluciona el peligro que representa para la sociedad a través de la reclusión en centro carcelario, pero si esta persona, sale por cumplimiento de la condena, o por vencimiento de términos, sin tener un tratamiento penitenciario dirigido a su resocialización o rehabilitación, al momento de retornar a la sociedad seguirá

---

[87] REVISTA SEMANA. Colombia. Abuso sexual de niños y niñas en Colombia: cifras de este grave delito ob.cit.

representando el mismo peligro o incluso mayor, de cuando ingresó al centro carcelario.

De acuerdo con los tratados de derechos humanos, el fin de la pena es la resocialización del individuo, pero en los casos de violadores, no hay tratamiento psicológico que garantice que un violador no volverá a cometer dicha conducta, por lo cual, en estos casos, las teorías de la pena entran en crisis, sin embargo, es un riesgo con que corremos en las sociedades modernas, así como es pretender que ningún conductor maneje un vehículo en estado de embriaguez. El problema con ello, es garantizar que todo el que cometa dicha conducta sea efectivamente sancionado, y que luego reciba un tratamiento rehabilitante que le permita abstenerse en un futuro de cometer la misma conducta. Pero como se ha visto en las cifras en Colombia, los violadores tienen un alto campo de impunidad, y fuera de eso, las condiciones de las cárceles en el país, no garantizan un tratamiento que promueva su rehabilitación al momento en que recobren la libertad.

TEMAS DOGMÁTICOS Y JURÍDICOS DE LA VIOLACIÓN A LA NIÑA EMBERA.

En primera instancia, la Fiscalía presentó acusación a los siete soldados, seis de ellos por acceso carnal abusivo con menor de 14 años, y a uno que se abstuvo de acceder a la víctima, en calidad de cómplice de la conducta.

El código penal colombiano consagra el delito de acceso abusivo en menor de 14 años de la siguiente forma:

ARTICULO 207. ACCESO CARNAL O ACTO SEXUAL EN PERSONA PUESTA EN INCAPACIDAD DE RESISTIR. <Artículo modificado por el artículo 3 de la Ley 1236 de 2008. El nuevo texto es el

siguiente:> El que realice acceso carnal con persona a la cual haya puesto en incapacidad de resistir o en estado de inconsciencia, o en condiciones de inferioridad síquica que le impidan comprender la relación sexual o dar su consentimiento, incurrirá en prisión de doce (12) a veinte (20) años.

Si se ejecuta acto sexual diverso del acceso carnal, la pena será de ocho (8) a dieciséis (16) años.

El problema con esta imputación jurídica, es que este delito se encuentra consagrado para proteger la libertad sexual de los menores de 14 años, bajo la consigna de que éstos, NO pueden consentir una relación sexual, creándose así una presunción que no admite prueba en contrario. Es decir, si un menor de 14 años, acepta tener una relación sexual con otra persona, ante el derecho, siempre se entenderá que no hubo consentimiento.

En el caso de la niña indígena de 13 años de edad, fue sorprendida, sometida a la fuerza por los soldados, y violada por 6 de ellos, no hay la menor posibilidad de que ésta haya dado su consentimiento, por lo que se evidencia una clara situación de violencia, favorecida a su vez por la contextura y el número de sus victimarios. Debido a lo anterior, la tipificación más acertada de la conducta de los soldados era un acceso carnal violento:

ARTICULO 205. ACCESO CARNAL VIOLENTO. <Artículo modificado por el artículo 1 de la Ley 1236 de 2008. El nuevo texto es el siguiente:> El que realice acceso carnal con otra persona mediante violencia, incurrirá en prisión de doce (12) a veinte (20) años.

Incluso, el concepto de violencia se encuentran consagrado en el Código Penal Colombiano, en el artículo 212A de la siguiente forma:

ARTÍCULO 212A. VIOLENCIA. <Artículo adicionado por el artículo 11 de la Ley 1719 de 2014. El nuevo texto es el siguiente:> Para los efectos de las conductas descritas en los capítulos anteriores, se entenderá por violencia: el uso de la fuerza; la amenaza del uso de la fuerza; la coacción física o psicológica, como la causada por el temor a la violencia, la intimidación; la detención ilegal; la opresión psicológica; el abuso de poder; la utilización de entornos de coacción y circunstancias similares que impidan a la víctima dar su libre consentimiento.

Aquí incluso, habla de entornos de coacción y circunstancias similares que impidan a la víctima dar su libre consentimiento, lo que ocurre es que incluso la víctima, en este caso la menor, fue sometida y privada de su libertad por un tiempo prolongado, que utilizaron los soldados para abusar de ella, lo cual también configuraría un delito de secuestro simple[88].

En todo caso, sobre el tema viene una discusión dogmática proveniente de los casos de "Las Manadas" en España, que son conductas de violación realizadas por varios hombres en contra de una mujer, y que han proliferado por todo el país, luego de todo el escándalo que produjo el primer caso público. El caso que dio origen al nombre de manadas ocurrió en una fiesta de San Fermín en Galicia (España), y se denominó "La Manada de Pamplona" donde un grupo de soldados también, sometieron a una mujer que departía con ellos en las fiestas, y la jalaron a un pórtico, donde la desnudaron, la violaron y filmaron todo lo que hicieron con ella. En este caso, se concentró el debate en determinar si la mujer había dado o no su consentimiento, pues para el Ministerio Fiscal la mujer se encontraba en un entorno de coacción, y que se paralizó asumiendo una posición sumisa para no ser golpeada por sus victimarios, y para la defensa, la mujer no se resistió, no gritó ni se opuso a las varias relaciones

---

[88] ARTICULO 168. SECUESTRO SIMPLE. <Artículo modificado por el artículo 1 de la Ley 733 de 2002. Penas aumentadas por el artículo 14 de la Ley 890 de 2004, a partir del 1o. de enero de 2005. El nuevo texto con las penas aumentadas es el siguiente:> El que con propósitos distintos a los previstos en el artículo siguiente, arrebate, sustraiga, retenga u oculte a una persona, incurrirá en prisión de ciento noventa y dos (192) a trescientos sesenta (360) meses y multa de ochocientos (800) a mil quinientos(1500) salarios mínimos legales mensuales vigentes.

sexuales a las que tuvo lugar con varios de los participantes. Al final, el Tribunal Supremo definió que sí había violencia, y que el grado de intimidación en que se encontraba la mujer en esas circunstancias, sometió su voluntad ante el miedo que sus victimarios le producían.

Pero el tema dogmático más relevante, tuvo que ver con el concurso de delitos y su imputación. El caso de la Manada de Pamplona, el Tribunal Superior Español por una deficiencia en la imputación hecha por parte del Ministerio Fiscal, imputó la conducta de violencia sexual, como un delito continuado. Ello generó que cada imputado respondiera por una sola conducta de violación, aumentando la pena por la agravación del delito continuado. Es decir, según esta tesis, cada violador realizó una conducta, que consistía en acceder en grupo a una mujer en varios actos, que, en últimas, conformaban parte de una sola acción.

Luego en otro caso denominado como la manada de arandina, se planteó otra tesis, donde en efecto, varios hombres abusaron de una menor, y la sentencia, condenó a cada uno por el acceso que realizó, y como cooperador necesario de la conducta de sus compañeros. Es decir, ya no se tomó cada violación como una parte de un solo acto, sino cada violación como un acto separado, aumentando significativamente la pena, a los violadores, pues en vez de responder por un solo acto, se les condenó por cada violación sufrida por la víctima, es decir, si tres personas violaron a una mujer, cada victimario respondería por el delito de violación que realizó, pero además, respondería como cómplice de la violación del segundo individuo, y también como cómplice de la violación del tercero, es decir, se le imputarían tres hecho, y no uno solo.

En Colombia, el artículo 211 del Código Penal, resuelve la controversia con una circunstancia de agravación de la siguiente forma:

ARTICULO 211. CIRCUNSTANCIAS DE AGRAVACION PUNITIVA. <Artículo modificado por el artículo 7 de la Ley 1236 de 2008. El

nuevo texto es el siguiente:> Las penas para los delitos descritos en los artículos anteriores, se aumentarán de una tercera parte a la mitad, cuando:

1. La conducta se cometiere con el concurso de otra u otras personas.

En este sentido, el Legislador Colombiano aparentemente plantea, que si existe una violación en la que concursen varias personas, la pena de la conducta se aumenta en una porción determinada. En todo caso a esta consagración contenida en la parte especial del Código Penal colombiano, que aparentemente resuelve la imputación jurídica, en caso de violación de una persona realizada por varias, tiene varias observaciones de tipo dogmáticas de la parte general:

3. Cuando se trata de delitos sexuales, ellos se entienden que son delitos de propia mano, y no admiten la coautoría, por lo que si existe una violación de varias personas de forma intercalada o donde existe intercambio con la víctima, la imputación correcta, implicaría que quién accede a la víctima sería un autor, y el que colabora sería un cómplice, y al realizar el intercambio, el autor, se convierte en cómplice y el cómplice en autor. La segunda posibilidad en estas circunstancias, es que la autoría absorba la complicidad, es decir, que se aplique un principio de consunción, donde la conducta más grave absorbe la menos grave, y en esos casos, si una persona actúa como autor y como cómplice de una conducta, se le imputará la más grave, es decir, la de autor. Pero para ello, se requiere que se hable de un solo hecho y no de dos, es decir, que se entienda que una violación realizada por varias personas a una sola víctima, se entienda como una sola violación dividida en varios actos.

4. Para poder convertir el acto violación en uno solo, se requiere hablar de un delito continuado, y el delito continuado no se aplica en bienes jurídicos personalísimos, es decir, la vida, la integridad personal y la libertad sexual, y por esta razón, en la

dogmática, si varias personas violan a otra, no hay una sola violación, sino hay tantas violaciones como sujetos que hayan realizado la conducta.

5. Desde el punto de vista de la comisión por omisión, si tres personas colocan a otra en una situación de indefensión, ya sea por violencia o suministrando licor o drogas para accederla carnalmente, esa es una situación antijurídica previa que coloca a todos los participantes en una posición de garante, y que los haría responsables de cada violación que ellos cometieran por acción, pero los haría responsables por cada violación no evitada, como autores por comisión por omisión.

6. La fórmula adoptada por el legislador colombiano, a pesar de tener estás críticas desde el punto de vista dogmático, si plantea una solución para evitar la prohibición de la doble incriminación, pues se podría decir que se está sancionando varias veces la misma conducta, y permitiría la racionalización de la condena, simplificando el debate de una tasación de la pena en una agravación, y no de una construcción dogmática compleja por vía de los concursos de conductas punibles, o de la comisión por omisión.

CONCLUSIÓN.

Como se mencionó anteriormente, el verdadero efecto preventivo del delito de violación, debe ser la efectividad en la investigación, captura y judicialización de los delincuentes, más que en un mero acto legislativo de aumentar las penas. Es incluso más eficaz un sistema que garantice la menor impunidad de los delitos, con penas no tan extensas, que un sistema que promueva la impunidad, pero que haga alarde de penas perpetuas.

Por otra parte, hay que avanzar en los programas de tratamiento y rehabilitación penitenciario para los violadores, pues al recobrar su libertad (ya sea por vencimiento de términos o por cumplimiento de la condena) sin tratamiento, hay menos garantías de que no vuelvan a delinquir.

13. LA VIOLENCIA SEXUAL EN EL MARCO DEL CONFLICTO ARMADO EN COLOMBIA ¿CRIMENES DE GUERRA O CRIMENES DE LESA HUMANIDAD?

Por: Johanna Carolina Bula Carreño.

INTRODUCCIÓN

Los conflictos armados agudizan los delitos de violencia sexual en contra de las niñas, adolescentes y mujeres, ante el silencio cómplice de los estados y los organismos internacionales, que centran sus esfuerzos en promover las denuncias, pero que no promueven demasiadas estrategias enfocadas en la prevención, en la reeducación de los hombres y que ha fallado estrepitosamente al encasillar estas atrocidades como "daños colaterales", como si fuera algo que se espera que tengan lugar durante la guerra, porque históricamente ha sido así.

En el marco del conflicto armado en Colombia, se registraron de manera oficial al menos 15.711 víctimas de violencia sexual. Esto, entre 1959 y 2017 según una de las bases de datos del Observatorio de Memoria y Conflicto del Centro Nacional de Memoria Histórica (CNMH). Nueve de cada diez personas violentadas sexualmente durante la guerra fueron mujeres y se desconoce en casi un 90% su situación actual, si están vivas, muertas o desaparecidas (SANABRIA, C y MUÑOZ, S, 2021).

Es importante tener en cuenta, que la cantidad de casos denunciados o reportados, no son el número total de delitos de violencia sexual cometidos en todo el tiempo en el que ha transcurrido el conflicto armado en Colombia, las estadísticas nos dan una idea del número de víctimas, lo alarmante es que   hay casos en que por cada víctima que denuncia, sean varios sus victimarios. Otro dato que estas estadísticas no arroja, es la reincidencia de los perpetradores en la comisión de delitos de violencia sexual, pues el constante traslado de las tropas, abre la posibilidad que en cada territorio en el que se encuentren, aumente por perpetrador el número de sus víctimas.

EL CUERPO DE LAS MUJERES COMO TERRITORIO DE GUERRA

Los hombres se han atribuido el cuerpo de las mujeres como territorio de guerra, como trofeo que se les debe a los miembros del bando ganador; durante los conflictos armados se instrumentaliza el cuerpo de las mujeres; castigándolas en su autonomía (si sostiene una relación afectiva con un miembro del bando contrario) y se vulnera su dignidad, porque una gran cantidad de hombres que van a la guerra suelen estar convencidos, como los trastornados que son, que tienen poder absoluto sobre las mujeres y que en uso de estrategias de dominación, buscan controlar todos los aspectos de la vida de las demás personas y así intentar legitimar su absurda cosmovisión.

Hombres que se creen con derecho sobre territorios, personas y sus voluntades y que lo reclaman con violencia, una que se recrudece en los cuerpos de niñas, adolescentes y mujeres, en medio de la guerra.

(...) En situaciones de conflicto armando, no sólo es el género lo que hace que las mujeres sean el blanco de la violencia sexual; es también la intersección del genero con las múltiples y variadas identidades de religión, nacionalidad y etnicidad lo que permite a los grupos de mujeres ser distinguidas entre "las nuestras" y "las de ellos" o "las propias" y "las ajenas". (MOREYA, 2007) De esta manera, el sometimiento, la humillación y la degradación son no sólo un ataque contra las mujeres y su cuerpo, sino también un ataque contra su estado/cultura/religión o grupo étnico y contra los hombres que pertenecen a ellos. (LEE KOO, 2002)

Los grupos armados, han utilizado los distintos tipos de violencia sexual sobre las mujeres, de manera sistemática y reiterativa. Sin embargo, cada grupo armado sostiene que este tipo de conductas acarrearían consecuencias, como lo sería una corte marcial y se impondría una pena, cosa que en la realidad no sucede, así como tampoco se asumen responsabilidades al atribuirse haber cometido delito sexual alguno, haberlo ordenado o haber sido permisivo con su ocurrencia.

PODRÍA LA CPI CONOCER SOBRE GRAVES DELITOS DE VIOLENCIA SEXUAL OCURRIDOS DURANTE EL CONFLICTO ARMADO COLOMBIANO, ESTANDO VIGENTE EL ACUERDO DE PAZ Y LA JURISDICCION ESPECIAL PARA LA PAZ

El tribunal internacional de la CPI es complementario a la jurisdicción nacional, pero y de acuerdo a mi punto de vista, la CPI sí podría conocer de graves delitos de violencia sexual ocurridos durante el conflicto armado colombiano y tener competencia frente a ellos, siempre y cuando se cumplan los siguientes requisitos:

1.   Que se encuentre dentro de lo dispuesto en los numerales 2 y 3 del artículo 17 del ER Cuestiones de admisibilidad.

2.   A fin de determinar si hay o no disposición a actuar en un asunto determinado, la Corte examinará, teniendo en cuenta los principios de un proceso con las debidas garantías reconocidos por el derecho internacional, si se da una o varias de las siguientes circunstancias, según el caso: a) Que el juicio ya haya estado o esté en marcha o que la decisión nacional haya sido adoptada con el propósito de sustraer a la persona de que se trate de su responsabilidad penal por crímenes de la competencia de la Corte, según lo dispuesto en el artículo 5; b) Que haya habido una demora injustificada en el juicio que, dadas las circunstancias, sea incompatible con la intención de hacer comparecer

a la persona de que se trate ante la justicia; c) Que el proceso no haya sido o no esté siendo sustanciado de manera independiente o imparcial y haya sido o esté siendo sustanciado de forma en que, dadas las circunstancias, sea incompatible con la intención de hacer comparecer a la persona de que se trate ante la justicia. 3. A fin de determinar la incapacidad para investigar o enjuiciar en un asunto determinado, la Corte examinará si el Estado, debido al colapso total o sustancial de su administración nacional de justicia o al hecho de que carece de ella, no puede hacer comparecer al acusado, no dispone de las pruebas y los testimonios necesarios o no está por otras razones en condiciones de llevar a cabo el juicio.

En el caso del conflicto armado colombiano, en nuestro país no se está frente a un colapso de la administración nacional, sin embargo, se deja un margen amplio de interpretación con la expresión "no está por otras razones en condiciones de llevar a cabo el juicio", pues se podría considerar que la falta de voluntad o la falta de diligencia para obtener justicia mediante la celebración de un juicio en un caso determinado, pueda dar pie a la CPI para intervenir en casos puntuales.

Igualmente, la competencia de la Corte Penal Internacional se encuentra demarcada por los supuestos establecidos en el artículo 20:

3.   La Corte no procesará a nadie que haya sido procesado por otro tribunal en razón de hechos también prohibidos en virtud de los artículos 6, 7 u 8 a menos que el proceso en el otro tribunal: a) Obedeciera al propósito de sustraer al acusado de su responsabilidad penal por crímenes de la competencia de la Corte; o b) No hubiere sido instruido en forma independiente o imparcial de conformidad con las debidas garantías procesales reconocidas por el derecho internacional o lo hubiere sido de alguna manera que, en las circunstancias del caso, fuere incompatible con la intención de someter a la persona a la acción de la justicia.

Así que se pone a prueba la diligencia del estado en la consecución de los objetivos de obtención de justicia, verdad y reparación para con las víctimas del conflicto armado, pues en caso contrario, la CPI podrá intervenir y hacer lo propio en cumplimiento del principio de complementariedad.

El hecho de que Colombia tenga dos jurisdicciones especiales para alcanzar la paz, como son la ley de justicia y paz, y la JEP, no implica que Colombia no quiera o no pueda juzgar a los responsables de los crímenes de competencia de la CPI.

En todo caso, muy a pesar de las dos jurisdicciones existentes para conocer de los delitos de violencia sexual en el marco del conflicto armado, la CPI podrá juzgar ciertos hechos y consecuentemente condenar a sus autores cuando considere que se cumplieron los requisitos para motivar su intervención.

VIOLENCIA SEXUAL COMO CRIMENES DE GUERRA Y COMO CRIMENES DE LESA HUMANIDAD

Se tomarán de manera textual los artículos que, en el estatuto de Roma, contengan de manera directa referencias a delitos sexuales o hagan referencia a esta. Y a partir de ahí, poder construir la respuesta a la pregunta que da título a este escrito: la violencia sexual en el marco del conflicto armado en Colombia ¿crímenes de guerra o delitos de lesa humanidad?

CRIMENES DE GUERRA

El Estatuto de Roma define en su artículo 7 define cuales son los crímenes de guerra, dentro de los que podemos encontrar:

1.   "g) Violación, esclavitud sexual, prostitución forzada, embarazo forzado, esterilización forzada o cualquier otra forma de violencia sexual de gravedad comparable" (CPI, 1998)[i]

CRIMENES DE LESA HUMANIDAD

Contenidos en el artículo 8 del Estatuto de Roma,

xxii) Cometer actos de violación, esclavitud sexual, prostitución forzada, embarazo forzado, definido en el apartado f) del párrafo 2 del artículo 7, esterilización forzada y cualquier otra forma de violencia sexual que también constituya una infracción grave de los Convenios de Ginebra;

vi) Cometer actos de violación, esclavitud sexual, prostitución forzada, embarazo forzado, definido en el apartado f) del párrafo 2 del artículo 7, esterilización forzada o cualquier otra forma de violencia sexual que constituya también una violación grave del artículo 3 común a los cuatro Convenios de Ginebra; (CPI, 1998)

Mientras que los crímenes de guerra, por definición requieren un nexo al conflicto armado, las prohibiciones contra la esclavitud, crímenes de lesa humanidad, genocidio y tortura se aplican a todas las situaciones, incluyendo los conflictos armados, contiendas internas y en tiempos de paz (MOREYA, M., 2007), sin embargo, estos crímenes tienen dos elementos adicionales que son, "que sean realizados como parte de un ataque generalizado o sistemático contra una población civil y con conocimiento de dicho ataque" lo cual limita la aplicación del crimen de lesa humanidad en hechos aislados, o realizados por la delincuencia común, situación que no ocurre con los crímenes de guerra, en los que se configura dicho crimen, con una agresión en contra de una persona protegida, siempre que se cometa en un contexto de conflicto armado. Además, en los crímenes de guerra, en caso de agresiones sexuales, no solo se aplica para los autores directos de las violaciones sexuales, sino que la responsabilidad puede alcanzar a los superiores, que a pesar de no haber participado en los hechos, no hayan hecho nada para prevenirlos, sancionarlos, evitar su ocurrencia o que lo hayan alentado, esto se conoce como la doctrina de responsabilidad de mando y aplica para las estructuras militares, los grupos paramilitares, organizaciones políticas y demás en las que exista una cadena de mando.

En el Estatuto de Roma para la Corte Penal Internacional no existe posibilidad de eximir de responsabilidad a quienes actúen en cumplimiento de una orden, ni podrán los superiores por dicha circunstancia quedar exentos de responsabilidad. (IBAÑEZ, 2003), esto se conoce como la doctrina de responsabilidad de mando y aplica para las estructuras militares, los grupos paramilitares, organizaciones políticas y demás en las que exista una cadena de mando.

TIPOS DE VIOLENCIA SEXUAL EN LOS CONFLICTOS ARMADOS

La Organización Mundial de la Salud define la violencia sexual como "todo acto sexual, la tentativa de consumar un acto sexual, los comentarios o insinuaciones sexuales no deseados, o las acciones para comercializar o utilizar de cualquier otro modo la sexualidad de una persona mediante coacción por otra persona, independientemente de la relación de ésta con la víctima, en cualquier ámbito, incluidos el hogar y el lugar de trabajo". (OPS/OMS, 2010)

Las manifestaciones de la violencia sexual son diversas, ninguna es menos lesiva y ninguna es "preferible", frases como "por lo menos no te pasó x cosa más" o "x cosa diferente" tienen que desaparecer de los discursos por ser revictimizantes. Podríamos mencionar las siguientes, listado que no excluye, ni resta importancia a otros tipos de manifestaciones de la violencia sexual

a)   La violación: De forma general se refiere a la penetración vaginal, oral o anal forzada por una parte del cuerpo u objeto. Es decir, a acceder a una mujer sin su consentimiento, sea mediante amenaza o violencia.

b)   La esclavitud sexual militar: En este tipo de violencia sexual la mujer es forzada a la esclavitud sexual. Para satisfacer "las necesidades" de los miembros de un grupo armado. Estas mujeres pueden pertenecer al grupo, pueden haber sido reclutadas de manera forzada, haber sido capturadas en combate, haber sido secuestradas, sacadas de sus viviendas.

c)   La cohabitación forzada: Mujeres obligadas a convivir con una persona de manera exclusiva y que es abusada de manera reiterada so pretexto de ser la pareja. Obedece al capricho del hombre el mantenimiento de la relación y mantiene a la mujer bajo amenaza de ser asesinada, de ser entregada a la tropa o de causar un daño/muerte a los familiares de la mujer. Este tipo de violencia sexual en su mayoría acarrea otras clases de violencia que por razón de género se ejercen en contra de las mujeres, y es que las labores de cuidado recaen sobre ella.

d)   La prostitución forzada: Mujeres que son explotadas y violentadas sexualmente bajo la figura de la prostitución, en la que el pago por accederlas es un intento de disfrazar la ausencia de libertad y consentimiento de ellas. Pueden ser forzadas a esta práctica para obtener información de otros bandos. Para que estén disponibles para los miembros de un mismo bando, o para lucrarse en el negocio del comercio sexual.

e)   La esterilización forzada: Una forma de violencia sexual en la que se obliga a las mujeres a someterse a procedimientos, que en muchas ocasiones ni siquiera son realizados por personal médico para no quedar embarazadas y que son en un alto porcentaje definitivos. En otras ocasiones, las mujeres son llevadas a centros hospitalarios bajo amenaza. Las mujeres a las que se prostituye de manera forzosa son con frecuencia sometidas a esta práctica, pues un embarazo representa pérdidas económicas. También es una manera de cometer violaciones sin que estas resulten en concepciones no deseadas. Las mujeres que pertenecen a los grupos armados, son también víctimas de esta práctica, pues se intenta mantener sometido cada aspecto de los miembros de la tropa, y mantener el total de los miembros en condiciones de entrar en combate, de desplazarse, etc.

f)   El aborto forzado: la concepción o anticoncepción de las mujeres que son víctimas en los conflictos armados suele ser dejada al capricho de los jefes de turno, sea cual sea su rango. En el caso del aborto forzado, este puede darse en ocasiones en que la mujer sostenga una relación sentimental no autorizada por sus superiores, en el caso que haya sido violada, en el caso de que a sus superiores no les guste la idea de tener una mujer embarazada. Una sola razón no hay, lo que si hay son distintas formas violentas para obligar a una mujer a interrumpir un embarazo, que van desde golpes en el estómago, pastillas, brebajes, introducción de objetos, procedimientos que no cumplen con los mínimos de salubridad, entre otros.

g)   La planificación forzada: al referirse a este tipo de violencia sexual, suele generar reacciones de asombro ante el hecho de que una mujer no quiera planificar y que se le proporcionen medicamentos o se le obligue a usar algún dispositivo de anticoncepción; se les olvida que hay quienes no conocen una vida fuera de la guerra y como en toda vida, las personas establecen relaciones afectivas, con o sin permiso de sus superiores y hay mujeres en las que el deseo de ser madres existe, sin importar las circunstancias. Con este tipo de violación a los derechos sexuales y reproductivos de las mujeres y con el punto anterior, queda demostrado que la violencia ejercida contra las mujeres en el marco de los conflictos armados, va dirigida a controlar sus decisiones, sea la de parir o la de no querer concebir. también se encuentran obligadas a planificar, las mujeres que se encuentran en situación de cohabitación forzada y las que son forzadas a prostituirse.

Algunos de los métodos usados para este fin, como lo es la ligadura de trompas, suele ser definitivo.

h)   La herencia de viuda: uno de los tipos de violencia sexual, que como todos los anteriores no es exclusivo de los conflictos armados, pero que tiene una especie de aval cultural que disfraza lo que realmente es. Con la excusa de proteger a una mujer que queda viuda de los peligros que esta situación pueda presentarle y/o a los hijos de esta, una mujer puede ser "reclamada" por un familiar del que fuera su pareja o por algún miembro de la organización con jerarquía para hacerlo. La opinión de la mujer no es tenida en cuenta y mediante la figura de la "herencia de viuda" se fuerza una cohabitación

MODALIDADES DE VIOLENCIA SEXUAL DURANTE EL CONFLICTO ARMADO EN COLOMBIA.

3.1   cuando se comete en medio de una toma guerrillera y se aprovechan las circunstancias

El caos que se genera alrededor de una toma guerrillera, se convierte en un ambiente propicio para la comisión de diversos delitos, entre ellos, los delitos de violencia sexual. En este escenario, no existe una orden directa de algún superior, ni hace parte de la estrategia. Son algunos miembros que tomando ventaja de la circunstancia y valiéndose del miedo que infunden y las armas que portan, acceden mujeres al azar. Niñas, adolescentes y mujeres que no son ajusticiadas por ser hijas de alguien en particular, por sostener relaciones sentimentales con algún miembro del bando enemigo, ni lideresas sociales, ni alguna por medio de la cual se busque amedrentar o aleccionar.

3.2 depredadores sexuales que forman parte de las filas de los grupos armados

No se puede pasar por alto, que hay quienes, desde antes de pertenecer a las filas de los grupos armados, son depredadores sexuales. Individuos con problemas de formación sexual y que se pueden enmarcan en las características de agresor poderoso o agresor sádico. Este tipo de agresor, suele no tener control sobre sus impulsos y suele ser reincidente en su conducta. Sus víctimas incluyen a los miembros de sus filas y a cualquier persona sobre la cual recaiga su deseo. Sus agresiones son perpetradas con mayor sadismo.

3.3 cuando se comete en contra de las mujeres que sostienen relaciones sentimentales con miembros del grupo armado contrario

"La mujer del otro", cuando se agrede sexualmente a una mujer con el pretexto de sostener o haber sostenido una relación sentimental con un miembro del grupo armado contrario, se hace, por un lado, con la intención de demostrarle a ese otro, que puede tener lo mismo que él; con la intención de desmoralizar al compañero sentimental o con el fin de castigar a estas mujeres, por relacionarse con un miembro del bando enemigo. La relación territorio ocupado y cuerpo de la mujer como territorio, se confunde en el imaginario de los agresores, son comunes cuando un grupo armado se hace con el control del territorio que estaba bajo el dominio del otro bando. Las niñas, adolescentes y mujeres, infravaloradas por su condición de vulnerabilidad y de propiedad de hombres, son agredidas a manera de lección para otras y castigo a ellas.

3.4 reclutamiento de mujeres, con el objetivo de instrumentalizarlas como objetos sexuales

Niñas, adolescentes y mujeres que son reclutadas de manera forzosa, llevadas mediante engaño de ofertas laborales que suponen una mejora en su calidad de vida y la de sus familias, sacadas de sus hogares, secuestradas, mujeres que por su condición de indefensión y vulnerabilidad producto de la pobreza, son llevadas a los campamentos de los grupos armados o al sitio donde se encuentre el o los agresores sexuales, con el único fin de ser instrumentalizadas como objetos sexuales por uno o varios miembros de la tropa.

Las agresiones cometidas hacia ellas, suelen prolongarse en el tiempo y sus agresores suelen ser múltiples

Niñas a las que sus familias se ven obligadas a entregar, para satisfacer las aberraciones de estos hombres, que valiéndose de armas y amenazas se atribuyen los cuerpos de las mujeres en los territorios donde llegan o que están bajo su mando.

3.5 la violencia sexual cometida por miembros de la fuerza pública en contra de mujeres pertenecientes a grupos armados

Las fuerzas armadas, no son la excepción en cuanto a que hay miembros de estas que han cometido delitos sexuales en contra de las mujeres que pertenecen a grupos armados, como forma de castigo a esta por su militancia, con ocasión de la toma de un campamento, o de que haya sido identificada como miembro de un grupo armado. También se han presentado este tipo de violaciones, en contra de mujeres y niñas que hacen parte de la población civil, y que los miembros de la fuerza pública, aprovechan su condición para realizar violaciones, y luego de ello, las intimidan con amenazas como ocurrió con el caso de la niña indígena de la comunidad embera, que fue accedida por 7 soldados del ejército colombiano (Revista Semana, 2020).

CONCLUSIÓN.

Teniendo presente las modalidades de violencia sexual que se han presentado con ocasión y en desarrollo del conflicto armado en Colombia, podemos establecer que ese tipo de conductas se enmarcan dentro las modalidades de agresiones sexuales que encajan en los crímenes de guerra consagrados en el ER. Por lo anterior, se puede establecer que si la CPI, quiere ejercer su competencia, tendrá que establecer de acuerdo con el concepto de justicia complementaria (arts. 17 y 20 del ER), que dentro de los casos tratados por los tribunales de Justicia y Paz, y la JEP, se han adelantado procesos tendientes a favorecer a los victimarios, de forma contraria a los parámetros internacionales para la implementación de modelos de justicia transicional, en especial, los derechos a las víctimas a la verdad, a la justicia, a la reparación y a la garantía de no repetición.

14.   LA VIOLENCIA SEXUAL EN CONFLICTOS ARMADOS.

Por: Jorge Arturo Abello Gual.

La violencia sexual en contra de las mujeres en los conflictos armados siempre ha sido uno de los crímenes internacionales más problemáticos, pues la indefensión de las víctimas y la brutalidad de los victimarios no deja ni un ápice de respeto por la condición humana, y mucho menos de la condición de mujer.

Si bien en los conflictos armados las violaciones sexuales se presentan en los dos géneros, no hay dudas de que el género femenino es el más afectado en este tipo de circunstancias. Desde la antigüedad, el poder de violar a las mujeres del bando vencido era un trofeo de guerra para los soldados que componían el bando vencedor. En el oriente, Gengis Kan cada vez que conquistaba a un pueblo, se extasiaba violando a todas las mujeres que su apetito sexual le permitía, se dice que el 8% de la población de Asia Central tiene sus genes[89]. En el caso de los romanos, cada vez que se conquistaba a un pueblo se esclavizaba a la población, y a las mujeres la esclavitud, las colocaba en un estado de vulnerabilidad para la violación. En la Escocia sometida por los ingleses, los señores feudales tenían el derecho de pernada, que consistía a que el señor feudal podía acceder sexualmente a las mujeres que se iban a casar antes que el esposo –lo que creo la leyenda de Williams Wallace-.

La violación sexual como un trofeo de guerra, ha generado a su vez, suicidios colectivos de mujeres que preferían suicidarse antes de ser tomadas por el enemigo (en el caso de la india se conoció como la ceremonia de Jauhar, donde las mujeres hacían un ritual para suicidarse antes de caer en manos del reino conquistador)[90], pero a su vez, otras mujeres también terminaban suicidándose luego de ser violadas.

Siguiendo con antecedentes más cercanos, en la segunda guerra mundial los alemanes realizaban violaciones colectivas de mujeres francesas, en retaliación a las acciones de la resistencia francesa[91]. En China, miembros del ejército Japonés violaron a 20.000 mujeres el primer mes en que ocupó la capital de ese país Nanking[92]. En Alemania el ejército ruso violó a 900.000 mujeres alemanas cuando invadió Alemania al finalizar la segunda Guerra mundial[93].

---

[89] El periódico el Tiempo 24 de junio de 2004: LOS DESCENDIENTES DE GENGIS KHAN consultado en la siguiente página web: https://www.eltiempo.com/archivo/documento/MAM-1563401: "El estudio, a cargo de investigadores del Reino Unido, Italia, China y Uzbekistán, recogió muestras del tejido de unos 2.000 hombres de Asia central para concluir que más de 16 millones en esa región del mundo (el 8 por ciento de la población masculina) tienen el mismo cromosoma Y que el líder mongol."

[90] ENCICLOPEDIA WIKI WIKI. Consultada en la siguiente página web: https://es.qwe.wiki/wiki/Jauhar

[91] MOREYRA, María Julia. (2007). Conflictos armados y violencia sexual en contra de las mujeres. Editores del puerto. Buenos aires. Pág.22

[92] Ob. Cit. Pág..10

Los actos de violación en las guerras tienen varias connotaciones:

> 1) Es un trofeo de guerra.
> 2) Es un acto de agresión en contra del enemigo.
> 3) Es un acto de venganza en contra de la parte contraria.
> 4) Humillación al grupo vencido, y a las mujeres de los vencidos.
> 5) Es un acto de genocidio en contra de un grupo determinado. Es una forma de limpieza étnica y racial.

A pesar de esas connotaciones que aparentan ser más justificantes, que agravantes, lo que está detrás de la violación en los conflictos armados, es un acto de barbarie en contra del género femenino, que aparentemente se muestra como un castigo a las mujeres por el mero hecho de estar relacionadas con el bando opuesto, sin embargo, con ello se esconde la verdadera razón de la violación en tiempos de guerra, que no es otra que una expresión violenta de hombres con problemas de formación sexual, que aprovechan la ausencia de ley, la ausencia de autoridad, y la vulnerabilidad de la víctima para satisfacer sus deseos sexuales, que en condiciones de legalidad no pudieran cumplir.

Para explicar mejor lo anterior, es bueno preguntarse qué ocurre si le entregas a un hombre que es un violador, o que tiene claras tendencias de violador (sádicos, masoquistas, pederastras), un ejército de 40 hombres, para que tome a la fuerza a una población, donde se encuentran 30 mujeres, que desafortunadamente van a quedar bajo su absoluto poder. Es como colocar a Garavito –el monstruo colombiano que violó y asesinó a más de 200 niños- como rector de una guardería de niños. Ahora bien, no es solo, el violador, sino también el voyerista, que es aquel que disfruta del simple hecho de saber o de ver que está ocurriendo una violación, entonces, si bien no lo hace el mismo, si ordena que otros lo hagan, o permite que otros lo hagan.

---

[93] Ob cit. Pág..10-11

De esta forma, se presentan dos supuestos, el primero es que el sádico o el voyerista esté al mando de la tropa, en cuyo evento, el participará, fomentará e incitará los actos de violación, e incluso, puede ordenar a otros miembros de la tropa a realizar actos, justificándolos como una forma de castigo, pero lo que en verdad ocurre, es que está realizando su propio morbo sexual. El segundo supuesto se presenta, cuando el jefe de la tropa no tiene problemas de formación sexual, pero tiene a su mando a varios subordinados que sí. En estos casos, se presenta una lucha y una tensión por el poder de mando, pues los subordinados que están dispuestos a realizar actos de violación, buscan primero una autorización del superior; y si no la obtienen buscan desacreditar su autoridad, generando un motín, cuando encuentran oposición, buscando así, lograr su objetivo a través de la presión al jefe, quién si no tiene suficiente poder, termina o cediendo o haciéndose a un lado, o también puede terminar depuesto permanentemente por un "golpe de estado"; y por último, los subordinados que no logran sus fines a través de la presión, pueden llegar a la consumación del acto de manera clandestina o a espaldas de su superior.

Los hombres con estos problemas de formación sexual, pretenden que en un conflicto armado, se les reconozca el derecho a satisfacer sus deseos depravados, luego de ganar una batalla, o después de haberse sacrificado por la causa o haber realizado un buen combate, en otras palabras lo ven como un premio. Cuando están en la cima de la cadena de mando, ellos mismos se otorgan su premio, y exhortan a que otros lo hagan, e incluso hasta ordenan que otros sin querer lo hagan para legitimar su accionar.   En cambio, cuando son subordinados dependen de la voluntad del superior, cuando le niegan ese premio, se sublevan o lo ignoran.

En todos estos casos, la represión del hecho por parte del jefe de la tropa o de las autoridades que ejerzan el mando sobre la tropa, es fundamental para que los hechos de violación no se repitan, ni se repliquen, bajo un esquema de permisión e impunidad, donde los violadores se sienten libres de realizar sus deseos, sin ningún tipo de control.

No es cierto que todo hombre en una guerra termine violando a las mujeres de sus enemigos. Tampoco es cierto que todos los hombres crean que tienen ese derecho. Tampoco es cierto que todos los jefes de la tropa fomenten las violaciones sexuales, no las eviten o no las repriman. El problema son todos aquellos que sí tienen un problema de formación sexual, y que se aprovechan del poder de las armas y de la vulnerabilidad de las víctimas para cumplir su morbo sexual, y que pretenden hacer ver estos temas como daños colaterales de la guerra, o consecuencias necesarias de ella, para garantizar su impunidad, y así seguirlas practicando impunemente.

La guerra es un ambiente donde las personas tienen una percepción de que no existe la legalidad, o no existe más autoridad que la de los jefes, es un ambiente hostil, donde aflora el instinto de supervivencia, muchas veces por encima de la razón. Sin embargo, la guerra sí tiene sus reglas, tiene sus autoridades, y se deben respetar unos derechos mínimos, que se han definido como el Derecho Internacional Humanitario, y donde se castiga las violaciones y los actos sexuales, que se realicen en contextos de guerra. Por tanto, ni la violación, ni ninguna práctica sexual forzada, son legales en una guerra, ni pueden entenderse como daños colaterales, ni consecuencias necesarias de la guerra, porque son crímenes de guerra y crímenes de lesa humanidad, dependiendo del contexto: Son crímenes de guerra, cuando son actos que componen un ataque generalizado y sistemático en contra de la población civil[94], como lo haría una organización criminal dedicada a la trata de personas, al secuestro y la prostitución forzada de mujeres. Y son crímenes de guerra, cuando se cometen dentro de un contexto de conflicto armado ya sea de carácter internacional o de carácter no

---

[94] BELTRAN, Ana. (2019). Las víctimas invisibles de la justicia penal internacional. Cuadernos de derecho penal No 20. Julio-Diciembre de 2018. Terrorismo, organizaciones criminales y derechos fundamentales. Universidad Sergio Arboleda. Tiran lo blach. Págs. 111-138. Pag. 118

internacional, pero lo importante, es que el autor tenga conciencia de la presencia de "circunstancias de hecho que establecían la existencia de un conflicto armado."

CASO DE LAS COMFORT WOMEN, IMPERIO JAPONES EN LA SEGUNDA GUERRA MUNDIAL.

El imperio Japonés durante la segunda guerra mundial, raptó, secuestró y reclutó forzadamente a 200.000 mujeres de entre 11 y 20 años, de países invadidos como China, Indonesia, Corea y Filipinas, para que sirvieran de esclavas sexuales de los miembros del ejército japonés[95]. Solo el 25% de estas mujeres logró sobrevivir a esta práctica, donde fueron esclavizadas y sometidas a múltiples violaciones, a veces hasta cuarenta veces al día[96].

Habían tres clases de establecimientos que prestaban estos servicios, denominados confort station, unos estaban bajo el control total del ejército; otra, bajo la administración de particulares pero controladas por el ejército; y las que administraban particulares y le daban prioridad al ejército, pero también le prestaban servicios a otros. La razón de ser de estas entidades siniestras, era "estabilizar el estado psicológico de los soldados, protegerlos de contraer enfermedades venéreas e impedir el espionaje, el saqueo y la violación durante los ataques militares a las ciudades."[97] Precisamente, esas mismas razones justificaron la creación de prostíbulos exclusivos libres de enfermedades venéreas para los soldados estadounidenses durante la segunda guerra mundial.

Aquí se ve cómo se busca disimular las violaciones sexuales a mujeres, que no son otra cosa que una demanda de las depravaciones sexuales

---

[95] MOREYRA, María Julia. (2007). Conflictos armados y violencia sexual en contra de las mujeres. Editores del puerto. Buenos aires. Pág. 12.
[96] Ob. Cit. Pág. 13.
[97] Ob. Cit. Pág. 13

de algunos, para hacerlas pasar como daños colaterales o consecuencias necesarias de la guerra. El secuestro, rapto y esclavitud forzada de estas mujeres, no es otra cosa que un plan premeditado, organizado y sistemático, ideado por un depravado sexual, que sin duda configura un crimen de lesa humanidad. Y el hecho de haber sido ejecutado en contra de mujeres de países sometidos, es sin duda una táctica de guerra en un contexto de conflicto, que busca ser justificado como un castigo y humillación a su enemigo, en el fondo es solo un producto de un deseo de un depravado o un grupo de depravados que encuentra en la agresión sexual cometida por él o por otras personas, su forma de satisfacer su problema de formación sexual.

El gran problema de las guerras es darles la oportunidad a los violadores y a los voyeristas, de tener un contexto o un ambiente propicio para calmar sus carencias sexuales, y camuflarlas como consecuencias necesarias de la guerra para justificarlas y normalizarlas.

Solo una mente bien retorcida y degenerada sexualmente en un ambiente de ausencia total de Ley, consideraría legítimo, secuestrar a las mujeres de su enemigo, y someterlas a la esclavitud sexual, para que fueran violadas más de cuarenta veces por día.

CASOS DE RUANDA Y YUGOSLAVIA, AGRESIONES SEXUALES CON FINES GENOCIDAS.

En los conflictos armados de Yugoslavia y Ruanda, las agresiones sexuales tenían un fin genocida, que era acabar con un grupo étnico.

En el caso de Yugoslavia, los serbios buscaban destruir los grupos musulmanes que se encontraban en Bosnia-Herzegobina, con lo cual, violaban a las mujeres musulmanas y con ello, lograban que estas mujeres fueran repudiadas por los hombres para casarse, por considerarlas como impuras[98].

En Ruanda los miembros de la tribu Utu, querían acabar con los miembros de la tribu Tutsi, y utilizaron la violación como forma de causar daño mental y corporal a las mujeres de dicho grupo. Muchas mujeres Tutsi resultaron embarazadas luego de violaciones masivas, y debido a la procedencia del niño, las mujeres los rechazaban y los abandonaban[99]. Se considera que la violación y posterior embarazo forzado de una mujer tutsi, por un hombre utu, cortaba la línea de descendencia de la tribu. Otras mujeres luego de ser violadas, sufrieron la trasmisión de enfermedades venéreas e incluso VIH[100], que afectaba gravemente su vida y su integridad física, y las que no, quedaron gravemente traumadas[101]. Las mujeres violadas eran rechazadas por toda la comunidad, en especial por los hombres, y por ello, tampoco tenían muchas posibilidades de formar familias en un futuro[102].

En estos casos, vuelve y se pierde el norte, porque se busca decir que la violación era parte de una táctica genocida que le interesaba a cierto grupo, para acabar con el otro, pero ello no es otra cosa, que una distracción, pues lo que ocurrió fue que varios depravados con problemas de formación sexual, encontraron nuevamente un ambiente propicio para justificar sus actos pervertidos, como un instrumento para alcanzar unos fines de toda una colectividad, que era acabar con el otro grupo. Aquí el tema es que los pervertidos lograron convencer a la comunidad de que las violaciones eran útiles para conseguir el fin que todos querían, y la comunidad los dejó actuar impunemente para que se pudiera alcanzar esos fines. Graso error. Los depravados manipularon la situación para satisfacer su deseos, y lograron la impunidad, liberados de todo control y límite de la sociedad, e incluso hasta legitimados, desataron todos sus instintos violadores y voyeristas en la población femenina.

---

[98] Ob. Cit. Pág. 63
[99] Ob. Cit. Pág. 66
[100] Ob. Cit. Pág..67
[101] Ob. Cit. Pág. 67
[102] Ob. Cit. Pág..67

¿Qué puede ocurrir si le dices a un violador que puede violar y además de ello, que debe hacerlo por el bien de la comunidad o para acabar con el enemigo?

CASO AKAYESU EN RUANDA.

En el caso de Akayesu en Ruanda, se trató de un alcalde Utú de una comunidad, que era conocedor de que en el edificio donde él trabajaba, se violaban de forma masiva a mujeres tutsi, y que el promovía ese tipo de actos con su presencia o con sus palabras[103]. Que si bien es cierto él no era un participante activo en ese tipo de violaciones, las consentía y las fomentaba[104]. Esta situación se presentó, pues las mujeres tutsi desplazadas por el conflicto armado, acudían por ayuda al alcalde, y cuando llegaban al edificio, eran sometidas por los cuerpos armados en guerra de los Utu, por la policía o por los agentes de la alcaldía, y eran violadas, ya sea al interior del mismo edificio o en montes cercanos[105].

Este caso, es la perfecta combinación entre un líder voyerista que le gusta ver a mujeres desnudas y teniendo sexo, y violadores sádicos, que sienten placer sometiendo y causando dolor a las víctimas, en una forma de reacción violenta. Su poder político y las armas, le daban la forma de someter a las víctimas y de garantizar su impunidad, la guerra y el supuesto fin genocida, son solo un pretexto para dejar aflorar sus deseos depravados.

CASO FOCA EN YUGOSLAVIA

---

[103] Ob. Cit. Pág..76
[104] Ob. Cit. Pág.. 78
[105] Ob. Cit. Pág..78

Un grupo de fuerzas armadas serbio bosnias, se tomó en 1992 militarmente la población de Foca. Al controlar la plaza, separaron a los hombres de las mujeres. A las mujeres las llevaron a hoteles, casas y departamentos para ser violadas. Pero el punto más grave fue lo que realizaron en una escuela, donde violaron de forma masiva y pública a varias niñas[106]. Las consecuencias, fueron catastróficas, muchas niñas sufrieron graves daños ginecológicos, incluso perdieron la posibilidad de procrear, otras se suicidaron, y socialmente, fueron repudiadas por su familia y por la sociedad[107].

Aquí nuevamente se pierde el foco, pues se considera que se trata de un ataque dirigido a una limpieza étnica. Y vuelve otra vez la problemática, ¿Son los violadores utilizados por la sociedad para alcanzar el fin de eliminar a un grupo étnico, o son los violadores que utilizan el conflicto como un pretexto para satisfacer sus deseos depravados?

Entonces porque hay exterminar un grupo de personas, hay que darles rienda suelta a los violadores, pues la lógica no concuerda, pues la táctica del exterminio a través de la violación funciona a largo plazo, si tengo la posibilidad de exterminar matando inmediatamente, como la tuvieron los serbios y la practicaron, qué necesidad había de violar y torturar a niñas de un colegio, y dejarlas vivir atormentadas.

En este caso nuevamente se pierde el foco, los violadores aprovechan el ambiente de guerra para sus propios fines. La violación de niñas implica un trastorno mental, a estas personas se le llama pedófilos cuando disfrutan ver niñas desnudas, o pederastas cuando sienten placer con la penetración de niñas. Y en este caso, se presenta el morbo de la virginidad, en el presente caso, estas niñas violadas fueron gravemente maltratadas en sus partes genitales, y no accedieron a tiempo a un tratamiento médico, lo cual, a muchas les causó infertilidad, y ello, no es ni consciente ni premeditado, es la

---

[106] Ob. Cit. Pág..82-83
[107] Ob. Cit. Pág..83

consecuencia no prevista de la violación a una menor de forma colectiva y recurrente.

Pero volvemos al patrón que hemos trabajado, se aprovecha el contexto de conflicto, para someter a la víctima por la fuerza, y estando en esa condición, se aprovecha la falta de ley y de autoridad para satisfacer sus deseos depravados. Qué mejor situación para un violador, que tener a la víctima sometida, no tener ley ni autoridad, y fuera de eso, que le digan que lo tiene que hacer por el bien de su grupo, es como darle un dulce a un bebé.

CASO ISIS EN SIRIA Y EN IRAK.

El Estado Islámico ha desatado lo que se llama la Yihad sexual, en la cual atacan poblaciones civiles, compuestas de cristianas, yazidis, y musulmanas chiítas, en las cuales, les dicen que si no se convierten al islam, serán asesinados. En el caso de los hombres, éstos son asesinados, pero en el caso de las mujeres, éstas son violadas, vendidas y sometidas a la esclavitud sexual.

"En la jurisprudencia islamista cuando ya ha sido declarado el Yihad está totalmente permitido a los yihadistas -desde el punto de vista de la Shari´a, la ley islámica- tomar a las mujeres del "enemigo infiel". Los yihadistas han declarado el Yihad contra el mundo cristiano y los musulmanes de otras sectas, por lo que es "lícito" desde la perspectiva islamista violar a las "infieles" cristianas, yazidis, y musulmanas chiítas- y tomarlas como esclavas sexuales."[108]

---

[108] NOTICIAS ISRAEL. El porqué los islamistas violan a las mujeres cristianas 13 diciembre 2019 - Updated on 19 febrero 2020. En la siguiente página web: https://israelnoticias.com/islam/islamistas-violan-mujeres-

En este caso, existe una aparente justificación religiosa, donde las mujeres de otras religiones, son concebidas como objeto de esclavitud, y en especial de esclavitud sexual.

> Corán 23:1-6: ¡Bienaventurados los creyentes,... que se abstienen de comercio carnal, salvo con sus esposas o con sus esclavas en cuyo caso no incurren en reproche.

> Corán 23:1-6:¡Bienaventurados los creyentes,... que se abstienen de comercio carnal, salvo con sus esposas o con sus esclavas en cuyo caso no incurren en reproche.

> Corán 33: 50: ¡Profeta! Hemos declarado lícitas para ti a tus esposas, a las que has dado dote, a las esclavas que Alá te ha dado como botín de guerra, a las hijas de tu tío y tías paternos y de tu tío y tías maternos que han emigrado contigo y a toda mujer creyente, si se ofrece al Profeta y el Profeta quiere casarse con ella. Es un privilegio tuyo, no de los otros creyentes -ya sabemos lo que hemos impuesto a estos últimos con respecto a sus esposas y esclavas, para que no tengas reparo. Alá es indulgente, misericordioso.

Para los Yihadistas, las mujeres infieles son vistas como esclavas sexuales, con las que tener relaciones, no se considera un acto en contra de su religión, por ello, las mujeres de otras religiones que de encontrarse en un conflicto armado, y sean tomadas como prisioneras de guerra, son violadas, intercambiadas y vendidas como esclavas sexuales entre musulmanes:

> "No sólo tienen esclavas sexuales los miembros del Estado Islámico, Boko Haram, y tantos otros grupos islámicos, sino también hay estados musulmanes en los que se pide legalizar la esclavitud sexual de cristianas, como es el caso de la activista política kuwaití Salwa Al-Mteiri que reclamó recientemente una

ley que permitiese la compra de prisioneras de guerra con el fin de convertirlas en esclavas sexuales. Ella le preguntó a un mufti saudí [5]: ¿Cuál es la ley con respecto a las esclavas? El muftí me dijo que la ley exige que exista un país musulmán atacando a un país cristiano – perdón, un país no-musulmán – y tomando prisioneros de guerra. Le pregunté si estaba prohibido convertirlos en esclavos, y él dijo que el Islam no prohíbe la posesión de jóvenes esclavas. Todo lo contrario.

También, aquí en Kuwait, pregunté a eruditos religiosos y expertos sobre este tema, y ellos me dijeron que para el hombre promedio, el hombre buen religioso, la única manera de evitar las relaciones prohibidas con las mujeres es la compra de jóvenes esclavas. ..."[109]

En este caso, las justificaciones religiosas de la guerra y el sexo, confluyen al mismo resultado, a ver a una mujer como objeto de las depravaciones sexuales de los hombres, y en este caso expreso, al declarar que las mujeres infieles no son personas, son esclavas y como tal, meros objetos, se pretende dar una justificación a la violación diciendo que nadie puede violar a un objeto o a una no persona, por lo que no hay delito, ni recriminación religiosa.

De acuerdo con una vertiente religiosa islámica, el sexo está permitido con la esposa, y es posible tener varias esposas, y los desmanes, el comercio carnal, el intercambio, es dejado para las esclavas, por tanto, al existir esa subcategoría de mujeres, quién tenga sexo con ellas, no estaría ni realizando un delito, ni una blasfemia.

El problema con ello, es que en el derecho internacional, no existe la esclavitud, no existe una subcategoría de mujeres, y no existe justificación que se permita un trato cruel e inhumano como la violación y la esclavitud sexual, ni siquiera en contextos de guerra.

---

[109] Ob. Cit.

Volvemos nuevamente al tema del botín de guerra como una supuesta justificación, de los depravados sexuales, que en ningún sentido tienen asidero jurídico, y es una manipulación de la dialéctica social y religiosa, para ver en la violación un acto justificado. Por otra parte, se repite el mismo esquema el sometimiento a través de la violencia de la víctima en un contexto de conflicto armado, que se encuentra en un estado de indefensión total, y el aprovechamiento de dicha situación para satisfacer los deseos morbosos de hombres con problemas de formación sexual.

15. CONTEXTOS DE VIOLENCIA SEXUAL EN EL CONFLICTO ARMANDO COLOMBIANO.

CASO DEL SALADO.

El caso del Salado, fue una toma de un grupo paramilitar de un corregimiento del Municipio del Carmen de Bolívar. En esta toma participaron 450 paramilitares, que se tomaron a un pueblo señalado como colaborador de la Guerrilla de las Farc.

En medio de la toma se presentó una situación, y fue la búsqueda selectiva de mujeres de guerrilleros para castigarlas:

"Transcurrió un buen tiempo y llegó un paramilitar vestido de civil, posiblemente un jefe, porque era el único que se comunicaba con radioteléfono, y le preguntó a Jennifer: "¿Tú eres Neivis Arrieta?".

A Jennifer siempre la habían confundido con Neivis Judith Arrieta. Tenían la misma edad, el pelo negro hasta la cintura y rasgos similares. Las diferenciaba que, al parecer, la otra andaba de amores con un guerrillero y, se decía, tenía dos meses de embarazo.

"Yo no soy, usted está confundido", le respondió ella, y prefirió no delatar a la verdadera Neivis, que estaba sentada a su lado. "Pues si eres, hoy te vas a morir, hoy vas a conocer qué es ser mujer de un guerrillero", le advirtió el jefe.

Minutos después, el mismo paramilitar llegó empujando a un guerrillero y le ordenó que dijera cuáles de las mujeres tenían romances con compañeros suyos. El joven, con lágrimas en los ojos, ni siquiera levantó la cabeza, ni siquiera miró a las mujeres, sino que con el dedo pulgar señaló al azar, justo en el sitio donde estaba sentada Rosmira Torres, de 46 años, madre comunitaria y mamá de Luis Pablo Redondo, un joven maestro a quien acababan de arrancarle las orejas en la cancha, frente a decenas de saladeros cuyo castigo era presenciar el macabro espectáculo.

A Rosmira la tomaron del pelo, la pasaron por encima de Jennifer, la arrastraron por el piso, hasta la calle que separa a la iglesia de la cancha, y allí la amarraron por el cuello con una cuerda que usualmente se usa para colgar hojas de tabaco. Uno a uno, un corrillo de paramilitares se iban pasando la cuerda, jalaban y jalaban para estrangularla, y cuando estaba sin aire, la soltaron, le infligieron dos puñaladas y con un tiro de gracia apagaron el soplo de vida que le quedaba.

Los paramilitares regresaron de la carnicería humana y el guerrillero señaló a la auténtica Neivis. Los uniformados decían que era la mujer de "Camacho", un jefe guerrillero, aunque según las investigaciones posteriores, no era así.

A la joven, de tan solo 15 años, la llevaron a un árbol contiguo a la cancha de microfútbol, la acostaron boca abajo y la desnucaron frente a la multitud de campesinos. Así la vio por última vez Jennifer, su compañera de clase, aunque después de muerta no cesaría la barbarie.

Con la bestialidad de un sicópata, un paramilitar le quitó la falda a Neivis, le atravesó un palo por el cuerpo, desde los genitales hasta la cabeza, y con frialdad volvió al ruedo, a la cancha, en busca de otra víctima.

Mientras tanto, el hombre vestido de civil regresó a donde estaban las mujeres al borde del pánico, y le ordenó a Jennifer que se fuera con él, que tenía que preparar la comida de sus compañeros. La señora Eliza le imploró que se la llevara a ella, que la niña no sabía cocinar, pero el jefe tomó a la joven por el brazo y la condujo a una casa al lado de la iglesia, profanada por tanta sangre que corría a sus pies.

(...)

En la casa había cerca de 20 paramilitares, algunos encapuchados. No había comida, por lo que la muchacha sospechó que no iba precisamente a cocinar. La duda la confirmó cuando por el radioteléfono un hombre le dijo al jefe: "suéltela que ya la comida está hecha". Entonces, en un tono burlón, le dijo a Jennifer: "¿Tú sabes lo que te va a pasar muchacha?", y ella, que con los nervios le da por hablar más de la cuenta, le respondió que ya se imaginaba, pero que por favor no la torturaran, que la mataran y listo."[110]

Luego la joven fue violada por cuatro paramilitares uno después de otro. Vuelve el patrón. La violación no se genera como un castigo, ello es supuestamente una justificación, pero no, realmente es un pervertido o un grupo de pervertidos que se aprovechan de su poder sobre la víctima, que no tiene otra alternativa que ceder a la violación, y el pervertido no tiene ni límite legal, ni autoridad que le impida realizar el acto.

---

[110] ESCOBAR ROLDAN, Mariana. 'Cuando los paramilitares me arrancaron la inocencia'. En el periódico el Tiempo. El 24 de noviembre de 2014. En la siguiente página web: https://www.eltiempo.com/archivo/documento/CMS-14881155

CASO HERNÁN GIRALDO.

En Colombia se encuentra un claro caso de ambientes de violencia y de intimidación, que es el de Hernán Giraldo, un jefe paramilitar que actuaba en la zona rural de la Sierra Nevada de Santa Marta, donde accedió carnalmente a muchas niñas entre 12 y 18 años de edad, aprovechándose de su condición de jefe paramilitar, solicitando que se presentaran voluntariamente o que se las llevaran sus propios padres a sus aposentos, donde después las accedía. Frases como "se buena conmigo", o "sabes que le puede pasar a tu familia si no eres buena conmigo", a una menor de edad o una niña, de seguro es un entorno de coacción, que impide a la víctima dar su consentimiento.

"Laura* fue violada por Giraldo en 2004, cuando tenía 13 años:

"A partir del caso, como consecuencia no he podido continuar mi vida normalmente, me quedaron secuelas, se me ha dificultado llevar una vida normal como la llevan las jóvenes. En el estudio, he estudiado, pero no me siento realizada, se me dificulta mucho porque me siento diferente, a partir de eso me siento señalada de las personas porque tienden a juzgarlo a uno sin saber cómo fueron las cosas. (...) En ese tiempo para mí era duro porque era como una tortura, una niña de trece años que la utilizan porque a los trece años uno no sabe exactamente ni decide por uno mismo lo que va a hacer respecto a la sexualidad. (...) En ningún momento mi papá estuvo de acuerdo con que yo mantuviera una relación con Hernán Giraldo. Eso de que nos vendían, que estuvieran de acuerdo, que nos llevaban la gallinita, es totalmente falso nunca nos vendieron. Mis papás no tuvieron nada que ver con lo que me pasó, con lo que pasó en ese momento, ellos no tenían nada que ver con eso".

Paula* fue violada por Giraldo en 2005, cuando tenía 11 años:

"Durante todo el tiempo que permanecí en la finca (vecina) vi que llegaba el señor Hernán Giraldo, él era el dueño, yo sabía que él mandaba en la región, él andaba con muchos hombres armados, me daba temor cuando él llegaba, cuando él llegaba a la finca mi papá nos encerraba a mi hermana y a mí en el cuarto y nos decía que no saliéramos o si no él se quedaba allí, aproximadamente a los seis meses de estar en esa finca, Hernán Giraldo pasó unos días allí. Un día como a las diez de la noche cuando yo me encontraba dormida en la habitación con mi hermana, llegó una muchacha y me dijo que el patrón me llamaba, que estaba en la habitación de él. Yo dije que no quería ir, no sabía para qué era, pero llegó uno de los guardaespaldas de él y me dijo que tenía que ir"."[111]

En tales casos, se ve como el acto de intimidación del ex jefe paramilitar era manifiesto, y el grado de temor de las víctimas, hacía que aceptaran una relación sexual, y convivencia con él, de manera sumisa y sin oposición, más bien, todas sabían qué les podía pasar si se oponían.

Por otra parte, también se encontraron casos de pago, donde el ex jefe paramilitar le paga a miembros de la familia para que le llevaran a las niñas para ser violadas:

"Se han encontrado casos en los que la familia de las niñas no solo permitieron que fueran abusadas sino que las ofrecieron para obtener beneficios económicos o conseguir poder al tener un parentesco con el paramilitar.

Se dice que las niñas hacían fila para que 'El Patrón' pudiera escoger, e incluso que a sus papás les decía que se las "cultivara" para que él pudiera "disfrutarlas". También se dice

---

[111]DIARIO EL ESPECTADOR. Redacción judicial: "Era una tortura": víctimas del exparamilitar y "depredador sexual" Hernán Giraldo. 1 Sep 2019 - 5:16 PM, en la siguiente página web: Redacción Judicial https://www.elespectador.com/noticias/judicial/hernan-giraldo-el-paramilitar-que-fue-un-depredador-sexual-de-menores-en-la-sierra-nevada-articulo-878995

que les pagaba a las menores después de tener relaciones sexuales y que las drogaba. "Él era el patrón y todo allá era para el patrón. La mejor gallina y la mejor niña eran para el patrón", dijo a la Fiscalía Carmen Rincón, alias 'La Gorda'.

La pequeña que le gustara era suya, a las buenas o a las malas. "La vida me cambió. Yo antes reía y bailaba… Ahora no tengo ganas de vivir", dijo una mujer consultada por el equipo del CNMH que fue abusada por Giraldo."[112]

Aquí nos encontramos con otra forma de comercio carnal derivado de un contexto de intimidación y de violencia. La entrega de niñas a cambio de dinero, para ser violadas generó una cultura familiar retorcida, de distorsión de los valores, donde los propios familiares en medio del contexto de un conflicto armado interno, veían una forma de sacarle provecho económico a un mal que muy seguramente les podía ocurrir, y era que el ex jefe paramilitar mandase a buscar a su hija de todas formas. Fuera de lo retorcido de la situación, lo cierto es que las niñas no tenían ninguna opción, pues sus mismos progenitores y protectores decidían por ellas, en su libertad sexual, lo cual en todo caso es a todas luces en contra del derecho:

En primer término, la libertad sexual es un derecho personalísimo que no se puede anular por el consentimiento sustituto, es decir, nadie puede decidir sobre la libertad sexual de otro, ni siquiera la relación paterno o materno filial tiene ese derecho, ni careciendo la persona titular del derecho de capacidad para decidir.

En segundo lugar, la proscripción de la esclavitud, y de la trata de personas, genera que los seres humanos no pueden ser intercambiables como objetos, y su integridad sexual, es un derecho, que impide ser suprimido como un derecho humano, y su disposición

---

[112] REVISTA SEMANA. Nación. Hernán Giraldo, el depredador de vírgenes. 3 de Marzo de 2017, en la siguiente página web: https://www.semana.com/nacion/articulo/ex-paramilitar-hernan-giraldo-abusaba-de-ninas-en-la-sierra-nevada/517375

solo puede darse como lo dijimos anteriormente por el consentimiento del titular, libre de todo vicio.

Tercero, en el caso de la libertad sexual, se entiende, que ningún menor de 14 años puede consentir, y de existir su consentimiento, este se entiende frente a la ley como inexistente, por una presunción de derecho que no admite prueba en contra.

Por último, está claro que dentro del contexto del conflicto armado colombiano, los valores se invierten, y el terror se convierte en el principal instrumento de anulación de los derechos. Las niñas no mantenían relaciones sexuales voluntariamente con el jefe paramilitar, ni eran sus compañeras permanentes por decisión propia, a pesar de que así lo aparentaban, y sus familias lo aceptaban, lo toleraban o lo fomentaban. La decisión no la tomaban las niñas, sino el victimario, y los que la ofrecían.

Precisamente en el caso de Hernán Giraldo se presente un concurso de crímenes internacionales, por un lado, un crimen de lesa humanidad[113] y por el otro, un crimen de guerra[114], ambos relacionados con la esclavitud sexual, la violación, embarazo forzado y cualquier otra forma de violencia sexual.

Ahora bien, cabe preguntarse si las conductas del ex jefe paramilitar Hernán Giraldo se encuentran relacionadas con el conflicto armado interno que se presenta en Colombia, y la respuesta, se debe hacer desde varios planteamientos.

Por una parte, el contexto en que se dieron las violaciones masivas de niñas en la zona de influencia del ex jefe paramilitar, no se hubiesen presentado si él no hubiese aprovechado el terror que producían los

---

[113] Artículo 7 literal g: g) Violación, esclavitud sexual, prostitución forzada, embarazo forzado, esterilización forzada o cualquier otra forma de violencia sexual de gravedad comparable;

[114] Artículo 8 literal e, vi: Cometer actos de violación, esclavitud sexual, prostitución forzada, embarazo forzado, definido en el apartado f) del párrafo 2 del artículo 7, esterilización forzada o cualquier otra forma de violencia sexual que constituya también una violación grave del artículo 3 común a los cuatro Convenios de Ginebra;

hechos que realizaba su organización en la zona, a tal punto que no tenía ningún tipo de oposición ni de la población, ni de las autoridades públicas, lo que le facilitaba en todo momento satisfacer sus instintos depredadores.

Cualquier oposición que hicieran las víctimas o sus familiares, eran reprimidas y sometidas con el aparato militar con que contaba el ex jefe paramilitar.

Si bien es cierto, estamos hablando de un depredador sexual, con serios problemas de formación sexual, con un claro perfil de pedofilia y obsesión con la virginidad femenina, utilizaba el contexto del conflicto armado para lograr satisfacer sus fetiches, aplacar la oposición y normalizar la situación en un contexto de inversión de valores facilitado por el terror generado por su organización armada en las zonas de su influencia.

CONCLUSIONES.

Luego de los análisis realizados, encontramos que la violencia sexual en un contexto de conflicto armado, no es un efecto necesario del conflicto o un daño colateral a él. Se trata de crímenes de guerra cuando se configura un conflicto armado, y en caso de ser parte de un acto sistemático y generalizado, sería un crimen de lesa humanidad.

Los jefes políticos y militares que promueven y fomentan este tipo de actos como un instrumento para ganar la guerra o destruir al enemigo, realmente lo que buscan es satisfacer sus problemas de formación sexual, justificándolos con fines o consecuencias necesarias de esos fines.

Las agresiones son delitos pasionales que incumben a los violadores como personas con problemas de formación sexual, quienes se aprovechan de los contextos de conflicto armado para lograr sus fines.

En las guerras, darle armas y tropas a violadores, es como darles un dulce a un niño.

16.　LA PROSTITUCIÓN Y LA TRATA DE PERSONAS; ENTRE LA REGULACIÓN Y EL ABOLICIONISMO.

Por: Jorge Arturo Abello Gual.

La prostitución o el comercio carnal es uno de los problemas sociales de amplio debate en el derecho, toda vez que vincula problemas serios de violaciones de derechos humanos, de violaciones de los derechos de las mujeres, y problemas de salud pública.

El sexo siempre ha sido un tema difícil de tratar desde el punto de vista de la educación, y sigue siendo un tema incómodo en el campo de la política y en el derecho.

Desde el punto de vista legal la prostitución avanza en el campo de la regulación, en el que las que se exigen ciertas condiciones mínimas para la prestación de servicios relacionados con el sexo, como son el cumplimiento de normas sanitarias para la prevención del contagio de enfermedades de transmisión sexual, el reconocimiento y aplicación de las normas laborales, y ciertas condiciones en la prestación del servicio, donde el consentimiento de la persona que presta el servicio sexual es el fundamento del servicio, aunque en la práctica es el requisito más vulnerado.

Desde el punto de vista del derecho penal la libertad sexual está amparada bajo los delitos de violación, que protegen a las personas de los accesos carnales violentos, accesos carnales abusivos (en menor de 14 años), los accesos carnales en personas puestas en incapacidad de resistir o en personas en incapacidad de resistir.

En el caso de los menores de 18 años, se tiene la prohibición de todo comercio carnal, esto es sacar provecho de los servicios sexuales de menores, como el turismo sexual, la inducción o coacción a la prostitución (proxenetismo) o la pornografía.

En relación con las edades, se puede decir que el ordenamiento jurídico prohíbe tener relaciones con menores de 14 años, teniendo inválido el consentimiento de éstos si lo han dado. En relación con los mayores de 14 y menores de 18, les permite consentir relaciones sexuales, pero no se permite ningún tipo de comercio carnal, esto es el aprovechamiento de un tercero de los servicios sexuales de un menor. Y en el tema de los mayores de edad, se prohíbe la trata de personas, muy a pesar de que la víctima haya dado su consentimiento.

De esta manera, se entiende que la prostitución es legal si la persona es mayor de edad, a menos que se configure el proxenetismo en sus modalidades de coacción o inducción a la prostitución, o la trata de personas.

Sobre la prostitución se presentan dos posiciones, la primera que tiene que ver con la regulación de la actividad, y la segunda que propende por la abolición de dicha actividad.

LA POSTURA SOBRE LA REGULACIÓN.

En relación con la primera postura que es la de regulación se habla en efecto de trabajadora sexual, se habla de consentimiento, y se habla escenarios físicos y virtuales para la prestación del servicio, como prostíbulos, bares, sex chats, porno webs, catálogos de prepagos, servicios a domicilio, etc.

El fundamento de la regulación implica por un lado, la legalización de la prostitución, lo que implica su permisión bajo un mínimo de regulación legislativa o administrativa, siempre y cuando la persona que presta el servicio sexual lo haga de forma libre y voluntaria, el fundamento jurídico se puede extraer de la siguiente sentencia de la Corte Suprema de Justicia:

> "…, la prostitución por cuenta propia, como alternativa de vida sin interferencias distintas a la de buscar el lugar dónde ejercerla, además de no estar prohibida, no vulnera la autonomía personal mientras la trabajadora sexual sea quien decida y por la razón que fuere disponer de su cuerpo, siempre que esté en condiciones de hacerlo, en cuyo caso el Estado podrá intervenir únicamente para evitar el trato como objeto con fines de explotación." (Colombia. Corte Suprema de Justicia. Sala Penal. SP 5298-2018 del 5 de diciembre de 2018. MP. Luis Guillermo Salazar Otero.)

En relación con la libertad, se ha aclarado que además del constreñimiento o el uso de la fuerza, la inducción o el patrocinio a la prostitución se encuentran prohibidos:

> "(...) el tipo penal acusado (inducción a la prostitución) califica el dolo no de quien opta por prostituirse, sino de quien induce, sugestiona o en general promueve la prostitución o al comercio carnal, con la intención de lucrarse o de satisfacer los deseos de una tercera persona, de donde resulta evidente que, frente al riesgo de ofensa de la dignidad personal, (...) el consentimiento de la víctima es una salvaguarda insuficiente, aunque el mismo no se requiera en la medida en que no es un elemento constitutivo del tipo penal acusado. (...) el fin de la norma es la protección de la dignidad humana, así como los intereses colectivos afectados por los efectos colaterales de la prostitución." (Colombia, Corte Constitucional Sentencia C-636 de 2009).

Aquí entonces existe un pronunciamiento de la Corte Constitucional, que establece que la inducción es punible, muy a pesar del consentimiento de la persona que va a prestar el servicio sexual. En este sentido, se atiende que el reclutamiento entendido como contactar, convencer, instruir y adoctrinar a una persona para prostituirse, es un delito, pero operar un lugar donde ejercer el comercio carnal no lo es, siempre que la persona ejerza la prostitución como opción de vida voluntariamente.

Frente a esta postura habrían unos puntos que se deben aclarar, y son, si hablamos de una trabajadora sexual que tiene derechos laborales, el tema de la remuneración genera conflicto, pues si el trabajo se ejerce de manera voluntaria e independiente, la remuneración es para la trabajadora sexual y proviene del cliente, pues el dueño del local, solo podría cobrar por el uso del local al cliente y a la trabajadora sexual, pero no recibir directamente el pago, pues se estaría lucrando del servicio sexual prestado por un tercero, al afectar la dignidad humana. Igualmente, quien contrata a la trabajadora no es el sitio, sino el cliente, y por tanto, no existiría una relación de la trabajadora o trabajador sexual con el dueño del sitio, y no se generarían derechos laborales.

Por último, cuando se habla de trabajo, se habla de subordinación, y en ese orden de ideas, la subordinación no puede llegar a exigirle a la trabajadora sexual que trabaje una jornada, si ella no quiere, si lo exige estaría constriñéndola lo cual sería un delito, y tampoco podría exigirle que le preste los servicios a un cliente, pues nuevamente estaría cometiendo un delito que es el constreñimiento a la prostitución. En tal sentido, aún si se quiere decir que la relación entre el dueño del sitio y la o el trabajador sexual es por tener un horario de disponibilidad, no podría existir subordinación en relación a la prestación del servicio sexual, que se presta de forma personal y solo con el consentimiento de la trabajadora o trabajador sexual, pues de lo contrario sería una trata de personas.

En el tema del comercio carnal, por su particularidad, donde se requiere del consentimiento para no vulnerar la libertad sexual, no podría asimilarse a una relación laboral cualquiera, por ejemplo, en el servicio de salud, un hospital contrata a un médico para que le preste un servicio a un paciente, donde el médico representa al hospital frente al paciente, y deberá prestar un servicio de acuerdo con las obligaciones contractuales con el hospital, cumpliendo un horario y unos mínimos de calidad, que le son obligatorios, y que de no cumplirlos, generaría la terminación del contrato y la indemnización de perjuicio. En el caso de los o las trabajadores sexuales, no pueden darse que el trabajador represente al empleador en la prestación de servicios sexuales, y no podría darse la exigencia de una prestación del servicio sin su consentimiento, es decir, el empleador no podría exigirle al trabajador un mínimo de clientes por día, un horario de atención obligatorio, la atención de un cliente determinado o la prestación del servicio en una forma (fetiches del cliente), sin el consentimiento del trabajador, temas que en la práctica si se exigen y se obligan, y que se enmarcan dentro de los delitos sexuales de constreñimiento a la prostitución y trata de personas.

LA POSTURA DEL ABOLICIONISMO

Los partidarios de la otra postura, la del abolicionismo de la prostitución, manifiestan que el termino trabajador o trabajadora sexual lo que hace es normalizar y legalizar una práctica que va en contra de la dignidad humana.

Los abolicionistas plantean:

> "La prostitución debe entenderse como violencia sexual. Como tal, requiere respuesta sancionaría por parte del Estado. Bajo esta conceptualización, las mujeres prostituidas/en situación de prostitución son víctimas, al margen del nivel de autonomía, consentimiento o libertad en su decisión. Esta es así porque el punto de partida o los bienes jurídicos de protección son la dignidad humana y la integridad sexual, los cuales son irrenunciables y no dejan de vulnerarse porque el sujeto pasivo otorgue su consentimiento o no se considere víctima." (Luna, 2022)

Es decir, que muy a pesar del consentimiento, se plantea que la prostitución debe erradicarse teniendo en cuenta los siguientes argumentos:

En primer lugar, si lo que no se permite es que un tercero se lucre de la explotación sexual de otro, en la práctica, muy a pesar del consentimiento de la persona que presta el servicio sexual, siempre existen terceros lucrándose de dicha práctica, como lo son los dueños de los burdeles, de "los clubes privados", "los jefes de seguridad", "las o los organizadores de actividades de turismo sexual". Así las cosas, la prostitución, la explotación sexual y la trata de personas con fines de explotación sexual se encuentran íntimamente relacionados y deberían ser ilegales (Luna, 2022). La misma Corte Constitucional colombiana ha mencionado que "La prostitución y el mal que la acompaña: la trata de personas para fines de explotación, son incompatibles con la dignidad y el valor de la persona humana." (Colombia, Corte Constitucional, sentencia C-636 de 2009).

En segundo lugar, el caso de la prostitución, a los que prestan ese servicio, no se les hace sexo, ni se presta un trabajo (Luna, 2022):

> "En pocas palabras, sin importar que seas una acompañante de la clase alta o una prostituta de la calle, cuando estás en una cita, tienes que ponerte de rodillas o acostarte de espaldas y dejar que ese hombre use tu cuerpo de la manera que quiera. Para eso pagó. Fingir que la prostitución es un trabajo como cualquier otro daría risa si no fuera algo tan grave." (Evalina Giobbe y Venidnita Cater, citadas por Luna (2022)).

Teniendo en cuenta lo anterior, los traumas que deja la prostitución en las víctimas son tan grandes, que se asemejan al estrés postraumático que sufren los veteranos de guerra (Luna, 2022):

> "Se reitera que las principales secuelas producidas por la explotación sexual son la disociación y el estrés postraumático, pues en un ambiente extremadamente hostil y violento, las víctimas encuentran como mecanismo de defensa el escape de su cuerpo o realidad." (Luna, 2022).

De igual manera, las víctimas de la explotación sexual cuando logran salir de esa actividad, reconocen que el supuesto trabajo sexual, no es otra cosa que una violación serial (Luna, 2022), y que el mal llamado trabajo sexual, solo es una pantalla social para ocultar una cultura de la violación.

En tercer lugar, el encubrimiento del trabajo sexual, y las condiciones a las que son sometidas las víctimas de explotación sexual, generan su vulnerabilidad para ser objeto de trata de personas, y de que no se reconozcan como víctimas, llegando incluso a defender a sus victimarios reconociéndolos incluso como sus salvadores. Lo anterior se explica de la siguiente forma:

> "Las situaciones de vulnerabilidad, los abusos en la infancia, los contextos migratorios, vuelven más sencillo para los tratantes la selección y traslado de sus víctimas. Ahora, incluso bajo este panorama, la demanda es tanta que no hay suficientes mujeres vulnerables dispuestas a ser explotadas en la prostitución, por lo que también debe recurrirse a engaños, fuerza o secuestro de mujeres. La trata es un método de incorporación masiva a la prostitución, ambas se necesitan, aunque sean fenómenos distintos." (Luna, 2022).

Por último, a las víctimas en tales contextos como se dijo, no se reconocen como víctimas, pues han sido reclutadas, sacadas de situaciones de violencia, de pobreza, de abandono, y muchas veces consideran a sus reclutadores como sus salvadores. Igualmente, ante sus apremiantes y traumáticos parámetros morales y educativos, tergiversan valores con antivalores, y ante su única fuente de ingresos, reaccionan de forma defensiva, afirmando que es su opción de vida y que la aceptaron voluntariamente, lo cual, favorece a los proxenetas y a los traficantes de personas, pues les es difícil comprender modelos o alternativas diferentes a la violencia y al maltrato, que ya las tienen normalizadas, y forman parte permanente de su vida, así se explica este problema:

> "(…), a diferencia de lo esperado, las víctimas de explotación sexual, su mayoría no buscarán ayuda, no se reconocerán como víctimas, no estarán agradecidas con las autoridades que las rescaten, por el contrario, muchas de ellas van a defender sus explotadores, van a afirmar con todo un despliegue de falso

empoderamiento que son ellas quienes autónomamente se someten a la explotación sexual, que sus explotadores son sus protectores o sus víctimas." (Luna, 2022)

ANALISIS PONDERADO DEL PROBLEMA.

En relación con los planteamientos de la postura regulatoria y de la postura abolicionista, se encuentran muchos planteamientos a resolver.

Por una parte, la postura regulatoria implica la legalización de una actividad, a través de la regulación legal o administrativo, estableciendo los parámetros de lo que es legal y lo que no lo es. La comercialización de un derecho humano como lo es la libertad sexual y la integridad sexual, no cumplen con los parámetros generales de un trabajo, ni de una relación sexual afectiva.

La postura regulatoria genera con el concepto de trabajo sexual, y el consentimiento de la víctima, un constante peligro para el derecho de la dignidad, la integridad física y mental de las personas que prestan servicios sexuales, y genera un encubrimiento social frente a la trata de personas con fines de explotación sexual.

Por su parte el abolicionismo, plantea la anulación del consentimiento en los casos de comercio carnal, y la prohibición de su práctica, partiendo de la afectación a la dignidad humana, a la dignidad de la mujer, y la prohibición de la trata de personas.

Como se ve, no se fácil tomar una postura teniendo en cuenta los argumentos que se esgrimen y las consecuencias jurídicas de una y otra postura.

Por parte de la posición de regulación, no hay forma de hacer un argumento analógico entre el trabajo sexual y el trabajo común, pues el trabajo sexual requiere en todo momento del ejercicio de la libertad sexual de la persona que presta el servicio, y es muy difícil que el trabajador represente al empleador, o que el empleador pueda exigirle al trabajador en todo caso y en todo momento la prestación del servicio, pues vulneraría la libertad sexual del trabajador o trabajadora.

Que la postura de la abolición, generaría los mismos efectos de la penalización de la droga o la penalización del aborto, y es la desprotección de la víctima, y la mayor ganancia para los delincuentes que se lucran del comercio carnal.

El comercio carnal es una actividad que atiende a uno de los vicios de la humanidad que es el sexo. ¿Se puede prohibir el sexo? No, hace parte de nuestra esencia humana como una forma de relacionarse. ¿Puede prohibir la trata de personas? Si, es una de las prácticas de esclavitud que deben ser abolidas. Ahora bien, hay que entender que el sexo no es entendido por todas las personas como una relación socio-afectiva base de una relación de pareja o con un propósito reproductivo. El sexo también debe ser entendido como una necesidad fisiológica irrenunciable, como una fuente de placer connatural al ser humano, y que muchas personas lo practican como una actividad de recreación o de necesidad fisiológica o afectiva, y por varias razones, muchas personas prefieren pagar por sexo, que buscarlo en una relación socio-afectiva y por eso acuden al comercio carnal, en donde se encuentra la prostitución, el turismo sexual y la pornografía, en donde desafortunadamente, también podemos encontrar proxenetismo, abuso infantil y trata de personas, en otras palabras, formas de esclavitud sexual.

Así las cosas, no se puede pretender que la humanidad anule el sexo, tampoco podemos pretender que la humanidad solo tenga sexo para reproducirse, tampoco que tenga solo sexo en relaciones socio-afectivas. También hay que partir de la realidad de que ha personas que acuerdan un precio por tener sexo, y ha personas dispuestas a pagar por ver a otras desnudas o teniendo sexo, y que muy a pesar de la discusión sobre la verdadera libertad sexual de quién lo hace, hay personas dispuestas a recibir un pago por ello, y ganarse la vida de esa manera, el tema central es, cuáles deben ser las condiciones que no afecten la dignidad humana, y que no se conviertan en prácticas de esclavitud sexual.

17. EL COMERCIO CARNAL ILEGAL, EL PROXENETISMO, LA TRATA DE PERSONAS, LA PORNOGRAFÍA INFANTIL, LA PROSTITUCIÓN INFANTIL, Y EL TURISMO SEXUAL.

Por: Jorge Arturo Abello Gual

Uno de los temas de estudio sobre los delitos sexuales se concentra en formas de prostitución ilegal. La prostitución es un oficio legal, que tiene sus limitaciones.

Como primera medida es necesario hablar del consentimiento en el ejercicio de la prostitución. En efecto, el comercio carnal que implica la prostitución es la venta de un servicio a cambio de una contraprestación, y para ello, se requiere como de todo acto jurídico, un consentimiento de las partes.

Pero el consentimiento que se da por parte una trabajadora sexual, implica la disposición de su derecho de libertad sexual, que implica, decidir, con quién, cómo, cuando, y donde, de una relación sexual, y se encuentra a su vez unido con el derecho fundamental de que nadie se puede acceder al cuerpo de otro, sin su consentimiento, que es básicamente el mismo principio que sustenta el consentimiento informado que se aplica entre el médico y su paciente.

Dado entonces que se trata de un derecho fundamental, el consentimiento es también un derecho de toda persona, lo cual incluye a las trabajadoras sexuales, y por esta razón, y por su condición de ser humano, si una trabajadora se niega a prestar el servicio un día determinado, o con determinado cliente, o de participar en determinada forma o posición en un acto sexual, se encuentra en el ejercicio pleno de su derecho, y quién la obligue a lo contrario, y muy a pesar de haber pagado, estaría vulnerando su derecho a la libertad sexual, y estaría cometiendo un delito sexual, dependiendo el delito que se configure. Incluso, el consentimiento es un acto, que en caso de los delitos sexuales, requiere que se actualice en todo momento, por lo tanto, si a pesar de iniciarse una relación sexual, una de las personas dice no, o solicita que la otra se detenga, el consentimiento inicial desaparece, y la continuación del acto a pesar de la negativa, se vulnera igualmente la libertad sexual, y se configuraría un delito sexual.

Sobre el tema, también es necesario hacer una mención sobre la concepción feminista sobre el consentimiento en la prostitución. De acuerdo con la posición feminista, cuando la prostitución se ejerce por extrema necesidad, no puede existir consentimiento, lo cual iría acorde con una falta de voluntad consciente o libre, en virtud de una violencia estructural que genera situaciones de pobreza extrema y las condiciones óptimas para la explotación de la mujer como objeto, excluyéndola de sus calidades humanas.

Por otro lado, hay que señalar que un menor de 14 años no puede consentir una relación sexual por mandato legal, por lo tanto, el comercio carnal en menores de 14 años se encuentra terminantemente prohibido.

Ahora bien, el comercio carnal con mayores de 14 y menores de 18, también se encuentra prohibido, y se castiga con pena, a las personas que induzcan o coaccionen a menore para ejercer el comercio carnal[115], que organicen o administren negocios en los que se realice el comercio carnal o la explotación de menores[116], así como el que realice pornografía con menores de edad[117], u organice actividades turísticas

---

[115] ARTICULO 213. INDUCCION A LA PROSTITUCION. <Artículo modificado por el artículo 8 de la Ley 1236 de 2008. El nuevo texto es el siguiente:> El que con ánimo de lucrarse o para satisfacer los deseos de otro, induzca al comercio carnal o a la prostitución a otra persona, incurrirá en prisión de diez (10) a veintidós (22) años y multa de sesenta y seis (66) a setecientos cincuenta (750) salarios mínimos legales mensuales vigentes.
ARTÍCULO 213-A. PROXENETISMO CON MENOR DE EDAD. <Artículo adicionado por el artículo 2 de la Ley 1329 de 2009. El nuevo texto es el siguiente:> El que con ánimo de lucro para sí o para un tercero o para satisfacer los deseos sexuales de otro, organice, facilite o participe de cualquier forma en el comercio carnal o la explotación sexual de otra persona menor de 18 años, incurrirá en prisión de catorce (14) a veinticinco (25) años y multa de sesenta y siete (67) a setecientos cincuenta (750) salarios mínimos legales mensuales vigentes.
ARTICULO 214. CONSTREÑIMIENTO A LA PROSTITUCIÓN. <Artículo modificado por el artículo 9 de la Ley 1236 de 2008. El nuevo texto es el siguiente:> El que con ánimo de lucrarse o para satisfacer los deseos de otro, constriña a cualquier persona al comercio carnal o a la prostitución, incurrirá en prisión de nueve (9) a trece (13) años y multa de sesenta y seis (66) a setecientos cincuenta (750) salarios mínimos legales mensuales vigentes.
[116] ARTICULO 217. ESTIMULO A LA PROSTITUCION DE MENORES. <Artículo modificado por el artículo 11 de la Ley 1236 de 2008. El nuevo texto es el siguiente:> El que destine, arriende, mantenga, administre o financie casa o establecimiento para la práctica de actos sexuales en que participen menores de edad, incurrirá en prisión de diez (10) a catorce (14) años y multa de sesenta y seis (66) a setecientos cincuenta (750) salarios mínimos legales mensuales vigentes.
La pena se aumentará de una tercera parte a la mitad cuando el responsable sea integrante de la familia de la víctima.
[117] ARTICULO 218. PORNOGRAFÍA CON PERSONAS MENORES DE 18 AÑOS. <Artículo modificado por el artículo 24 de la Ley 1336 de 2009. El nuevo texto es el siguiente:> El que fotografíe, filme, grabe, produzca, divulgue, ofrezca, venda, compre, posea, porte, almacene, trasmita o exhiba, por cualquier medio, para uso personal o intercambio, representaciones reales de actividad sexual que involucre persona menor de 18 años de edad, incurrirá en prisión de 10 a 20 años y multa de 150 a

que incluyan actos sexuales con menores de 18 años[118], y también quién demande el servicio de comercio carnal con menores de 18 años. Así las cosas, si bien es cierto, los menores de edad entre los 14 y 18 sí pueden consentir una relación sexual, no pueden ser utilizados o explotados sexualmente en el comercio carnal, ni por proxenetas, ni por los propios clientes, a los cuales se les castiga con penas de prisión, y sobre este punto cabe citar textualmente el artículo 217ª del código penal:

> ARTÍCULO 217-A. DEMANDA DE EXPLOTACIÓN SEXUAL COMERCIAL DE PERSONA MENOR DE 18 AÑOS DE EDAD. <Artículo adicionado por el artículo 3 de la Ley 1329 de 2009. El nuevo texto es el siguiente:> El que directamente o a través de tercera persona, solicite o demande realizar acceso carnal o actos sexuales con persona menor de 18 años, mediante pago o promesa de pago en dinero, especie o retribución de cualquier naturaleza, incurrirá por este sólo hecho, en pena de prisión de catorce (14) a veinticinco (25) años.
>
> PARÁGRAFO. El consentimiento dado por la víctima menor de 18 años, no constituirá causal de exoneración de la responsabilidad penal.

Está claro entonces, que el legislador decidió penalizar el comercio carnal de menores de 18 años, no castigando a los menores, sino a las personas que organicen el negocio, y a los mismos clientes directos o indirectos del negocio.

1.500 salarios mínimos legales mensuales vigentes.
Igual pena se aplicará a quien alimente con pornografía infantil bases de datos de Internet, con o sin fines de lucro.
La pena se aumentará de una tercera parte a la mitad cuando el responsable sea integrante de la familia de la víctima.
[118] ARTICULO 219. TURISMO SEXUAL. <Artículo modificado por el artículo 23 de la Ley 1336 de 2009. El nuevo texto es el siguiente:> El que dirija, organice o promueva actividades turísticas que incluyan la utilización sexual de menores de edad incurrirá en prisión de cuatro (4) a ocho (8) años. La pena se aumentará en la mitad cuando la conducta se realizare con menor de doce (12) años.

Dentro de este tema del comercio carnal ilegal, cabe también hacer referencia a los delitos de instigación y constreñimiento a la prostitución. La persona que instiga es aquella que realiza todos los actos dirigidos a que una persona se dedique al comercio carnal, es una persona que convence, y da las razones de peso, para que una persona se dedique a esta actividad. Son entonces las personas que utilizan todos los argumentos y artimañas para convencer a una persona para que preste sus servicios en el comercio carnal, como por ejemplo:

> "Mira que tu eres bonita, cualquier hombre se volvería loco por ti, y pagaría un buen precio por estar contigo; en una horita te puedes ganar lo que te ganarías en un mes; mira que la vas a pasar bien, hay una fiesta, te diviertes, dan buena comida, buen trago, y lo único que tienes es que ser buena con los clientes; en dos horitas puedes conseguir la plata de tu matrícula; ese tipo es buen cliente, paga bien, trata bien y ayuda a todas las niñas que son buenas con él; por un ratico, puedes resolver los problemas económicos de tu familia."

La instigación a la prostitución es un trabajo de reclutamiento dirigido a convencer a una persona a prestar servicios sexuales a otra, e implica todo un adoctrinamiento y acompañamiento para garantizar su cometido. En estos casos el instigador, es un reclutador que utiliza la lógica para convencer, y es insistente hasta lograr su objetivo.

Por otra parte, se encuentra el que constriñe a la prostitución, este ya no busca argumentos lógicos para convencer, sino que utiliza la coacción, la fuerza, la intimidación y el chantaje para obligar a una persona a dedicarse al comercio carnal. El constreñimiento implica la amenaza cierta y creíble de realizar un mal futuro, para lograr que otra persona acceda a lo que ella quiere, y en este caso, es que una persona ofrezca servicios sexuales a otra. En estos casos se presentan amenazas dirigidas a causar un daño a la víctima o a su familia, como amenazas de muerte o de lesiones personales; también se presenta con el chantaje, de que si no tienes relaciones con el cliente, publico determinado video o información íntimo, o no te pago, o pierdes el trabajo, o no te doy drogas o dinero. En algunos casos se presenta hasta el secuestro de un ser querido para obligar a una persona a prostituirse.

Así por ejemplo, si una trabajadora sexual no quiere trabajar un día, y se le presentan en la casa a buscarla para que trabaje a la fuerza, estamos frente al delito de constreñimiento. Si la trabajadora sexual manifiesta que no quiere tener relacione sexuales con determinado cliente, y la obligan, se configuraría también el delito de constreñimiento a la prostitución. Si una trabajadora sexual decide no participar en determinada actividad sexual, y la obligan a participar, también se estaría configurando el delito de constreñimiento a la prostitución. En los anteriores casos, también se podría presentar un acceso carnal violento, si en efecto se presenta violencia o intimidación para acceder sexualmente a la víctima. Ahora bien, si la trabajadora sexual es constreñida por el proxeneta y no le manifiesta nada al cliente, este estaría bajo un error de tipo, pero igualmente, el proxeneta respondería por el constreñimiento a la prostitución.

Ahora bien, también se puede presentar que la víctima sea filmada en contra de su voluntad, teniendo relaciones sexuales, con el fin de divulgarlas posteriormente dentro de la industria pornográfica o divulgarla en las redes sociales. En estos casos, existe una violación al derecho de la libertad sexual en relación con el cómo, pues no existe el permiso de grabar la relación sexual, y podría presentarse una violación. En caso de ser coaccionada u obligada existiría el delito de acceso carnal violento, y en caso de que la grabación sea clandestina y la persona no sepa que está siendo grabada, se utilice una artimaña o engaño, también existiría una violación al derecho de la libertad sexual, en relación con el cómo, y el engaño sería el medio utilizado por el victimario para colocar a la victima en incapacidad de resistir, pues al desconocer ésta, que esta siendo filmada, no tuvo la oportunidad de dar su consentimiento, y podría configurarse un acceso carnal en persona puesta en incapacidad de resistir[119]. Además, si el video se publica en contra de su voluntad, o sin mediar su voluntad, se configuraría el delito de violación de datos personales[120].

En estos casos de constreñimiento a la prostitución, si el proxeneta es plenamente consciente de su actuar ilegal en contra de la víctima, y de que la víctima no ha prestado su consentimiento libremente, por causa de su coacción, se puede plantear, que además del constreñimiento a la prostitución, se le puede imputar el acceso carnal violento, por comisión por omisión, como lo establece el artículo 25 del Código penal[121],

---

[119] ARTICULO 207. ACCESO CARNAL O ACTO SEXUAL EN PERSONA PUESTA EN INCAPACIDAD DE RESISTIR. <Artículo modificado por el artículo 3 de la Ley 1236 de 2008. El nuevo texto es el siguiente:> El que realice acceso carnal con persona a la cual haya puesto en incapacidad de resistir o en estado de inconsciencia, o en condiciones de inferioridad síquica que le impidan comprender la relación sexual o dar su consentimiento, incurrirá en prisión de doce (12) a veinte (20) años.
Si se ejecuta acto sexual diverso del acceso carnal, la pena será de ocho (8) a dieciséis (16) años

[120] ARTÍCULO 269F. VIOLACIÓN DE DATOS PERSONALES. <Artículo adicionado por el artículo 1 de la Ley 1273 de 2009. El nuevo texto es el siguiente:> El que, sin estar facultado para ello, con provecho propio o de un tercero, obtenga, compile, sustraiga, ofrezca, venda, intercambie, envíe, compre, intercepte, divulgue, modifique o emplee códigos personales, datos personales contenidos en ficheros, archivos, bases de datos o medios semejantes, incurrirá en pena de prisión de cuarenta y ocho (48) a noventa y seis (96) meses y en multa de 100 a 1000 salarios mínimos legales mensuales vigentes.

[121] ARTICULO 25. ACCION Y OMISION. La conducta punible puede ser realizada por acción o por omisión.
Quien tuviere el deber jurídico de impedir un resultado perteneciente a una descripción típica y no lo llevare a cabo, estando en posibilidad de hacerlo, quedará sujeto a la pena contemplada en la respectiva norma penal. A tal efecto, se requiere que el agente tenga a su cargo la protección en concreto del bien jurídico protegido, o que se le haya encomendado como garante la vigilancia de una determinada fuente de riesgo, conforme a la Constitución o a la ley.
Son constitutivas de posiciones de garantía las siguientes situaciones:

1. Cuando se asuma voluntariamente la protección real de una persona o de una fuente de riesgo, dentro del propio ámbito de dominio.

2. Cuando exista una estrecha comunidad de vida entre personas.

3. Cuando se emprenda la realización de una actividad riesgosa por varias personas.

4. Cuando se haya creado precedentemente una situación antijurídica de riesgo próximo para el bien jurídico correspondiente.

PARAGRAFO. Los numerales 1, 2, 3 y 4 sólo se tendrán en cuenta en relación con las conductas punibles delictuales que atenten contra la vida e integridad personal, la libertad individual, y la libertad y formación sexuales.

pues el páragrafo dispone que las posiciones de garante se aplicaran para delitos contra la libertad y formación sexual, y entre esas posiciones de garante se encuentra:

> "Cuando se haya creado precedentemente una situación antijurídica de riesgo próximo para el bien jurídico correspondiente."

Lo anterior, significa que, si una persona ha creado un riesgo antijurídico previo, y no actúa para evitar un resultado contenido en un tipo penal, estando en posibilidad de hacerlo, respondería como si lo hubiere hecho. En el presente caso, haber constreñido a la víctima para ser accedida carnalmente en contra de su voluntad, configura la creación de una situación antijurídica de riesgo próximo para el bien jurídico de la libertad sexual, por lo que, al permitir que otra persona acceda a una persona constreñida previamente por el proxeneta, haría responder a este por el acceso carnal violento por comisión por omisión.

Ahora bien, esta postura generaría la discusión de que se podría estar violando el principio del nem bis in idem, en el entendido de que se estaría castigando doblemente a una persona por una misma conducta, y frente a los criterios de eliminación de concursos de conductas punibles, se podría argüir la aplicación del principio de especialidad del derecho penal, en el entendido de que se debería aplicar el tipo penal más especial, es decir aquel que describa de manera más completa la conducta del mundo real.

Por otro lado, también se podría argüir que en virtud del principio de consunción, deberá aplicarse el tipo penal más grave, y que incluya el tipo penal menos grave, absorbiendo el primero al segundo, como ocurría en el caso de un caso de tentativa de homicidio, que absorbería las lesiones personales. Así las cosas, se tendría que el acceso carnal violento por comisión por omisión absorbería el tipo penal de constreñimiento a la prostitución.

Otra mención especial merece el delito de trata de personas contemplado en el artículo 188 A del Código penal de la siguiente forma:

> ARTÍCULO 188-A. TRATA DE PERSONAS. <Artículo modificado por el artículo 3 de la Ley 985 de 2005. El nuevo texto es el siguiente:> El que capte, traslade, acoja o reciba a una persona, dentro del territorio nacional o hacia el exterior, con fines de explotación, incurrirá en prisión de trece (13) a veintitrés (23) años y una multa de ochocientos (800) a mil quinientos (1.500) salarios mínimos legales mensuales vigentes.
>
> Para efectos de este artículo se entenderá por explotación el obtener provecho económico o cualquier otro beneficio para sí o para otra persona, mediante la explotación de la prostitución ajena u otras formas de explotación sexual, los trabajos o servicios forzados, la esclavitud o las prácticas análogas a la esclavitud, la servidumbre, la explotación de la mendicidad ajena, el matrimonio servil, la extracción de órganos, el turismo sexual u otras formas de explotación.
>
> El consentimiento dado por la víctima a cualquier forma de explotación definida en este artículo no constituirá causal de exoneración de la responsabilidad penal.

Este delito, inicialmente se contempló como un delito sexual, y luego pasó a un delito en contra de la libertad individual, para ampliar su campo, no solo a la explotación y esclavitud sexual, sino también a formas de esclavitud, servidumbre y explotación laboral.

El delito de trata de personas es un crimen internacional, y realmente busca que ninguna persona se le excluya su condición de ser humano, y se le trate como un objeto. El delito busca castigar todo acto que implique el comercio de personas, y el trato de personas como bienes sin condición de persona humana. De esta forma se busca combatir las mafias que comercian con personas en todo el mundo, y una de esas formas de comercio, es el comercio carnal y la esclavitud sexual.

Desde el punto de vista del comercio carnal ilegal, la trata de personas condena a las organizaciones criminales, que secuestran personas para prostituirlas dentro de un mismo país o en un país diferente al país de origen, así como también, aquellos actos en los que se ofrece un trabajo para las víctimas, y al momento de llegar al lugar de trabajo, o al lugar donde tienen que prestar su servicios, terminan siendo secuestradas y esclavizadas para ofrecer servicios sexuales en contra de su voluntad.

Como se puede ver también, el matrimonio servil es una de conductas contenidas dentro de la trata de personas, que implica ofrecer a una persona en matrimonio sin que medie su voluntad, y obteniendo algún beneficio económico. De esta manera, se configuraría una trata de personas en casos como el de ciertas comunidades indígenas que ofrecen a sus hijas en matrimonio, a cambio de una compensación económica[122]. En Europa se han presentado casos de ofrecimiento de mujeres rusas o ucranianas en matrimonio, también a cambio de compensaciones económicas.

18.   CASO DE LA MADAME EN CARTAGENA.

En efecto, uno de los casos más sonados en Colombia sobre proxenetismo es el caso de la Madame en Cartagena, sobre el cual,

---

[122] EL HERALDO. Procurador denunció caso de Fabio Zuleta contra mujeres wayuu. En la siguiente pagina web: https://www.elheraldo.co/colombia/procurador-denuncio-caso-de-fabio-zuleta-contra-mujeres-wayuu-729566 consultada el 11 de Noviembre de 2020.

solo para ilustración nos permitimos citar una noticia que resume los hechos, para luego realizar un análisis jurídico:

"A un año de haber estallado el mayor escándalo de prostitución sexual en Cartagena, la protagonista Liliana del Carmen Campos Puello, alias La Madame, cerró un trato con la Fiscalía. La mujer es reconocida como la más afamada proxeneta de la costa, posición que logró a través de la creación de una red en la que también participaron su padre y su esposo. Los tres aceptaron este jueves los cargos de la Fiscalía al haberse dedicado a la explotación y esclavitud sexual de decenas de mujeres en Cartagena.

El Juzgado Segundo Penal Especializado de Cartagena avaló el preacuerdo por lo que La Madame pagará 98 meses de prisión. Actualmente, la mujer se encuentra recluida en la cárcel de San Diego en el centro de la Ciudad Amurallada de Cartagena. Estaba a la espera de que se resolviera el juicio en su contra, en el cual se le imputaron los delitos de trata de personas, concierto para delinquir e inducción a la prostitución. Los procesados terminaron negociando por aceptar los cargos de trata de personas y concierto para delinquir, por lo que se enfrentaran a penas de hasta 98 meses de prisión.

La academia de La Madame dedicada a la presunta explotación sexual

Según la investigación, Gustavo Adolfo Ruiz, esposo de La Madame, era quien coordinaba eventos sexuales y sabía cuándo y cómo era la manera de cobrar en cada servicio; mientras que su padre, Carlos Enrique Campo Caballero, era quien se encargaba de informar a su hija de los movimientos de las mujeres explotadas sexualmente.

La Madame apoyada en su familia montó un sistema para ofrecer mujeres a través de catálogos que al parecer era distribuido a turistas y a clientes en el exterior. Algunos de sus servicios los prestaba en hoteles, fiestas y yates de Cartagena; otras mujeres eran enviadas al exterior.

En estos últimos casos, dice la Fiscalía, las jóvenes eran contratadas en los barrios de Cartagena y les hacían ofrecimientos laborales en el extranjero, especialmente en las islas del Caribe. Esta red de prostitución al parecer las ayudaba con los trámites para obtener los documentos y les daban un auxilio en dólares para su manutención los primeros días. Sin embargo, a su llegada las jóvenes eran despojadas de sus documentos, las encerraban y las explotaban sexualmente."[123]

También cabe mencionar, cómo la organizadora de eventos sexuales en Cartagena justificaba su actuar:

"ella dio una oportunidad a mujeres mayores de edad para que voluntariamente pudieran ser modelos y damas de compañía, y pudieran ganar un dinero que jamás hubieran logrado de otra forma, en las fiestas y eventos que ella coordinaba"[124].

Sobre el caso, se plantea una discusión jurídica, y es si no hay prueba de que la organización dirigida por la Madame haya realizado eventos sexuales con menores de edad[125], si todas las mujeres que vivían en los burdeles administrados por la Madame[126], eran mayores de edad y ejercían la prostitución de manera legal y con su consentimiento.

---

[123] REVISTA SEMANA. Sección judicial. La Madame, acorralada por las evidencias, admite su perversión. En la siguiente página web: https://www.semana.com/nacion/articulo/la-madame-acorralada-por-las-evidencias-admite-su-perversion/633527/ consultada el 11 de Noviembre de 2020.

[124] Ob. Cit.

[125] No obstante, las autoridades no cuentan con pruebas de que 'La Madame' hubiera explotado sexualmente a menores de edad.
Así lo sostuvo la primera fiscal del caso en diálogo con este diario, y así lo corrobora el abogado de la defensa, Iván Díaz Sabbag: "La fiscalía no tiene pruebas de que hubo menores involucradas. Eso es lo que hasta ahora la salva". EL TIEMPO. Caso 'Madame': lo que debe saber del juicio que comienza hoy. En la siguiente página web: https://www.eltiempo.com/colombia/otras-ciudades/juicio-contra-la-madame-investigacion-pruebas-y-su-defensa-400160 consultada el 11 de Noviembre de 2020

[126] Para ofrecer a su sequito de modelos prepago, Liliana del Carmen había alquilado dos casas

Como se dijo anteriormente, la prostitución es una actividad legal, que tiene sus límites, entre ellos, que no se ofrezca al comercio carnal menores de 18 años. Igualmente, tampoco es legal ni el reclutamiento por inducción, ni el constreñimiento por amenaza o violencia.

Si una mujer mayor de 18 años, acude a un establecimiento o a una persona, para ofrecer servicios sexuales, a cambio de ser contratada y ser promocionada para el comercio carnal o para actividades de turismo sexual, no existe delito, incluso si se tratare de servicios en el exterior.

Ahora bien, como ocurre en el caso, al demostrar que las mujeres eran encerradas, despojadas de sus documentos y esclavizadas sexualmente, se configuraría un delito de trata de personas, y de probarse la coacción, se estaría configurando el delito de constreñimiento a la prostitución. En el caso de la instigación a la prostitución, habría que estudiar a cada mujer para evidenciar si fue un ofrecimiento voluntario de prestar servicios sexuales como trabajadora sexual, o existió un proceso de reclutamiento y una labor de convencimiento. Igualmente, habría que analizar en cada caso en particular, si las trabajadoras sexuales en algún momento posterior a vincularse voluntariamente a la prostitución, luego fueron coaccionadas, y hay que analizar que en caso de dependencia económica absoluta, que son aquellos casos de las trabajadoras sexuales que vivían en bienes de la red de prostitución de La Madame, en algún momento, fueron amenazadas con ser desalojadas o de perder beneficios como la alimentación, vestuario o salud.

Sobre el mismo caso, quedaría la posibilidad de proponer que, dado el hecho previo de la trata de personas o el constreñimiento a la prostitución, se podría imputar un delito de acceso carnal violento por

---

(una en el barrio Crespo y la otra en Manga) donde vivían unas 50 jovencitas que ejercían la prostitución, coordinadas por 'La Madame'. Ambas viviendas fueron allanadas por las autoridades. Ob. Cit.

comisión por omisión, en virtud de la posición de garante configurada por un hecho antijurídico previo.

19. LA POSICIÓN DE GARANTE EN LOS DELITOS SEXUALES

El artículo 25 del Código penal prevé que todos los delitos pueden cometerse por acción o por omisión. Y cuando se trata de una omisión impropia o una comisión por omisión, el autor debe tener el deber jurídico de impedir un resultado contenido en un tipo penal, y tener la posibilidad de evitarlo, cuando de conformidad con la ley tenga a su cargo la protección de un bien jurídico o la vigilancia de una fuente de riesgo.

También contempla 4 posiciones de garante:

1. Cuando se asuma voluntariamente la protección real de una persona o de una fuente de riesgo, dentro del propio ámbito de dominio.

2. Cuando exista una estrecha comunidad de vida entre personas.

3. Cuando se emprenda la realización de una actividad riesgosa por varias personas.

4. Cuando se haya creado precedentemente una situación antijurídica de riesgo próximo para el bien jurídico correspondiente.

Estas posiciones de garante, según la norma citada son aplicables en los delitos contra la libertad y formación sexual.

El anterior artículo abre la posibilidad de que ciertas personas que no realicen el acto de acceder carnalmente a otra persona o acto sexual diverso al acceso carnal, puedan responder como si lo hubieran hecho, cuando teniendo la posibilidad de evitar que se cometiera el hecho no lo hubiesen hecho.

A partir de lo anterior, si una madre o padre, abuelo o abuela, o familiar con el cual la victima tenga una estrecha comunidad de vida, permite que accedan carnalmente a su hijo, nieto o familiar, teniendo la posibilidad de evitarlo, respondería como autor por comisión por omisión de un delito de acceso carnal, y ello por al configurarse la posición de garante de la estrecha comunidad de vida.

Igualmente, si una autoridad pública, o un miembro de la fuerza pública que tiene la obligación de proteger la vida, honra y bienes de los ciudadanos, presencia cómo un depravado accede carnalmente a una persona, y teniendo la posibilidad de evitarlo no lo hace, también respondería como autor de un acceso carnal violento por comisión por omisión, y ello ocurriría al configurarse la posición de garante de la protección de un bien jurídico de conformidad con la ley, o la asunción voluntaria de la protección de un bien jurídico, en el momento en que aceptó la posesión del cargo público y todos los deberes que de este se derivan.

En igual sentido si un profesor o profesora descubre que un compañero profesor o que otro estudiante, ha drogado a una estudiante para accederlo, aprovechando su estado de indefensión, y teniendo la posibilidad de evitarlo no lo hace, también respondería como autor de un acceso carnal violento por comisión por omisión, al configurarse la posición de garantía de la asunción voluntaria de la protección de un bien jurídico, al aceptar el cargo de profesor y tener que velar por la protección de los estudiantes del centro de educación.

En los casos en que familiares y amigos, de personas que se encuentran en estado de embriaguez o alguna sustancia o droga, y que se encuentre en evidente estado de indefensión, y que teniendo la posibilidad, no evitara que otro amigo o familiar acceda carnalmente a la persona que se encuentra en tal estado, también respondería como autor por comisión por omisión de acceso carnal en persona puesta en incapacidad de resistir, cuando se configure las causales de estrecha comunidad de vida, o asunción voluntaria de la protección de un bien jurídico.

El carcelero que conoce que varios reclusos van a violar a un recluso, y a pesar de tener la posibilidad de evitarlo, no lo hace, respondería como autor por comisión por omisión de un acceso carnal violento, por haber asumido voluntariamente la protección de un bien jurídico, como lo sería la vida e integridad física de los internos de la prisión, al momento de aceptar el cargo como guardián.

El guardia de seguridad, el médico de turno o las enfermeras de turno que conozcan que un médico o enfermero va a acceder carnalmente a una paciente en estado de coma o en estado de indefensión por algún medicamento sedante, y teniendo la posibilidad de evitarlo no lo hicieran, también responderían como autor de un acceso carnal por comisión por omisión, si se configura la posición de garante de la asunción voluntaria de la protección de un bien jurídico. Igualmente pasaría con los médicos, guardias de seguridad y enfermeras de un centro psiquiátrico, cuando pudiesen conocer que, a un paciente con trastorno mental, va a ser accedido carnalmente por otro paciente, médico o funcionario del establecimiento psiquiátrico.

Si el capitán, general o coronel, llevan a su tropa a una operación militar, y evidencian que uno de sus soldados va a violar a una mujer de la población civil, y teniendo la posibilidad de evitarlo no lo hace, respondería ese jefe militar como autor de un delito de acceso carnal violento por comisión por omisión, al configurarse la posición de garante de la vigilancia de una fuente de riesgo que es la tropa de conformidad con la Ley, o la asunción voluntaria de la vigilancia de una fuente de riesgo. Igual ocurriría con un jefe de un grupo al margen de la Ley con organización jerárquica.

Si un grupo de asaltantes ingresa a un establecimiento de comercio, o a una casa, y retienen a las personas que se encuentra en el sitio, para realizar un hurto, y en determinado momento uno de los asaltantes decide violar a una mujer que está retenida, y los otros observan la escena, sin hacer nada, o apoyando al compañero, responderían como autores por comisión por omisión, del delito de acceso carnal violento, al configurarse la posición de garante de la creación de un riesgo jurídico precedente para el bien jurídico.

Así por ejemplo si una abuela, constriñe a su nieta mayor de edad, que depende de ella económicamente, para que tenga relaciones con un hombre, y la abuela cobra por los servicios de la menor, y la ofrece a varios conocidos, encontramos, un constreñimiento a la prostitución por un lado, y por el otro, la posición de garante de estrecha comunidad vida, y en la cual se podría imputar el delito de acceso carnal violento por comisión por omisión, habiendo la posibilidad de solo imputar el delito de acceso carnal violento arguyendo, que este delito por el principio de consunción absorbiendo el delito menos grave como lo es el constreñimiento a la prostitución.

Otro ejemplo, es de aquel padre que coacciona a la empleada de servicio para que su hijo la acceda carnalmente, se presentará un acceso carnal violento por comisión por omisión, si se realiza una coacción relacionada con no pagarle parte o la totalidad del sueldo, de suspender otros beneficios como la alimentación, el vestuario u otra forma de coacción, que configuraría la posición de garante de la creación de riesgo antijurídico previo. Ahora bien, si el hijo es menor de 14 años, habría un doble delito, pues estaríamos ante un acceso carnal violento de la empleada por comisión por omisión, pero a su vez, respecto del hijo, se configuraría un acceso carnal abusivo en menor de 14 años, por comisión por omisión, configurándose una posición de garante, por estrecha comunidad de vida. En este caso, como sabemos los menores de 14 años no podrían consentir una relación sexual, y si el padre del hijo propicia la relación sexual, e induce a su hijo, y constriñe a la empleada, estaría violando el derecho de libertad sexual de ambos. Además, el padre actuaría como autor mediato de la empleada, al anularle a través de coacción su voluntad, por lo que la empleada sería un mero instrumento y quedaría exonerada de responsabilidad.

## 20.	EL CASO DEL SAFARI DEL SEXO EN CARTAGENA.

En el caso conocido como el safari del sexo, en el que una red de trata de personas en Cartagena, secuestraba mujeres jóvenes, las drogaban, y las llevaban para una finca, donde convocaban a extranjeros para realizar una cacería que consistía, en soltar a las menores drogadas por una finca, para que los extranjeros las cazaran, luego las violaban, y luego de ello, no volvían a aparecer[127]. El hecho fue descrito por una testigo de la siguiente forma:

> Alma" explicó que el aberrante "negocio", denominado el "Tour de la Violación", es dirigido por ciudadanos israelíes que contactan a menores de edad y a jóvenes de 18 años a las que les ofrecen ganar dinero ejerciendo la prostitución. "Les dicen que van a estar concentradas en una casa a la que llegarán los clientes y una vez allí les informan que los clientes están en una finca".

> La testigo manifestó que las preparan durante el día para la "cacería". "Les dan mucha marihuana; esta hierba da mucha hambre y sed, pero a ellas no les dan comida solo agua y en el

---

[127] En EL DIARIO UNIVERSAL. Hacen grave denuncia sobre un "Tour de la Violación" en cercanías a Cartagena. En la siguiente página web: https://www.eluniversal.com.co/sucesos/hacen-grave-denuncia-sobre-un-tour-de-la-violacion-en-cercanias-cartagena-273725-NCEU388522, consultado el 12 de Noviembre de 2020.

agua les echan una droga que sirve para estimular el apetito sexual en los animales. Ellas ignoran que el agua contiene esa sustancia. Cuando ya están fuera de control empieza la persecución al mejor estilo de un safari".

La mujer precisó que son entre cinco o diez jovencitas perseguidas por un número de hombres que hasta las pueden triplicar en cantidad. "Cuando alcanzan una la violan entre varios; les hacen de todo y ellas no saben nada porque están fuera de sí por causa de la droga que les han suministrado durante todo el día. la 'caza' se hace durante la madrugada".

Al ser preguntada por lo que pasa luego con las jóvenes y cuestionada de que en Cartagena no se conociese el caso de niñas desaparecidas, la mujer respondió: "Lo que sucede es que la persona que es conocida es la que se busca, pero al que nadie conoce, nadie lo busca".

"Alma" expresó que se atrevía a hacer la denuncia para poner en alerta a las autoridades y a las jóvenes que se "someten" a trabajar como prostitutas, pero que no hacía una denuncia formal por miedo. "Cuando una joven se somete a ser prostituta es porque le falta algo, necesita dinero para su familia, no es para ser violada ni para que le den droga sin su consentimiento", aseveró[128].

En estos casos, además de configurarse un delito de secuestro, se presenta una trata de personas, y al configurarse una posición de garante, de una situación antijuridica precedente para el bien jurídico, por el secuestro y la trata de personas, responderían por las violaciones sexuales por comisión por omisión, además de actuar en coautoría de los delitos de homicidio o desaparición forzada, dependiendo si se encuentra o no los cuerpos de las víctimas.

---

[128] Ibíd.

21. RETOS DEL DERECHO PENAL EN LA PROTECCION A LA FAMILIA, LA MUJER Y LA INTIMIDAD EN LA PANDEMIA DURANTE LA PANDEMIA DEL COVID-19

Por: Jorge Arturo Abello Gual y Johanna Bula Carreño.

INTRODUCCIÓN

Desafortunadamente en estos tiempos de la pandemia del Covid 19, los actos criminales no paran y, en definitiva, existe una mayor indefensión de las víctimas en razón de las circunstancias que genera el confinamiento en los hogares y la suspensión de la protección judicial por el otro.

Cuando hablamos del derecho penal, nos encontramos con las conductas que más afectan a la sociedad, y cuando nos encontramos en esta época de pandemia, obvio que la actividad delictiva puede bajar, porque hasta los delincuentes tuvieron que resguardarse, y por otro lado, ya no encontraban a nadie en las calles, ni en las empresas a quién causar algún daño.

Sin embargo, no todos los delitos se producen en la calle, hay muchos que se pueden cometer desde los hogares y son igualmente graves y relevantes. En este artículo estudiaremos varios de los delitos que se han aumentado durante la pandemia.

Los actos criminales, no paran, ni siquiera con ocasión del confinamiento obligatorio a causa del covid-19, por el contrario, muchos de ellos encuentran en este periodo un crecimiento exponencial como son los de violencia intrafamiliar, feminicidios, producción y consumo de pornografía infantil, corrupción, entre otros.

La idea de este trabajo, es desarrollar y explicar alguno de estos delitos, para entender los nuevos retos que tiene el derecho penal, frente al confinamiento obligatorio de la población, debido a la pandemia del Covi-19.

1. VIOLENCIA INTRAFAMILIAR.

Los casos de violencia intrafamiliar aumentaron por lo menos en Colombia, de acuerdo con el boletín del observatorio colombiano para las mujeres, en 142% (Semana, 2020; Betín;2020), según dicha institución:

> "...los casos de violencia intrafamiliar representaron cerca del 76% de las 2.209 llamadas recibidas entre el 25 de marzo y el 11 de abril de este año, lo que significó un promedio diario de 122,7 llamadas, muy superior a las 53,5 llamadas diarias registradas en el mismo periodo del año pasado." (El Heraldo, 2020)

Es obvio que si el confinamiento en las casas implica la convivencia en todo momento con el núcleo familiar, sin momentos de dispersión y alejamiento, y sometidos a la incertidumbre social y económica (Agustina, 2010, p.111) de lo que va a ocurrir en el futuro, los ánimos y las sensibilidades generan roces en el núcleo familiar, y si además de ello, se le suman antecedentes de maltrato, abuso y malas relaciones de convivencia en general, la situación en el confinamiento va a generar un estallido de emociones que desemboca en la violencia intrafamiliar.

Las parejas que llegaban a la casa solo a comer y dormir, y que perdieron la chispa del amor; las parejas que llevaban una mala relación y más es lo que discuten que lo que viven en armonía; las parejas que tienen problemas de infidelidad, en estos tiempos son algunos ejemplos claros de conflictos que llevan a la violencia intrafamiliar, que puede desencadenar delitos más graves como las lesiones personales, el acceso carnal violento, e incluso el homicidio.

Igualmente, se ven casos de violencia intrafamiliar entre padres e hijos. Los padres que llevan malas relaciones con sus hijos, como los que guardan grandes distancias y los ignoran, y los padres agresivos, que generan un verdadero caos en los hogares. Igualmente, los casos de los hijos que se encuentran en esa etapa rebelde de la pubertad, los bebés, y los que sufren alguna adicción, en estos momentos son personas que detonan la violencia intrafamiliar.

La gran problemática de este delito es que no se denuncia, ya sea por vergüenza de que la familia, o los amigos sepan los problemas que existen en el hogar; o muchas veces por el miedo y la intimidación que realiza el propio abusador en estos casos.

En los casos de violencia intrafamiliar, las personas con un claro perfil agresivo, que su forma de relacionarse con los demás es a través del sometimiento, utilizan no solo su fuerza física para obtener sus resultados. En muchas ocasiones el agresor, solo requiere humillar e insultar a la víctima para obtenerlo, y es aquí donde se desata otra violencia, que es la violencia tolerada, porque no se traduce en violencia física. La agresividad se manifiesta de muchas maneras, y una de ellas, es la violencia psíquica, que lleva consigo la manipulación, la humillación y el insulto: "estás muy fea"; "a ti nadie te presta atención"; "eres muy bruta"; "no te sabes vestir"; "para qué vas a trabajar"; "tú no necesitas estudiar", "las mujeres no hacen eso" (Agustina, 2010.p 88).

La regla general es que la violencia la ejerce el hombre hacia la mujer (Agustina, 2010, p.87), regla que no excluye ni desconoce que sobre los hombres se ejerza violencia, en todas sus formas, expresiones en casos de violencia psíquica de las mujeres a los hombres, podrían ser: "estamos así de pobres por tu culpa"; "el marido de la vecina la tiene como una reina"; "tú no tienes ni donde caerte muerto"; "eres un inútil".

Las palabras hirientes y las ofensas verbales, representan en muchos casos el preludio de la agresión física. Bien lo decía Fernando Savater en una conferencia: "¿Cómo es que dicen que las palabras no matan? Piensen en estas que voy a decir: "preparen, apunten, fuego".

En esta época precisamente las parejas infieles son un detonante de las agresiones mutuas, la traición y la pasión, son una combinación muy poderosa (Echeburúa; Del Corral, 2010). El descubrimiento de una infidelidad genera automáticamente una reacción violenta, del traicionado, a su vez, una reacción defensiva del traidor (Agustina, 2010. p. 84). El conflicto termina con un perdón, o con la ruptura de la relación normalmente, pero en los casos donde no existe una relación sino una posesión, y el poseedor, que en su consciencia no concibe a su pareja como una persona, sino como una cosa, termina con la lógica de que "si no eres para mí, no eres para más nadie"; o "todo lo que he hecho por ti, y así me pagas", claro está, que esta última, es más de quién se siente mal retribuido, o del que siente que su sacrificio no tuvo ningún valor, y en esa lógica, la respuesta es: nadie te ha pedido que te sacrifiques, o si sientes que tu trabajo es mal remunerado, pues búscate otro, pero las personas no aceptan tan fácil estos cambios y se aferran a una relación, en la que sienten que ellos lo dan todo, y la otra persona no, sintiéndose los primeros insatisfechos y los segundos culpables.

Por otro lado, la violencia siempre presente entre padres e hijos, es una tensión bien complicada (Arruabarrena; De Paúl, 2010). Los modelos de rechazo de hijos y padres, es uno de los temas más complicados, por ejemplo. La regla general es que los hijos aprendan de sus padres y los imiten, en su actuar, en su pensar, en su carácter y hasta en el trabajo. Cuando ello no ocurre, sino que existe un rechazo total, donde los hijos no quieren parecerse en nada a sus padres, y afirman, "yo no quiero ser como mi papá o como mi mamá", con ello, el conflicto aparece y con su progresivo desarrollo tiende a empeorar. El rechazo mutuo entre padre e hijo, o entre la madre y la hija, genera tensiones en la familia muy grandes que desencadenan en violencia intrafamiliar, que terminan en situaciones de abandono. Por otra parte, los modelos de alienación o imitación absoluta, también generan problemas, pues el padre o la madre anulan la personalidad del hijo, y destruyen su independencia sentimental y cognitiva, estos hijos son incapaces de decidir por sí mismos, sin preguntarle a su padre o madre qué hacer, y ello es precisamente el producto de una violencia intrafamiliar ejercida a través de la dominación y humillación constante tendiente a anular el carácter propio del hijo y a alienarlo a la voluntad del padre o de la madre. La guerra de la independencia en los hogares entre hijos y padres, suele comenzar en la pubertad, algunos la ganan y otros la pierden, sin embargo, lo ideal después de una guerra, es que luego llegue el perdón y la diplomacia, pero eso no siempre ocurre. Se plantea incluso, que en la violencia intrafamiliar se generan tres fases, la primera que implica, la tensión entre las personas, la segunda es la agresión física, y la tercera es el arrepentimiento (Agustina, 2010 p. 82-83) (Del Castillo, 2002 p.34-35). La alternancia de estás fases de violencia, generan una especie de confusión en la víctima, que termina por pensar, que las cosas pueden cambiar, y de que el agresor, no siempre es así, por lo que hace que el ciclo de violencia se repita, en esa alternancia de periodos de profunda hostilidad y felicidad momentánea.

Otro de los conflictos que se presentan, es entre hermanos. La rencilla entre hermanos por regla general tiene una base en la hipotética igualdad que tienen todos los hijos frente a sus padres (Agustina, 2010 p.84). En ese sentido, en el momento en que se presenta un trato desigual, dándole mejores cosas a uno frente al otro, se genera el conflicto. Los padres tratan de comprarle lo mismo a todos sus hijos, darles la misma alimentación a todos ellos y garantizar la igualdad de oportunidades, pero no siempre es así, hay padres que propician relaciones de desigualdad, siendo muy común por razones de sexo. Frases como a "ella si le aceptas esas cosas y a mí no", "a él sí lo dejas y a mí no", "conmigo no hablas, y con él sí" y la más elemental "él es tu favorito". Todas esas injusticias de trato, generan riñas entre hermanos y de ahí episodios y dinámicas violentas en el núcleo familiar.

Precisamente en la criminología uno de los delitos que no se pueden prevenir son los delitos pasionales, y la violencia intrafamiliar es uno de esos delitos. La carga sentimental de los delitos pasionales hace que el delincuente no mida sus consecuencias, y no haga un balance de costos y beneficios frente a lo que va a perder y lo que va a ganar realizando un delito. Un delincuente pasional solo analiza el nivel de satisfacción que le genera la realización del acto (Roemer, 2001).

Por otro lado, un factor muy relevante es la violencia de género, pues se trata de una manifestación de una cultura patriarcal, en la que los hombres, dominan, deciden y someten a las mujeres. Y cuando este poder se encuentra en riesgo, se desata la agresión, en contra de la mujer cuyo estereotipo implica, su carácter sumiso, obediente y maternal. Patrón que se aprende, se trasmite a los hijos como una doctrina, y ellos la replican a las futuras generaciones. De esta forma, la cultura patriarcal normaliza ciertas formas de agresión, que se perpetúan como algo normal dentro de la familia. La cultura patriarcal puede generar tratos preferentes a las mujeres, o también conocidos como discriminación positiva, aquellas como: las mujeres primero, cédale el puesto a la mujer, el hombre paga la cuenta, a la mujer no se le toca ni con un pétalo de una rosa. Pero al mismo tiempo promueven otro tipo de limitaciones para la mujer, como, por ejemplo, la mujer no debe trabajar, esas cosas no las hacen las mujeres, esas son cosas de hombres. Cuando estos parámetros se vulneran, se alteran o retan por parte de una mujer, viene la violencia, y muchas veces no física, pero sí psicológica con la manipulación, el rechazo y la humillación.

La violencia hacia las mujeres tiene como finalidad, devolverlas al estado de sumisión que de ellas se espera, limitando la autonomía de sus decisiones, controlando sus cuerpos, sus mentes, sus aspiraciones.

De las mujeres se espera una mayor dedicación a las labores de cuidado de todos los miembros, se asume erróneamente que la mujer tiene una obligación natural de cuidar a los todos los miembros de la familia y que es algo innato, situaciones que se traducen en más horas dedicadas a estas tareas, estas situaciones se alimentan de la culpa con la que históricamente se ha condicionado a la mujer, haciendo que se doble en esfuerzos de tiempo y energía para suplir las necesidades de los demás y anteponerlas a las propias.

Igualmente hay que decir, que muchas formas de violencia intrafamiliar se encuentran normalizadas, aceptadas y toleradas, por encontrase repetidas en estereotipos culturales que pasan de generación en generación, creando una falsa consciencia de aceptar formas de violencia intrafamiliar como situaciones normales o necesarias. Esto en definitiva requiere de un estudio más profundo y sobre todo interdisciplinario, que no es posible abordar en este trabajo.

En todo caso, hay que ser enfáticos en que la violencia intrafamiliar durante el confinamiento ha aumentado, con relación a periodos de años anteriores, sin desconocer que es una constante en muchos hogares. Es decir, no se desconoce que las dinámicas violentas al interior de las familias vienen dándose desde siempre, pero el hecho de tener que pasar más tiempo en el mismo espacio y con las complicaciones emocionales, laborales y económicas, hacen que la vulnerabilidad de las victimas aumente, frente a las reacciones de quien ejerce la violencia.

El recrudecimiento de este fenómeno se puede atribuir a la mayor cantidad de tiempo que el agresor está en contacto con la víctima, haciendo que cualquier circunstancia sea un detonante, si a esto le sumamos el deterioro de la economía, el desempleo, la incertidumbre, tenemos el perfecto caldo de cultivo para la comisión de delitos que van desde lesiones personales, maltrato psicológico llegando a violaciones, homicidios y feminicidios.

La violencia intrafamiliar, se naturaliza hasta el punto, que las agresiones se vuelven costumbre y los implicados no conocen otra manera de relacionarse que no sea a través de la violencia.

Padres perdiendo la paciencia con los hijos y utilizando el castigo físico como método de enseñanza, escudados en la premisa de que "letra con sangre entra". Hijos que agreden a sus padres, por ser mayores y representar una carga para ellos. Relaciones desiguales entre los miembros de la familia, que se agudizan con el tenso momento que se está viviendo.

No se pretende justificar los actos violentos, la intención es hacer una radiografía social, de una realidad que hemos aprendido a tapar con la alfombra. Solo basta entrar a una clase virtual de niños de colegio y escuchar los gritos e insultos de parte de sus padres o personas mayores que están a su cuidado y es suficiente para saber que las dinámicas familiares en Colombia están cargadas de violencia.

Desde el comienzo de la pandemia, empezaron a circular por redes sociales los chistes flojos acerca de la cantidad de embarazos no deseados que van a darse como resultado. El humor es el reflejo de la sociedad y describe mucho acerca del pensamiento de quien lo hace y de quien se ríe, por eso esta clase de "chistes" pone a más de uno en evidencia.

Esta situación ha dificultado el acceso a métodos anticonceptivos y ha puesto en serias dificultades a las mujeres que están evitando quedar embarazadas, reírse de condenar a una mujer a tener un embarazo no deseado, es una violación de sus derechos, pero como casi toda la violencia estructural, está normalizada.

Los delitos de mujeres violentadas sexualmente por parte de sus esposos o compañeros permanentes, también ha aumentado con ocasión del confinamiento. Las violaciones conyugales son un delito que suele no ser reconocido y está tan naturalizado, que rara vez se identifican a sí mismos como perpetradores los esposos o compañeros permanentes, mucho menos las mujeres que siendo las víctimas, suelen reconocerse como tal, pues la sacralidad con la que están revestidas las uniones o la aceptación social de ellas, hace que se genere un imaginario de que el sexo es una obligación dentro de las relaciones conyugales, sin distingo de las maneras en las que se obtenga. El miedo, la intimidación o la supuesta obligación no pueden ser condiciones para mantener relaciones sexuales dentro de la pareja. La libertad sexual (Benavides, 2011) que es el derecho a elegir, cómo, dónde, cuándo y con quién tener una relación sexual, es un derecho humano que sin duda puede ser transgredido por los mismos cónyuges o los compañeros permanentes. Desde la legislación civil se ha reforzado la idea de que el débito conyugal es un deber legal, pero nadie debería obligar a otra persona a tener relaciones sexuales o a realizar prácticas no deseadas valiéndose de que este se describe como un deber legal, pues a pesar de su existencia, carece de los atributos de un deber o de una obligación, pues se trata del ejercicio de un derecho libre, consciente y voluntario que tiene toda persona y que debe ser re evaluado en aras del respeto a la dignidad y libertad de todos los seres humanos.

Las desigualdades estructurales dentro de los núcleos familiares, no son dinámicas sanas dentro de las familias. Hay personas que no están capacitadas para formar familia, pues no aprendieron a relacionarse de manera sana, desde el respeto por las diferencias y la aceptación del otro como un individuo distinto y libre.

Miles de parejas que se mantienen en relaciones abusivas y toxicas, que no son lo mismo, pero que tienen consecuencias devastadoras (Bula, 2020, B) por la vergüenza social y personal que les impide buscar ayuda de expertos en psicología o psiquiatría, por el estigma social que este conlleva, pero que, en muchas ocasiones, podría terminar con la violencia que no ha escalado a situaciones de gravedad irrecuperables.

Personas que tienen hijos, por la presión social, del deber ser, que realmente no desean educar y criar a otro ser de una manera sana, con el respeto a los derechos que como ser humano tiene, si no que educan desde la violencia y el maltrato, generando hijos e hijas de familias rotas, seres con baja autoestima y dificultades para relacionarse (Agustina et al., 2010), que reproducirán estereotipos de persona víctima o persona maltratadora según sea el caso.

Las pocas herramientas emocionales, que se desarrollan en las distintas etapas de la vida, como el manejo a la frustración, de la ira (Del Castillo, 2002), de los problemas, de la vida familiar y en general de las relaciones interpersonales, que se traducen en dinámicas violentas, no pueden seguir siendo la norma, ni deberían ser modelo de familia.

Que, en más de una ocasión, la distancia y los sanos limites entres los miembros es la mejor forma de no darle continuidad a estas dinámicas violencias y que la familia no es un núcleo indivisible por sí mismo, debería reforzarse la idea de que, si no somos respetados o no podemos respetar, tomar distancia. A veces, la mejor forma de estar bien, es estar lejos de la familia.

2. EL FEMINICIDIO

El feminicidio en Colombia fue un delito creado a partir de un caso muy aberrante que fue el de Rosa Elvira Celis, que se trató de una mujer que fue asesinada, luego de ser brutalmente violada, y empalada por un compañero de estudio, quién tenía antecedentes de trastorno mental, además de un antecedente penal de haber matado violentamente a otra mujer. Este caso logró conmover a la opinión pública, llegando hasta el Congreso de la República, quien decidió crear el delito de feminicidio (Ley 1761 de 20017) (CORTE CONSTITUCIONAL Sentencia C-297/16)

Las agresiones en Colombia en contra de la mujer han venido recaudando consciencia, y a través de casos dramáticos como el de Natalia Ponce De León (El país, 2017), que se trató de una mujer que fue atacada por un hombre, con ácido en el rostro, con la plena intención de desfigurarla, también tuvieron sus frutos legislativos, creado un delito que castigara severamente los ataques con ácido en Colombia (Ley 1773, 2016)

La creación de delitos dirigidos a la protección de la mujer por el hecho de ser mujer, es una situación que algunos plantean cómo innecesaria, y que vulnera el principio de igualdad, por excesivo paternalismo, y porque sigue generalizando la concepción de debilidad de la mujer (Posada, 2015 p.206).

Frente a esta postura se debe anteponer lo antes mencionado en relación con la violencia intrafamiliar, en el entendido de que las culturas patriarcales han generado unos límites a las mujeres, que, en caso de ser sobrepasados o al menos desafiados por alguna mujer, generan enseguida la agresión, la cual en algunos casos puede llegar al feminicidio.

El feminicidio se erige como un delito que denota un elemento subjetivo del tipo, es el ataque al derecho a la vida de una mujer por el hecho de ser mujer. Si bien, es un delito en contra del género, que es factor motivante especial, que puede estar presente tanto en hombres como en mujeres, las razones van más allá de un simple problema de odio al género, pues se trata del rechazo histórico del homicida, del ejercicio del derecho a la libertad de la mujer, y que la cultura patriarcal pretende desconocer de hecho, y por ello se cree con el derecho de matar (Larrauri, 2018). En otras palabras, se trata de conservar un estatus quo, o de mantener una costumbre abiertamente en contra del derecho, creyéndose incluso mártir del sistema, al proteger las buenas costumbres de la sociedad. Algo muy similar a lo que pensaban los nazis de los judíos en la segunda guerra mundial.

Así las cosas, el feminicidio podría plantearse en estructura, como una figura similar a la del genocidio, donde se trata de proteger a grupos particulares de personas (grupo nacional, étnico, religioso o racial) de una cultura de exterminio, enraizada en los pensamientos de los victimarios, quienes excluyen a estos grupos de sus atributos como seres humanos, para justificar su destrucción parcial o total.

No hay que olvidar que los asesinos en serie como Ted Bundy (Linares, 2010), que se especializaban solo en matar mujeres, tienen en el fondo un odio muy particular hacia las mujeres, juntando dos formas de agresión especial hacia el género femenino, que son la violación y el homicidio.

También hay que decir, que no todo homicidio realizado en contra de una mujer puede ser catalogado como feminicidio, ni se puede pretender que así lo sea, los lineamientos están claros y deben ser tomados en cuenta, se debe dar la adecuación típica de la conducta, así como no todo homicidio en contra de un miembro de un grupo racial determinado, pueda catalogarse de genocidio. Si una mujer muere en medio de un asalto en la calle, o muere al enfrentarse a un ladrón que iba a ingresar a su casa, o muere en una balacera por pertenecer a una banda criminal, o muere en manos de un sicario por ser una autoridad política, líder sindical o periodista, no se puede plantear que dichos casos encajan dentro del delito de feminicidio, sin importar que puedan configurarse otras causales de agravación del homicidio.

Lo que busca proteger el delito de feminicidio, es el ataque al derecho de la vida de una mujer, que busque como efecto público el castigo al ejercicio de sus derechos y libertades (Larrauri, 2018), en otras palabras, lo que se busca es anular ese mensaje del asesino que busca transmitir la idea de "miren lo que le pasa a una mujer si hace esto".

De ahí que el asesinato que realiza un hombre de una mujer por una traición amorosa, tiene que analizarse muy cuidadosamente, toda vez, que tanto hombres, como mujeres llegan al homicidio por celos, y agravar la pena de los hombres en las mismas circunstancias genera un tratamiento desigual. Ahora bien, los crímenes pasionales como bien se dijo anteriormente, son los más difíciles de prevenir, pues el autor no piensa en costos y beneficios, solo está buscando satisfacer una emoción, y realiza el delito caso de forma irracional, guiado por un sentimiento (Roemer, 2001). Por tanto, esa característica la poseen tanto los hombres como las mujeres, por tanto, no habría inicialmente un sustento para un trato desigual.

Por lo anterior, en los casos de delitos pasionales, los jueces tendrán que valorar un aspecto diferente para enmarcar un caso dentro del delito de feminicidio, y ello sería, la connotación social que pretendía darle al hecho el homicida. Esto quiere decir, que el juez tendrá que valorar las circunstancias de tiempo, modo y lugar en que se presentan los hechos, si la intención del homicida era enviar un mensaje público a la sociedad, sobre qué conductas deben o no hacer las mujeres, es definitivamente un caso de feminicidio. Igualmente, el modo en que perpetra su acción, con excesiva crueldad, y claras señales de ataque hacia el cuerpo femenino, como lo serían la violación, la hoguera, el empalamiento, o cualquier otro acto humillante hacia la mujer, también debe ser encuadrado como feminicidio. En otras palabras, el homicida debe tener en su pensamiento que va a matar a una mujer, para que todo el mundo sepa, que le pasa a una mujer por ser infiel, y que él tiene derecho de hacerlo, porque la mujer quiere vulnerar el estatus quo, lo cual, en definitiva, pasa en la mayor parte de ocasiones.

Ahora bien, luego de entender el tema del feminicidio, la situación es relevante, pues durante la pandemia, las cifras de feminicidio han aumentado:

> "En los primeros 30 días de aislamiento social, los "hechos de emergencia" (en los que la vida de las mujeres está en peligro) han aumentado un 553%". (Díaz, S y Mayorga, C., 2020)

> "Desde el 20 de marzo al 16 de abril se han registrado 19 feminicidios, de los 52 de todo el 2020, según lo anunció Marta Mancera, vicefiscal General de la Nación. En comparación a 2019, de enero a marzo de ese año se habían presentado 48, registrando una disminución aparente en el número de feminicidios que hasta marzo era de 37". (Díaz, S y Mayorga, C., 2020)

Disminuir o eliminar esta clase de delitos, es una labor que debe estar soportada en políticas públicas de prevención, y que no sean una cartilla de deberes de obediencia, pues no es culpa de las mujeres, ser víctima de estos delitos. Hay que reeducar a una sociedad, que cree que los cuerpos y mentes de las mujeres, les pertenecen a los hombres. Cambiar el modelo de que los hombres son poseedores de las mujeres y que sobre sus hombros recae la obligación de mantenerlas a raya. También es importante superar concepciones arcaicas de tratar estos delitos, como las que se suelen encontrar al momento de denunciar, que revictimizan y desconocen los derechos que la ley otorga, en razón de la semejanza en su estructura de pensamiento con la de los victimarios, culpabilizando a la mujer de las agresiones sufridas, por no cumplir con el papel que la sociedad machista le ha impuesto.

También es necesario que se establezca un grupo interdisciplinario y especializado para atender las denuncias y a las víctimas, de forma oportuna y antes de que se configure la muerte, pues muchos de estos feminicidios, han podido evitarse con una intervención temprana desde el momento en que se presenta violencia intrafamiliar, lesiones o incluso tentativas de homicidios, pero las víctimas no son escuchadas y sus historias rayan en una crónica de una muerte anunciada, ante el actuar negligente de una sociedad y de unas autoridades que poco o nada hacen por ellas.

3. DELITOS SEXUALES A TRAVÉS DEL INTERNET.

Entre mayor distancia social haya entre las personas, más se tratan de integrar a través de las redes sociales. El problema de las redes sociales y la comunicación a través del internet, es qué tipo de información se transfiere.

Parejas que se contactan a través de internet, y se graban desnudas o realizando actos sexuales, ante sus cámaras, envíos de material intimo a una persona en particular, pero terminan siendo divulgadas por esta o por un tercero, circulando son control en la red, exponiéndose de manera pública la intimidad; las personas que logran obtener o grabar cualquier tipo de material pornográfico y lo publican en las páginas web, plataformas de mensajería instantánea y redes sociales, con o sin ánimo de lucro, son un par de ejemplos de delitos sexuales a través de los medios informáticos.

Los medios de comunicación han reportado el aumento del consumo de la pornografía por internet, en este tiempo que ha durado la pandemia. En este orden de ideas los gobiernos, y las mismas plataformas de las redes sociales, han sido incapaces de contener, la cantidad de material pornográfico ilegal que circula y se comparte en internet.

Y es que la pornografía como industria legal, esconde y camufla otro tipo de conductas como el acoso sexual cibernético, la pornografía infantil, la divulgación no consentida de datos, el abuso infantil, la trata de personas, la esclavitud sexual y la violación.

En primer lugar, hay que hablar de la pornografía infantil, para aclarar la problemática penal en esta materia.

Muchas veces recibimos fotos o videos en las redes donde aparecen imágenes de jovencitas y jovencitos con contenido sexual. Esta situación la genera toda una industria que se nutre a partir de la destrucción de la formación sexual de los menores de edad.

Realmente lo que se busca es que los menores de edad sean protegidos de los abusos, y que, por su grado de vulnerabilidad, por falta de madurez psicológica, no sean expuestos a todas las implicaciones que tiene una relación sexual.

Otra particularidad de este delito, es que los perpetradores son en su mayoría miembros del entorno cercano del menor de edad, sus padres, familiares o tutores, (Ibáñez, 2012) (Garrido, et al., 2006), personas que conviven con estos o que tienen acceso a ellos, sin vigilancia o supervisión.

Y no es una afirmación sacada de contexto, las imágenes y videos que han proliferado en las redes, son de menores en sus hogares, así que están siendo violentados por miembros de sus familias y/o de su círculo cercano (Bula, 2020, A)

De acuerdo con el ordenamiento jurídico, los menores de 14 son incapaces para consentir una relación sexual (Montoya, 2019). Y ello es una protección, para evitar que los menores de catorce años sean objeto de abusos sexuales o de prácticas sexuales como la prostitución y la pornografía.

Por otra parte, los menores de edad, por lo menos en Colombia, los menores de 18 años, no podrán participar en actos que impliquen pornografía, prostitución o comercio carnal en general. Es decir, a partir de los 14 años, se reconoce la capacidad para consentir una relación sexual (Arboleda, et al 2013), pero no tiene capacidad para participar en actos que impliquen comercio carnal, como la prostitución o la pornografía.

En este orden de ideas, en virtud de la protección especial que se tiene a los menores, en principio se les prohíbe consentir una relación sexual antes de los 14 años, y se les prohíbe participar en actividades que impliquen el comercio carnal antes de cumplir los 18 años (Abello, 2020) (Arboleda, et al 2013) (Montoya, 2019). La protección está relacionada con los problemas de orden psico-afectivo que genera en un niño las prácticas sexuales, y en especial, su grado de indefensión al abuso por parte de sus familiares y cercanos, y de la mayor vulnerabilidad para las redes de comercio carnal.

De esta forma, se concibe que la pornografía, no es lo mismo que pornografía infantil, por las implicaciones que ello tiene, para los niños y niñas de este mundo, lo que se trata en gran parte, es excluir la posibilidad de que ellos, sean utilizados como objetos y se les quite el carácter de personas, fomentando prácticas tan detestables como la trata de personas y la esclavitud sexual.

Así pues, el alto consumo de pornografía, genera un subcapítulo devastador que es la pornografía infantil, que implica el incremento de violaciones a los derechos de los niños y niñas, y la creación a su vez de círculos de pedófilos dispuestos a violar y a consumir pornografía infantil.

Así las cosas, ¿cómo se pretende prevenir un delito, si en el fondo se fomenta su práctica?

Pasemos a otro problema en este campo de los delitos sexuales, que es la divulgación de contenido pornográfico sin autorización. En esta época de pandemia, muchas personas han incluido dentro de sus prácticas sexuales, el uso de dispositivos electrónicos, grabando videos y tomándose fotos, para mandárselas a personas con las cuales tienen una relación. Estos videos o fotos, luego aparecen publicadas y la persona queda expuesta en su intimidad.

En este campo, hay que establecer que las conversaciones privadas sostenidas entre dos personas, en medios electrónicos, hacen parte del derecho a la intimidad. No se trata de un lugar público, donde cualquiera puede observar y escuchar.

Las personas tienen una vida pública que es la que están dispuestos a compartir con todo el mundo; una vida privada, que están dispuestas a compartir con algunas personas; y vida secreta, que no estarían dispuestas a compartir con ninguna persona. Estos niveles de privacidad implican la autorización del titular de qué tipo de cosas de su vida quiere compartir con los demás, y con cuales personas quiere compartirlas. La intimidad es un derecho fundamental, y solo la autorización expresa del titular diferencia un hecho lícito, de una trasgresión a un derecho humano.

En tal sentido, si alguien publica un video o una foto, sin autorización del titular de ese derecho, está transgrediendo un derecho y se someterá a todas las implicaciones que ello conlleve, como son las consecuencias civiles y penales que se derivan.

Exponer videos privados de personas al público, sin la autorización del titular (Posada, 2019) (Abello, 2017), envuelve un delito informático que es la divulgación no autorizada de datos informáticos, y si es un menor de edad, se crearía un concurso ideal de delitos con la pornografía infantil.

Así las cosas, no es legal que el novio reenvíe a sus amigos, un video que le envió su novia, así como tampoco es legal reenviar videos con pleno conocimiento de que no existe autorización de la persona que ahí aparece.

En relación con estos temas precisamente, también se están presentando extorsiones, pues los videos son utilizados por delincuentes para extorsionar a las personas que aparecen en ellos, de tal forma, que solicitan la práctica de otros actos sexuales a cambio de no publicar dichos videos. Precisamente la Corte Suprema de Justicia en Sentencia SP-45732019 (47234), Oct. 24/19, ha planteado que quién coacciona a otra persona a realizar actos sexuales a través de internet, configura el delito de acto sexual diverso al acceso carnal violento, al interpretar que la presión que realiza el victimario a la víctima, para acceder a favores sexuales a cambio de no publicar las imágenes, es un acto de violencia que anula la voluntad de la víctima, que termina cediendo a las solicitudes del sujeto activo.

Estos casos se han venido presentando reiteradamente, donde las personas víctimas de estos delitos, terminan en todas las redes sociales difamadas y atacadas en su intimidad.

Las distancias y los aislamientos obligatorios, han generado que las personas busquen a otras a través del internet y propicien encuentros sexuales, los cuales desafortunadamente terminan en malas manos, ya sea porque alguno de los participantes lo divulga o ya sea porque los videos son interceptados, copiados y publicados de manera ilegal por personas sin autorización para ello.

En estos casos, como ya lo dijimos las personas más vulnerables son los niños, quienes son más susceptibles de engaños por parte de adultos que suelen simular ser amigos o niños de la misma edad para luego obtener imágenes íntimas del menor.

Aquí se encuentra el nuevo actuar de los pedófilos, que ya no tienen que interactuar físicamente asechando a sus víctimas. Ahora tienen que ideárselas para contactar niños por internet. Así se hacen amigos de sus víctimas, se ganan su confianza y luego buscan que el niño comience a realizar actos de contenido sexual. Posteriormente viene la extorsión, la presión y el abuso infantil a través del internet.

Sin embargo, en esta época de pandemia, se ha encontrado que no son solo los menores los que son víctimas de estos temas, se ha visto precisamente que la gente adulta, también cae en los timos de estas personas, pero también es necesario de hablar de un tema nuevo como lo es la pornovenganza, que es la difusión no consentida de material íntimo, por uno o varios medios, ya sean de mensajería instantánea, páginas web, redes sociales.

Este delito es cometido por ex parejas sexuales y/o sentimentales, que divulgan contenido explícito de situaciones íntimas con el objetivo de obtener venganza, ya sea por el hecho de haber dado la relación por terminada, por haber descubierto una infidelidad, o cualquier otro motivo, el objetivo es atentar contra la integridad y la intimidad.

Consentir fotografiar o grabar estas situaciones, no implica un consentimiento (Abello, 2019) para hacerlas públicas, ni para ser enviadas a terceros, mucho menos para ser subidas a páginas con contenido pornográfico.

También sucede que se reenvían las fotografías íntimas que una persona ha enviado en un contexto de confianza.

Con el avance y alcance de las tecnologías de la información y comunicaciones, se ha diversificado la forma en la cual se cometen los delitos y ha introducido en el derecho penal nuevos delitos.

Con esta difusión en muchos casos, también incluyen datos personales como nombre completo, lugar de estudio y/o trabajo, que colocan en peligro a la víctima de esta modalidad delictiva.

Un caso muy sonado es al que la prensa (Valdez, 2019) tituló: "el caso de la trabajadora de iveco", que terminó suicidándose luego que fuera difundido material intimo entre sus compañeros de trabajo, páginas pornográficas y fuera sometida al escarnio social y público.

Es un delito que mayormente afecta a las mujeres, pues a pesar de las devastadoras consecuencias, se sigue trivializando.

Sobre este tema, cabe anotar que es necesario hacer mucho trabajo en los colegios y en los hogares para hacer comprender a todas las personas de los cuidados que se deben tener con la información personal, con las fotos, los videos y demás información íntima, para no ser expuestos, ni ser objeto de interceptación de datos o violación de datos.

En cuanto al victimario, los Estados deberán tener unidades especializadas para la investigación, detección y obtención de material probatorio necesario para capturar y procesar penalmente a los autores de estos delitos, teniendo siempre un sistema de cooperación multinacional, para efectos de combatir a los criminales cibernéticos que no tienen fronteras en su actuar.

BIBLIOGRAFÍA

ABELLO, J., (2017), Los delitos informáticos en el derecho penal colombiano, contenido en la siguiente página web: http://derechopenalempresarialencolombia.blogspot.com/2017/03/los-delitos-informaticos-en-el-derecho.html consultado 10 de Junio 2020

ABELLO, J., (2020) El caso de "las manadas" en España: agresiones sexuales grupales. contenido en la siguiente página web: http://derechopenalempresarialencolombia.blogspot.com/search?q=las+manadas consultado 10 de Junio 2020

ABELLO, J., (2019). El consentimiento en los delitos contra la libertad y formación sexuales. contenido en la siguiente página web: https://derechopenalempresarialencolombia.blogspot.com/2019/01/el-consentimiento-en-los-delitos-contra.html consultado 10 de Junio 2020

ARBOLEDA, M; RUIZ, J., (2013) *Manual de derecho penal partes general y especial*. Décima edición. Editorial Leyer.

AGUSTINA, J., (2010). *Concepto clave, fenomenología, factores y estrategias en el marco de la violencia intrafamiliar*. Editorial Bdf. Argentina. Pags. 61-132

ARRUABARRENA M, y DE PAUL, J., (2010). violencia y maltrato sobre menores. Editorial Bdf. Argentina. Pags.165-196.

BENAVIDES, D., (2011). *Delitos contra la libertad, integridad y formación sexuales. Manual de derecho penal parte especial*. Coordinador. Castro, C. Tomo I. Colección textos de jurisprudencia. Temis. Bogotá. Págs.243-274

BULA, J., (2020) A La pornografía infantil durante la cuarentena, en la siguiente pág: https://jcarolinab.blogspot.com/2020/05/pornografia-infantil-durante-la.html consultado 10 de Junio 2020

BULA, J., (2020) B. *Relaciones tóxicas, no son lo mismo que relaciones abusivas,* En la siguiente página web: https://jcarolinab.blogspot.com/2020/04/relaciones-toxicas-no-son-lo-mismo-que.html consultado 10 de Junio 2020

DEL CASTILLO, (2002) M., *Malos tratos habituales a la mujer*. Universidad Externado de Colombia. J.M. Bosch Editor Barcelona. Ayuntamiento de Sevilla.

DE VICENTE, R., (2019). *La historia interminable a propósito de el caso de La Manada*. Revista Derecho penal contemporáneo. Legis. Volumen 67. Abril Junio. Bogotá. Pags. 89-120

ECHEBURUA, E., y DEL CORRAL, P. (2010). *violencia en las relaciones de pareja*. Editorial Bdf. Argentina. Pags.135-164

Ibañez, J. (2012). *Psicología e investigación criminal: la delincuencia especial.* Madrid

GARRIDO, V., STANGELAND, P., Y REDONDO, S., (2006). *principios de la criminología.* tercera edición.Tirant lo Blanch. Valencia

LINARES, M., (2010) Mala gente. Editorial EDAF, S.L. Madrid

LARRAURI, L., (2018). *Criminología critica y violencia de género.* Editorial Trotta, segunda edición. Madrid

MONTOYA, D., (2019) *Delito sexual abusivo con menor de catorce años en el ordenamiento colombiano.* Revista Derecho penal contemporáneo. Legis. Volumen 67. Abril Junio. Bogotá. Pags. 139-181

MUÑOZ CONDE, F. (2010) *Derecho penal parte especial.* Edición 18, Editorial Tirant lo Blanch.

POSADA, R. (2017. *Los cibercrimenes: Un nuevo paradigma de criminalidad.* Editorial Ibáñez y Uniandes. Bogotá.

POSADA, R. 2015. *Delitos contra la vida y la integridad personal.* Editorial Ibáñez y Uniandes. Bogotá.

ROA, M., 2011. *Delitos contra la familia y violencia de género. Manual de derecho penal parte especial.* Tomo I. Coordinador. Castro, C. Colección textos de jurisprudencia. Temis. Bogotá. Págs.295-330

ROEMER, A. 2001. *Economía del Crimen*. Editorial Limusa. México D.F. 2001.

SENTENCIAS:

CORTE SUPREMA DE JUSTICIA en Sentencia SP-45732019 (47234), oct. 24/19

Corte constitucional en Sentencia C-297/16

REVISTAS Y PERIODICOS

Diario el país, (2017) Condena contra Jonathan Vega por atacar a Natalia Ponce quedó en 20 años de cárcel, en la siguiente página web: https://www.elpais.com.co/judicial/condena-contra-jonathan-vega-por-atacar-a-natalia-ponce-quedo-en-20-anos-de-carcel.html consultado el 10 de Junio de 2020.

Betín, Tomás. (2020) Aumentan en 142% denuncias por violencia intrafamiliar durante cuarentena. En la siguiente página web: https://www.elheraldo.co/colombia/aumentan-en-142-denuncias-por-violencia-intrafamiliar-durante-cuarentena-717796, consultado el 8 de Junio de 2020

Revista Semana, Nación. 2020 Continúa aumento de denuncias de violencia intrafamiliar durante cuarentena. En la siguiente página web: https://www.semana.com/nacion/articulo/violencia-intrafamiliar-en-colombia-continua-aumento-de-denuncias-durante-cuarentena/663632

VALDEZ, I. Diario el País. 2 de Junio de 2019. Ya no puedo más. En la siguiente página web: https://elpais.com/sociedad/2019/06/01/actualidad/1559383749_362348.html, consultado el 10 de Junio de 2020.

22. LA PORNOGRAFÍA INFANTIL DURANTE LA CUARENTENA

Por: Johanna Carolina Bula Carreño.

Ya se han referido muchos artículos a las actividades y cuidados que debemos tener con los menores durante este confinamiento, pero hay enemigos silenciosos que han encontrado en este periodo un caldo de cultivo propicio para crecer exponencialmente

Uno de ellos es el aumento en la descarga de pornografía infantil y dos que los pedófilos y pederastas esperan que haya más niños y niñas conectados a Internet.

 A esta conclusión llega la Europol, basada en una serie de indicadores:

> *Entre los ejemplos en el informe se cita a España, donde entre el 17 y el 24 de marzo se produjo un aumento del 25 % en el número de conexiones para la descarga de material de contenido pedófilo, una tendencia sobre la que otros países han informado también, revela el informe.*

> *(...) Asimismo, hay un incremento en el número de intentos de acceder a páginas web donde se difunde ese tipo de material y en las denuncias de particulares sobre contenidos pedófilos, que también en España han registrado un "aumento significativo" desde principios de marzo.*[129]

Pero mientras los países europeos se preocupan por el consumo masivo de material pornográfico, en nuestro país los medios sacan titulares como: "El porno lleva bien la cuarentena"[130], ahora muchos dirán que hay distintas clases de porno, pero el porno es uno solo, es violencia sistemática en contra de las personas, que reviste un carácter más alto de reproche cuando se trata de menores de edad.

---

[129] *Aumenta la descarga de pornografía infantil en España durante el confinamiento* (2020). El periódico. Disponible en https://www.elperiodico.com/es/sociedad/20200403/espana-aumenta-descarga-pornografia-infantil-7916695 [Consultado el 12 de mayo de 2020]

[130] EFE. *EL porno lleva bien la cuarentena*. El tiempo. Disponible en https://www.eltiempo.com/cultura/cine-y-tv/el-porno-lleva-bien-la-cuarentena-482496 [Consultado el 12 de mayo de 2020]

Este comportamiento se repite a lo largo y ancho del mundo, no siendo exclusivo de España, ni de países europeos

Pocas medidas se toman en este país con respecto al tema, por la cultura del silencio que impera en los casos de abuso sexual infantil en el seno de las familias y los círculos cercanos, porque prefieren ocultar las aberraciones de sus miembros, que defender a la víctima de estas agresiones.

No pocas son las frases con las que se refieren a las niñas y niños abusados por familiares, insinuando que tienen algún grado de culpa, cuando lamento decírselos no los tienen.

Pasa también por la creencia que denunciar trae "vergüenza" para el grupo familiar y buscan maneras de no hablar del tema y pasarlo por alto.

Es una realidad, que no todos los abusos y violaciones se denuncian, no por miedo a las represalias de los abusadores, si no por el estigma social que recaería sobre la familia que decida denunciar al miembro de la familia o del entorno cercano de haber cometido un delito.

Así estamos como sociedad, encontrando excusas para los victimarios y entregando a las víctimas a un tormento mayor, a ser catalogadas como la causa de los problemas.

Eso mismo pasa con los consumidores de la pornografía infantil, el entorno calla y se hace muchas veces cómplice, ese que dice que "verlo no es hacerlo" sabe perfectamente que hay un perpetrador y una víctima en ese contenido que está observando.

Desde el punto de vista legal, nuestro código penal establece como delito, la pornografía infantil en los siguientes términos:

> **_"Artículo 218. Pornografía con personas menores de 18 años_**
>
> _El que fotografíe, filme, grabe, produzca, divulgue, ofrezca, venda, compre, posea, porte, almacene, trasmita o exhiba, por cualquier medio, para uso personal o intercambio, representaciones reales de actividad sexual que involucre persona menor de 18 años de edad, incurrirá en prisión de 10 a 20 años y multa de 150 a 1.500 salarios mínimos legales mensuales vigentes._
> _Igual pena se aplicará a quien alimente con pornografía infantil bases de datos de Internet, con o sin fines de lucro._
> _La pena se aumentará de una tercera parte a la mitad cuando el responsable sea integrante de la familia de la víctima."_ [131]

La pornografía infantil es una realidad, de esas que quisiéramos no tener que enfrentar y este periodo de confinamiento ha aumentado su consumo.

Podríamos quizá decir que la explotación de los menores también, puesto que de aquello que más se vende, es aquello de lo que más se produce.

El incremento de cuentas en redes sociales dedicadas a publicar imágenes de niñas y niñas en vestido de baño, ropa interior, ha tenido un significativo incremento y que se dificulta su denuncia porque no son desnudos explícitos.

Cuidemos a los menores de edad, que aún no tienen las herramientas para diferenciar las intenciones detrás de las imágenes que comparten, no saben diferenciar el perfil de un pederasta, en tiempos donde los juegos en línea, las interacciones digitales, les permiten ganar la

---

[131] LEY 599 DE 2000 (julio 24). Diario Oficial No. 44.097 de 24 de julio de 2000. Por el cual se expide el Código penal colombiano

confianza de estos y de ahí a llegar a solicitar fotos, vídeos, entre muchas otras cosas.

Otra particularidad de este delito, es que los perpetradores son en su mayoría miembros del entorno cercano del menor de edad, personas que conviven con estos o que tienen acceso a ellos, sin vigilancia o supervisión.

Y no es una afirmación sacada de contexto, las imágenes y videos que han proliferado en las redes, son de menores en sus hogares, así que están siendo violentados por miembros de sus familias.

abuso sexual: "cualquier contacto sexual entre un adulto y un niño sexualmente inmaduro (definida esta madurez sexual tanto social como psicológicamente), con el fin de la gratificación sexual del adulto; o bien, cualquier contacto sexual con un niño realizado a través del uso de la fuerza, amenaza, o el engaño para asegurar la participación del niño; o también, el contacto sexual para el que el niño es incapaz de ofrecer su consentimiento en virtud de la edad o de la disparidad de poder y la naturaleza de las relaciones con el adulto". El abuso sexual puede manifestarse, según estos autores, de diversas maneras: relaciones sexuales entre padres e hijos, explotación sexual por otros miembros famillares o tutores, violación infantil, prostitución y pornografía infantil. (pág. 715).[132]

La familia es también el lugar más inmediato para la experiencia del riesgo en la infancia, ya sea a través de la victimización o a causa del aprendizaje de conductas antisociales en la misma (pág. 723)

"Desde nuestro punto de vista, los abusos sexuales deben ser definidos a partir de dos grandes conceptos, el de coerción y el

---

[132] Finkerlhor y Korbin. Citado por V. Garrido, P. Stangeland, S. Redondo La realidad criminológica: Tipos de maltrato; pág. 715

de asimetría de edad. La coerción (con fuerza física, presión o engaño) debe de ser considerada, por sí misma, criterio suficiente para que una conducta sea etiquetada de abuso sexual de un menor, independientemente de la edad del agresor. La asimetría de edad impide la verdadera libertad de decisión y hace imposible una actividad sexual común, ya que los participantes tienen experiencia, grado de madurez biológica y expectativas muy diferentes. Esta asimetría supone, en sí misma, un poder que vicia toda posibilidad de relación igualitaria.

Por consiguiente, consideramos que siempre que exista coerción o asimetría de edad (o ambas cosas a la vez) en el sentido propuesto, entre una persona menor y cualquier otra, las conductas sexuales deben ser consideradas abusivas. Este concepto tiene la ventaja de incluir también las agresiones sexuales que cometen unos menores sobre otros. Aspecto que es muy importante tener en consideración, porque en algunas sociedades se ha podido comprobar que el 20% de las violaciones las realizan menores de edad y que casi el 50% de los agresores cometen su primer abuso antes de los 16 años".[133]

A continuación, se establecen los perfiles de los consumidores y agresores de abusos a menores, entre ellos la pornografía infantil:

11. Los pedófilos, aquellos que tiene como objeto sexual a niños/as prepúberes. Estos centran en ellas sus fantasías sobre ser los primeros, de proceder a su inicialización, etc., porque, en su egolatría y buscando su propio placer consideran que son los más idóneos para realizar esa labor "educadora", abordando con frecuencia a personas de su entorno familiar. Son también llamados "primarios" dado que en ellos predomina la conducta

---

[133] López (1995, págs. 28-29) Citado por Garrido, Stangeland y Redondo, *Principios de criminología* (2006, págs. 729-730)

compulsiva independientemente de todas las demás circunstancias o situaciones, presentan distorsiones cognitivas específicas y no presentan sentimientos de vergüenza o culpabilidad. Pueden además catalogarse dependiendo de su actuación durante el acto, sean de actuación activa, pasiva o mixta, dependiendo de si "tocan", "son tocados" o realizan ambas cosas indistintamente.

Tienen en común entre otras características el de ser grandes consumidores de pornografía, el estar en edades próximas a la tercera edad, el no haber mantenido relaciones sexuales normales con adultos, el no buscar el daño en el menor y el poseer algún tipo de complejo o fijación en su infancia de naturaleza sexual que les ha llevado a elegir a los niños porque sus relaciones sexuales con ellos son "menos exigentes" y no constituyen ninguna amenaza para su sexualidad o virilidad. Normalmente son personas integradas plenamente a la sociedad y que carecen de antecedentes penales.

2. Los situacionales o "secundarios". Son aquellos abusadores que, si bien su Inclinación sexual está centrada en los adultos, están utilizando a los menores como sustitutos de personas adultas con los que, por diferentes motivos, no pueden mantener relaciones sexuales. Su conducta puede estar provocada por situaciones de soledad o estrés, poseer una baja autoestima o una alta dosis de hostilidad, problemas de relación o disfunciones sexuales (impotencia, eyaculación precoz, etc.) (Ibáñez, J., págs. 45 y 46).[134]

Denunciemos a quienes producen y a los consumidores de este tipo de material, es una responsabilidad social, para este delito, al legislador le es indiferente si es de "uso y consumo personal", si son vídeos o son

---

[134] Ibañez, J. (2012). *Psicología e investigación criminal: la delincuencia especial.* Madrid

fotos sugestivas con enfoque en partes genitales, con sexualización de imagen de los menores, son también penalizadas, aunque en estas imágenes no haya penetración, tocamientos o presencia de un adulto en ellas.

Una de las modalidades más comunes es la de miembros de la familia, fotografiando a los menores en vestido de baño, ropa interior, disfrazados, los niños son convencidos de estar haciendo algo divertido, cuando la persona que las hace sabe que está complaciendo los gustos propios y/o de su "clientela" al suministrar imágenes con ciertas características.

Otro aspecto de esta discusión es que, así como existe contenido explícito catalogado como pornografía infantil, por ser evidente la edad del menor, hay contenido ambiguo en el cual no se puede determinar la edad de la víctima con solo las imágenes, ocurre seguido cuando se encuentran en el rango de edad de los 14 a los 17 años, cosa que los productores de este tipo de material conocen perfectamente y han usado como pretexto para no ser judicializado por ello, alegando que desconocían la edad real, puesto que físicamente no la representa. Estas alegaciones no deben ser de recibo para la justicia puesto que se trata de plantear un error de tipo, que se encuentra en el artículo 32, numeral 10 del código penal colombiano[135], que se entiende como la discordancia entre lo que se piensa que se hace y lo que realmente se está haciendo, en este caso pensar que él o la menor en cuestión, no lo es. Pero lejos de ser cierto que desconocían la edad, conociendo la norma la alegan en su defensa, ya que no es posible alegar un error de tipo cuando se está plenamente consciente de lo que se está haciendo, es decir, pornografía con un menor de edad.

---

[135] **Artículo 32. Ausencia de responsabilidad**. No habrá lugar a responsabilidad penal cuando: 10. Se obre con error invencible de que no concurre en su conducta un hecho constitutivo de la descripción típica o de que concurren los presupuestos objetivos de una causal que excluya la responsabilidad. Si el error fuere vencible la conducta será punible cuando la ley la hubiere previsto como culposa.

Además, en esta industria de la pornografía que está reglamentada, el consentimiento se da mediante una entrevista y un contrato, en el cual se identifican a las partes y como es obvio debe determinarse la edad de las personas que intervienen en el contrato; así que incluso habiendo contrato de por medio, a sabiendas de que es con menor de edad, es invalido por la ilicitud de su objeto.

Este tema nos lleva a la protección de la libertad sexual como un derecho fundamental de los menores de edad. La libertad sexual se encuentra entendida como *la libertad sexual "puede definirse en abstracto como la facultad del ser humano de determinarse autónomamente en el ámbito de la sexualidad*[136]. *Lo anterior implica* el derecho que tiene una persona para escoger con quién, cómo, cuándo y dónde, tener una relación sexual. Este bien jurídico se vulnera con cualquier vicio en el consentimiento, es decir, por el ejercicio de la fuerza, por no ser consciente, por engaño o por error. Así que cualquier hecho que vulnere la libertad sexual de un hombre o de una mujer, implica una violación.

Ahora bien, desde el punto de vista de los menores, para la ley y el legislador no es válido, el consentimiento otorgado por un menor de 14 años, puesto que este va en contra de la libertad, integridad y formación sexual del menor, al afectar su desarrollo, la construcción del significado de su sexualidad, alterando significativamente su equilibrio emocional y el concepto que tenga de sí mismo, al reconocerse como víctima de los deseos de un tercero y no de los propios.

A partir de los 14 años, los menores de edad tienen libertad sexual, es decir tienen la libertad de decidir tener o no relaciones sexuales, pero

---

[136] ENRIQUE ORTS BERENGUER Y OTROS, *Derecho penal*. Parte especial. Delitos contra la libertad e indemnidad sexuales, Valencia, Tirant lo Blanch, 2004, págs.230 citado por DAVID BENAVIDES MORALES. *Manual de Derecho penal*, t.1 de los delitos contra la libertad, integridad y formación sexuales, Temis, 2012, pág. 245

esta libertad no debe ser entendida como un permiso de adultos o personas mayores en un rango de 5 años, a utilizar la fuerza, la intimidación, la coerción para obtener de los menores de edad material pornográfico, acceder a relaciones sexuales.

Es alarmante el panorama, que nos arroja el interés sexual de personas adultas sobre menores, nos coloca en un punto de reflexión extenso, de mucha crítica y reproche, se requieren muchos cambios, como por ejemplo eliminar conceptos publicitarios en los que se muestren menores hipersexualizados, como un intento de reducir el impacto negativo que tienen en la mentalidad de las nuevas y viejas generaciones que han normalizado el consumo de pornografía infantil.

No propiciar en vídeos, canciones, películas en los que los niños y niñas sean objetos de fantasía, como la trillada imagen de "la lolita" y las frases flojas como: "legalicen a las de 12", "es que van provocando esas niñas" entre otra serie de conductas que buscan excusar la fijación sexual de adultos en menores de edad, estas son claras señales de alerta.

No es solo un fenómeno asociado a la cuarentena, es una realidad dolorosa que ha aumentado en este periodo y que está demostrando que "la cultura de la pedofilia" está extendida en nuestra sociedad y los menores son las victimas diarias.

Esta es una de las razones por las que se requiere educación sexual en casa y escuela, tanto para prevenir que haya víctimas como para prevenir que haya victimarios, enseñarles que su cuerpo no debe ser utilizado, que el cuerpo de los demás no es pertenencia de nadie, que las personas no son objeto, que no se trasgredan los derechos de los menores de edad, pero sobre todo que se denuncie a quien produzca, tenga, promueva y consuma esta clase de material.

PRUEBAS EN LOS DELITOS SEXUALES

Uno de los campos más complejos sobre el tema de la prueba, son los delitos sexuales. En dichos delitos se combinan muchos factores que dificultan el esclarecimiento de los hechos, entre ellos, la ausencia de testigos, la confrontación de las versiones entre la víctima y el indiciado, y la ausencia o pérdida de las pruebas técnicas por el paso del tiempo.

En principio, no podríamos hablar de una estandarización de los delitos sexuales, y por ello, habría que establecer una casuística que permita un mejor análisis, para establecer los tipos de pruebas que se pueden utilizar.

En efecto, como se dijo, el primer problema que presentan los delitos sexuales es la prueba, y ello coloca en dificultad tanto a los investigadores, las partes y los jueces, pues la necesidad de la prueba mínima, y la dificultad para obtenerla, genera por una parte, la posibilidad de condenar a un inocente o de exonerar a un culpable, y por otra, es el es-tudio de la imposición de una medida de aseguramiento con privación de la libertad, por la grave-dad del delito.

1.   CLASIFICACIÓN DE LAS AGRESIONES SE-XUALES.

Podemos iniciar con la violación más frecuente, y es la que se da al interior de los núcleos familia-res. Según las estadísticas la mayoría de las violaciones y los abusos sexuales a menores de edad se dan al interior de las familias, en el mismo hogar de la víctima, y por parte de un familiar o amigo cercano de la familia. En estos temas, los victimarios aprovechan ciertas circunstancias de exposición, como la ausencia de los padres, o la confianza que éstos depositan en los agresores para abusar de las víctimas en los momentos en que se encuentran a solas, y a lo que hay que sumar otro tipo de situaciones de exposición, como lo son la convivencia entre víctima y victimario, donde comparten dormitorios, baños o sitios privados donde las personas se cambian de ropa y donde hay riesgos de exponer la desnudez de sus cuerpos.

Una parte de los abusos y agresiones sexuales se debe a causa de enfermedades mentales como la pedofilia (sentir placer al ver niños desnudos) o los pederastas (sentir placer con la penetración sexual en niños), el sadismo (sentir placer con agredir y someter a alguien), voyerismo (sentir placer con ver personas desnudas) (Mendoza, 2007). También ocurre que debido a que ciertas personas tienen antecedentes de abusos, desarrollan ciertas patologías, donde muchas de esas víctimas de abuso sexual, luego se convierten en victimarios de otros. En este grupo de personas con enfermedades mentales, podríamos ingresar a los psicópatas, en los que se les desarrolla su psicopatía, y comienzan a matar y agredir sexualmente, eligiendo un perfil especial de víctimas y un modus operandi, siguiendo un patrón o más bien un ritual macabro (Casto Ted Bondy, según Linares, 2010). En estos casos, se desarrolla un depredador que va a la casa, y que aprovecha cualquier oportunidad para asaltar a la víctima, aprovechándose de la situación, como cuando la asecha, trata de establecer algún tipo de contacto, fingiendo ayuda, o invitándola a comer o a salir para luego atacarla sexualmente, en donde pueden concurrir un secuestro previo y posteriormente un homicidio.

Otra parte de los casos de abusos sexuales, se presentan por situaciones de oportunidad, o de riesgos de exposición de la víctima al victimario, como ocurre, cuando dejan sola a una niña al cui-dado de un adulto hombre por horas en una casa, cuando se dejan a dos infantes solos sin supervisión de un adulto, cuando se dejan labores de baño y limpieza a cargo de adultos diferentes a los padres, cuando hay convivencia sin intimidad, como dormir en grupos, o bañarse exponiéndose a otras personas.

Otro grupo de casos, los podemos encontrar las violaciones en ambientes de fiestas, donde la mayor parte de víctimas son jóvenes menores de 25 años que asumen ciertos riesgos como el consumo de licor, el consumo de drogas, y asistir a fiestas con desconocidos que terminan aprovechándose de las circunstancias para abusar de las víctimas.

Otra gran parte de los abusos se configuran en ciertos ámbitos en los que la víctima se encuentra en estado de subordinación del victimario, como ocurre en ámbitos laborales, en los que el victima-rio se aprovecha de su posición y poder para acosar, acechar y doblegar a la víctima, primero a través regalos e invitaciones, y sigue acosando y acosando, hasta lograr su fin que es acceder a la víctima. Otro de los casos típicos de abusos sexuales en relaciones de subordinación se presenta en el ámbito educativo entre profesor y estudiantes (colegios y Universidades), y en el ámbito religioso entre los ministros religiosos y sus feligreses.

Por último, podemos citar las violaciones que se producen en desarrollo de un conflicto armado, en el que el victimario aprovecha una relación total de poder y fuerza sobre la víctima, y donde se visualiza la violación como una forma de agresión y humillación al enemigo, así como también se concibe como trofeo de guerra para el ganador de la batalla.

En efecto, pueden presentarse otras formas de violación, pero en términos generales se pueden establecer, éstas como formas más recurrentes.

2.   ALGUNAS CAUSAS DE LOS ABUSOS SEXUA-LES.

Podemos establecer como principales causas de las agresiones sexuales las siguientes:

a.   Causas derivadas de situaciones de vulnerabilidad de la víctima, como lo sería en los casos de los menores, los ancianos y personas con alguna incapacidad física o mental, que se encuentren bajo el especial cuidado sus familiares, amigos, cui-dadores o terceras personas, por su estado de indefensión. Aquí nos encontramos también a las personas con enfermedades mentales, o a personas que se encuentran bajo el efecto de alguna droga, personas consumidoras de alcohol o drogas, que se colocan en situación de vulnerabilidad frente a potenciales agresores sexuales. En este grupo encontramos, que los victimarios se aprovechan el estado de vulnerabilidad de las víctimas para agredirlas sexualmente.

b.   Trastornos mentales: Existen trastornos mentales que causan las agresiones sexuales, y en efecto, en muchos casos, acompañan otras causas, como el oportunismo y situaciones de conflicto armado, pero no podemos plantear que sean ni la única ni la más común de todas las causas. Situaciones como el sadomasoquismo, el exhibicionimo, la pedofilia, el sadismo, el voyerismo, la ninfomanía, son trastornos mentales que pueden presentarse en el victimario y en la víctima, y que pueden ser la causa determinante o coadyuvante de una agresión sexual.

c.   Causas derivadas de situaciones de exposición o de riesgos: En estas situaciones tiene mucho que ver el aprovechamiento del victimario de ciertas situaciones de exposición por parte de las víctimas, como lo que ocurriría en los ambientes de fiestas y viajes, donde las víctimas se exponen a estar con personas desconocidas, el consumo de drogas y licor, y las salidas tarde del trabajo, o del hogar en sitios solitarios y poco seguros.

d.   Relaciones de jerarquía: Se presentan principalmente en ambientes laborales, escolares y religiosos, donde existe relación de subordinación de las víctimas a los victimarios, quienes se aprovechan de su poder e influencias para generar situaciones en las que se pueden aprovechar de la situación de vulnerabilidad económica, personal o familiar de las víctimas para abusar de ellas. Se presentan principalmente en relaciones laborales (jefe- empleado), escolares (Profesor-estudiante), religiosos (ministro-feligreses).

Como dije anteriormente, pueden existir otras causas, pero se han escogido éstas por ser las más recurrentes.

3.   TIPOS DE DELINCUENTES

En los delincuentes sexuales también podríamos hacer una clasificación que permita analizar las causas de los delitos sexuales:

En primer lugar, encontramos los agresores explosivos, los que agreden por un ataque de ira proveniente de la rabia o la humillación. Son per-sonas que estallan y que desarrollan un comportamiento agresivo promovido por la rabia. Se trata de los sádicos que reaccionan agresivamente a cualquier reto o desafío o contradicción a su persona; los misóginos que guardan un gran rencor a las mujeres y estallan cuando son enfrentados por una de esas; los machistas que reaccionan agresivamente a cualquier cambio que amenace su cultura patriarcal (Garrido, 2018); los narcisistas que reaccionan agresivamente cuando alguien los contradice, o ataca su ego (Garrido, 2018). En todos estos casos, la principal causa es la ira, y que por rabia, terminan agrediendo sexualmente a las víctimas, a efectos de doblegarla, someterla o humillarla.

En segundo lugar, se encuentra el acechador, que es el que busca la oportunidad para atacar a la víctima. Se convierte en un cazador, en el cual es-coge una presa y la acecha, hasta que encuentra la oportunidad de atacar. Aquí se encuentra el jefe con la empleada, que la invita a comer, hace que se quede después de las horas laborales, la invita a un viaje de trabajo y lo que busca son las oportunidades para acechar a la víctima. También el don juan, que comienza una conquista, la llena de regalos y de presentes, y si no accede por las buenas, termina accediendo a la víctima por las malas. También se encuentra el pedófilo que asecha al menor de edad en los parques o en el vecindario atrayéndolo con regalos y dulces, hasta lograr la oportunidad de estar solo con el menor y abusar de él.

En tercer lugar se encuentra el maltratador fa-miliar, o el novio maltratador, que es aquel que maltrata, luego pide perdón, manipula, y vuelve a agredir, creando un ciclo de agresión que confunde a la víctima, pues luego de la agresión, pide perdón, se comporta bien, y luego se presenta una situación que detona la agresión, vuelve a agredir (Agustina, 2010 p. 82-83; Del Castillo, 2002 p. 34-35). Estos son esposos, novios, incluso jefes, que envuelven a la víctima en ese círculo de agresión del que no pueden salir, y que en efecto, la víctima no sabe bien si lo que ocurre es normal o es una agresión, termina por no denunciarlo y cuando trata de dejarlo, suelen ser víctimas de más agresión e incluso de homicidios.

Cuarto lugar el obsesivo compulsivo, que es una persona insegura, con miedo al abandono y que se convierten en unos celópatas, que viven verificando los actos de sus parejas, con interrogatorios y seguimientos, y que terminan por atacar en el momento en que sienten que van a ser abandona-dos.

En quinto lugar, los que sufren de algún trastorno mental como los psicópatas que sienten placer al causarle dolor a su víctima y encuentran en sus acciones la forma en cómo atacar al resto del mundo que no los acepta. Los voyeristas que sien-ten placer en ver desnudas a otras personas o teniendo relaciones sexuales, y que en dado caso, propician o someten a las víctimas a situaciones de desnudez solo para satisfacer sus deseos (Mendoza, 2007). Los pedófilos o pederastras que sienten atracción a los niños, los primeros con verlos desnudos, y los segundos con tener relaciones sexuales (Mendoza, 2007).

En fin, estos son algunos de los tipos de delincuentes que podemos encontrar, que pueden existir otras clasificaciones u otros tipos, pero éstos son los más recurrentes.

4.   PROBLEMAS DESDE EL PUNTO DE VISTA PROBATORIOS.

El gran problema de los delitos sexuales es la parte probatoria, porque en este tipo de delitos, la regla general es que no existan testigos presencia-les, las únicas versiones directas de los hechos son la del victimario y la de la víctima. De esta forma, se encuentran desde la partida en muchos de los casos, dos versiones contrarias, donde uno afirma que los hechos ocurrieron, y el otro, tiende a negarlos.

Otro de los problemas probatorios en los delitos sexuales es que los rastros probatorios pueden desaparecer por el paso del tiempo o por contaminación, pues se dice, que luego de una agresión sexual, es muy importante recoger la evidencia dentro de las 76 horas siguientes (Pianeta, 2022). La recolección de fluidos humanos, bellos, y rastros de piel, son fundamentales para confirmar los hechos narrados por la víctima, o para la identificación del agresor. Sin embargo, del tiempo y de las condiciones en que sean recolectadas las evidencias, depende el existo de la investigación criminal, y como se dijo anteriormente, muchas veces las víctimas no son conscientes de ello, y terminan acudiendo a las autoridades encargadas de la recolección de estas evidencias -como medicina legal- demasiado tarde, cuando la evidencia ha sido con-taminada o ya no puede ser objeto de algún análisis científico.

En Medicina legal, los casos de delitos sexuales se clasifican en asaltos sexuales y abusos sexuales. Los primeros son los que el sujeto activo ataca o sorprende a la víctima y utiliza la violencia para someterla, y en los segundos, los victimarios se aprovechan de su posición o de la vulnerabilidad de la víctima para acceder a ella, y no utilizan la violencia (Pianeta, 2022).

Dentro de esas evidencias, se encuentran las lesiones y las marcas de las agresiones. Pero esas lesiones o marcas, no se encuentran en casos de abusos sexuales, en los que el victimario no busca producir un daño, sino que busca volver a repetir el abuso recurrentemente, sin dejar marcas (Pianeta, 2022). Cosa diferente ocurre en los casos llamados asaltos sexuales, en los que sí se trata de una agresión por parte del victimario, y que busca someter a la fuerza a su víctima a toda costa, y que sabe que no tendrá otra oportunidad (Pianeta, 2022). Igualmente, las agresiones dependen de la forma en que se realicen y los medios utilizados para realizarla, pues una agresión realizada por una amenaza de dañar a otro familiar, se realiza a través de una violencia, pero no deja marca alguna sobre la víctima. Igualmente, las marcas dependen de la morfología y las características físicas y médicas de la víctima (Pianeta, 2022), que facilitan o dificultan los hallazgos necesarios para evidenciar los signos de agresiones sexuales.

5.   LA FALSA VICTIMOLOGÍA.

La falsa victimología es un concepto acomodado para aquellas situaciones que perjudican la posición de las víctimas, y en vez de alentarlas a denunciar los hechos, terminan por silenciarlas o a dificultarles más su situación.

Desde el punto de vista del contexto en el cual se realizan las investigaciones penales sobre los deli-tos sexuales, se encuentran muchas complicaciones para las víctimas, como, por ejemplo, los con-textos machistas, que generan barreras al acceso a la justicia. ¿A quién se le cree más, a un hombre o a una mujer?, expresiones como, por ejemplo, eso le paso por ingenua, o ella no era ninguna santa, o una mujer no debía hacer eso, o no debía estar en cierto sitio a determinada hora, hace parte de un arsenal de ataques que hacen ver como culpable a la víctima, cuando el culpable de un ataque o un abuso sexual, siempre es el victimario.

En segundo término, la forma como se aborda a la víctima por parte de la policía, también termina siendo inconveniente y haciendo el acto de la denuncia una tortura psicológica para ella. Narrar varias veces el episodio traumático y a diferentes personas, no es para nada favorable para la víctima, quién en cada narración revive el momento, y con ello, todo el dolor, la desesperación y su tragedia. "Señora... Cuénteme otra vez qué fue lo que ocurrió..." es una frase que tortura a las víctimas, quienes ven cómo otras personas se resisten a creer lo que están narrando, y a veces la juzgan de mentirosa, y otras, disfrutan morbosamente escuchar la historia de la violación, lo cual, es verdaderamente traumático para las víctimas.

En los casos de abusos sexuales al interior de la familia, la misma familia por diversas razones trata de no denunciar, y de ocultar la situación, silenciando a la víctima y ocultando al agresor de la justicia penal. En muchas ocasiones los abusadores son el sustento económico del hogar y de las víctimas, y la familia tolera la situación con resignación. En otras ocasiones, la victima duda en denunciar, pues en primer término la confusión que le genera el abuso (¿por qué me está pasando esto?), y la presión del victimario (este es nuestro secreto y nadie se tiene que enterar), hace que la víctima no entienda qué es lo que le está ocurriendo, y si debe hablar o no con otra persona de ello. En ocasiones el abuso familiar es una práctica cultural, normalizada en la familia, y practicada de generación en generación, y la misma cultura o costumbre familiar, la oculta. En otras ocasiones, la víctima habla, pero no le creen, al considerarlo imposible, y entran en una etapa de negación de lo ocurrido, pensando que la víctima se encuentra en una crisis de rebeldía, o solo busca llamar la atención. El miedo también a un escándalo familiar, y el miedo a un juicio público y una condena para un miembro de la familia, también son factores que hacen que las familias prefieran no denunciar los abusos, y tratar de darles una solución al interior de la familia, y estos, también son factores que ayudan a la impunidad de los victimarios, y a que la cultura de la violación familiar se consolide.

En ambientes laborales, escolares y religiosos, la situación también se decanta muchas veces en favor de los victimarios, quienes, por poder, dinero o prestigio, logran silenciar a las víctimas. La credibilidad, buen nombre y prestigio de los victimarios, aminora los testimonios de las víctimas, que terminan siendo atacadas, señaladas y denigradas por el resto de personas, que las ven como arribistas, mentirosas y prostitutas. El miedo a un escándalo público, y a perder el empleo o su dignidad como mujer al aceptar públicamente que fueron abusadas sexual, también son factores que favorecen a la impunidad de los victimarios en estos casos.

En los contextos de fiestas y de reuniones de adolescentes, también se presentan factores que favorecen a los victimarios, como es el sentimiento de culpa de la víctima, por colocarse en unas situaciones de vulnerabilidad como lo son, haber salido con personas desconocidas, haber salido a altas horas de la noche, consumir alcohol y drogas hasta quedar inconsciente, o el aceptar haber tenido relaciones con desconocidos, lo que conlleva a ser señaladas como irresponsables e inmorales por sus amigos y familiares. En estas situaciones, la víctima no sabe si hablar o no, por miedo a que su vida privada e íntima quede expuesta a todo el mundo. El temor también al escándalo público, en estos casos, también juega en contra de las víctimas, que tratan de ocultar ciertas cosas vergonzosas, y terminan diciendo mentiras, que se descubren en la investigación y que generan contradicciones, y que merman su credibilidad en un juicio o la seriedad de la investigación.

6. CASOS PROBLEMÁTICOS, SOBRE DELITOS SEXUALES.

Como veníamos diciendo, los casos de violación o de abusos sexuales el problema no es de la víctima, sino del victimario, no es culpa de la víctima que el victimario decida vulnerar su derecho a la libertad sexual, y debido a ello, debe ser sanciona-do.

Sin embargo, a pesar de lo anterior, no podemos negar que existe un debido proceso, y que el procesado tiene unos derechos, y uno de ellos, es la presunción de inocencia. De esta forma, no se pue-de afirmar la culpabilidad de una persona por la simple denuncia, porque incluso en los delitos sexuales se presentan casos difíciles como los siguientes:

1)	Error en la identificación del agresor. La víctima señala a una persona como su agresor, pero este no fue, o las autoridades señalan erróneamente a un sospechoso de ser el agresor y homicida de una víctima. En estos casos, la víctima por factores como la oscuridad, el estado la embriaguez o por efecto de las drogas, tiene su consciencia disminuida y no puede identificar plenamente a su victimario, o en los casos en los que el victimario utiliza máscaras o realiza cualquier treta para no ser identificado, y fuera de eso, el acusado o procesa-do, coincidió en el lugar y hora que no debía. En estas dos situaciones, la mala identificación del victimario, coloca a la justicia al límite de condenar a un inocente o de exonerar a un culpable, y ante dicho reto, el principio del in dubio pro reo, juega un papel definitivo en favor del procesado.

2)   Padre o padrastro denunciado por su esposa, de abuso sexual de un hijo concebido entre ambos o criado por ambos: En estos casos, se presentan situaciones complicadas como una venganza o retaliación de la madre en contra del esposo, por haberla engañado o abandonado, y terminan instruyendo a los hijos para que denuncien abusos sexuales que no ocurrieron. Igualmente, situaciones como el manejo de los baños y los tocamientos para la limpieza, que son mal interpretados y asumidos como casos de abusos sexuales. También, se presenta eventos narrados por los menores que son asumidos como casos de abusos sexuales, pero que son producto de la imaginación de los meno-res, y que luego son descontextualizados.

3)   Casos de noches locas: Son casos en los que los implicados en una relación sexual, consumieron alcohol y drogas, y al momento de recuperar la consciencia, la mujer denuncia el hecho de haber sido abusada sexualmente. En estos casos, la regla general es que ante la ausencia de consciencia para consentir una relación sexual, se genera una violación, pero pueden darse casos de error en el consentimiento o de inimputabilidad o un error de tipo, con relación a la edad de la víctima.

4)   Casos de trabajadoras, que pretenden vengarse de sus jefes, con los cuales han tenido una relación sentimental previa, y que, denuncian una violación, sin existir tal.

5)   Casos de trabajadores sexuales que denuncian a sus clientes de violación: Las trabajadoras sexuales también tienen derecho a la libertad sexual, y se pueden negar a determinadas prácticas sexuales, muy a pesar de haber sido contratadas, sin embargo, también en este

tipo de contextos se puede presentar un escándalo en el que la trabajadora sexual denuncia a su cliente por violación, por haberla sometido a una práctica sexual no autorizada, y lo que realmente ocurre es que la trabajadora sexual estaba exigiendo la paga de su cliente, y este se estaba negando a cancelarle, o la trabajadora sexual estaba exigiendo una paga mayor de la inicialmente acordada, y una forma de presionar dicho pago es, amenazar con denunciar-lo de una violación. Frente a estos escándalos, los clientes, evitan ser expuestos públicamente, ya sea porque tengan familia y estén casados, o ya sea por ejercer determinado cargo público o un alto cargo empresarial.

6)   Casos de personajes públicos expuestos a denuncias por abuso sexual: Son casos de actores, cantantes, artistas, políticos, diplomáticos, ejecutivos, e industriales, que son denunciados por empleadas o empleados por abusos sexuales luego de varios años. Son casos bastante complicados pues no existen pruebas físicas y médicas, y las versiones de los implicados son contrarias.

7)   Casos de bandas dedicadas a la extorsión: Se han presentado también casos de bandas delincuenciales que operan con trabajadoras sexuales, que se insinúan a determinados hombres poderosos, o hijos de hombres poderosos, para luego de tener relaciones sexuales, para luego denunciarlos por delitos sexuales y extorsionarlos por dinero.

En todos estos casos, se evidencia la ausencia de responsabilidad y la intención de la victima de mentir y de perjudicar al procesado, y aunque son unos pocos casos, no se puede desconocer la inocencia de la persona que va a ser procesada.

Precisamente estos casos difíciles son los que guían las defensas en los juicios de delitos sexuales, donde los defensores buscan probar que sus clientes se encuentran en alguno de esos casos difíciles, o cuando no, tratan de generar la duda, para que sean absueltos.

7.   ESTRATEGIAS DEFENSIVAS EN LOS DELITOS SEXUALES.

Como vimos anteriormente es a partir de los ca-sos difíciles, que los defensores estructuran su teoría del caso, y la defensa de sus clientes, y de esta forma, de acuerdo con el caso, las versiones que se puedan manejar y las pruebas que descubra la Fiscalía con el escrito de acusación, es que se escoge alguna teoría del caso. Entonces podemos encontrar los siguientes ejemplos:

A.   Yo no fui, aquí se presenta el tema de la falta de identificación del victimario, por error de la víctima o por un error en la investigación, por tanto, hay que atacar los medios por los cuales se ha lle-gado a la identificación del acusado.

B.   Ella mal interpretó la situación, eso no fue así. Yo pensé que sí pero me confundí. Esa es la defensa que se hace cuando existió algún error en el consentimiento.

C.   Ella miente, eso no fue lo que pasó. Esta defensa se estructura cuando realmente fue una relación consensuada, pero la víctima tiene la intención de afectar al procesado.

D.   Yo no estaba en mis cinco sentidos. Son en los casos en los que se involucra alcohol o drogas, y lo que se busca es el reconocimiento de la inimputabilidad.

En todo caso, ante estas posibles defensas siempre existirán las versiones de la contraparte, y se generará todo un trabajo probatorio para confirmar o desvirtuar cada una de ellas.

7.1. LA TEORÍA DEL CASO DE LA DEFENSA

Estas serían unas de las estrategias que utiliza-ría la defensa en los casos de delitos sexuales:

Estrategias de desacreditación de la víctima, para que pierda credibilidad su versión. Se busca dejar a la víctima como una mentirosa, una arribista, una trabajadora sexual, o una mujer de la vida alegre e irresponsable.

Se busca demostrar un móvil por parte de la víctima, para denunciar falsamente al procesado: ella me quiere desgraciar la vida; eso fue para castigarme por lo que yo le hice; o no puede soportar que yo ahora esté feliz.

También se apela a acusar a la víctima de padecer algún trastorno mental que la lleva a percibir las situaciones de forma errática: "ella esta loca"

También existe la estrategia, esto ha sido una confusión, a ella nadie la forzó a nada, todo fue un mal entendido. En esta situación también se presentan casos, como "ella fue la que me sedujo", "ella me dio a entender que, si" o "ella fue la que propició la situación", se busca tratar de demostrar que hubo consentimiento o que hubo un error en el consentimiento.

Por último, se ven defensas como "yo estaba borracho", "yo no estaba totalmente consciente" y con ello se busca alegar un estado de inimputabilidad o un error en el consentimiento.

7.2. LA TEORÍA DEL CASO DE LA FISCALÍA

Estas son las estrategias que utiliza la Fiscalía en los casos de delitos sexuales:

Cuando existe evidencia científica, fotográfica, y videos, el enfoque del ente acusador, se basa en la declaración de la víctima, la declaración del investigador que recogió las pruebas, y en los peritos de medicina legal, para la reconstrucción de los hechos.

Cuando no existen evidencias científicas, videos o fotos, la fiscalía suele recurrir a las siguientes estrategias:

Se busca probar la personalidad del procesado: Es un enfermo, es un embaucador, es un manipulador, es un mentiroso, es un acosador, es un agre-sor. Y con ello se busca perfilar psicológicamente al procesado, para demostrar su culpabilidad de acuerdo con el caso, tratando de establecer por su perfil psicológico su forma de actuar, y su tendencia a cometer el delito.

Igualmente, se busca describir como era el tipo de relación, entre el victimario y la víctima, si eran pareja, si eran amantes, si era su jefe, si era su compañero de trabajo, etc., y a partir de la relación victimario-victima, sacar el contexto del delito, y las situaciones que lo propiciaron.

También se busca exponer un modus operandi, cuando las actuaciones son recurrentes, sacando un patrón de actuación que va acorde con el perfil psicológico del investigado y de su tendencia a realizar siempre el mismo acto, con la misma víctima o a varias víctimas. En igual sentido, se analizan los antecedentes que pueda tener el procesado con otras víctimas, para establecer un patrón de comportamiento, y una relación del victimario, con todas sus víctimas.

Por último, se busca probar por parte del ente acusador el lado humano de la víctima, narrando la tragedia, el dolor y las consecuencias que le produjo aquél evento traumático.

8. LAS PRUEBAS EN LOS DELITOS SEXUALES.

Como vemos, la complejidad que tienen los casos difíciles y las estrategias que se pueden plantear en los juicios de delitos sexuales, hacen que las pruebas tengan un papel determinante para la decisión judicial.

A continuación, vamos a analizar la pertinencia de las pruebas en los delitos sexuales.

8.1. PRUEBAS DOCUMENTALES.

En los casos de los delitos sexuales, las pruebas documentales parecen ser en principio bastante escasas o irrelevantes, sin embargo, con el avance de las tecnologías, y masificación de las comunicaciones interpersonales a través de las redes socia-les, las pruebas documentales comienzan a tomar mayor relevancia, puesto que muchas veces, las víctimas y los victimarios se comunican previa y posteriormente a los hechos ocurridos, y esas comunicaciones pueden contener información importante para establecer las circunstancias de tiempo, modo y lugar, que antecedieron a una vio-lación, o que ocurrieron luego de la misma.

Así las cosas, si hablamos de un acosador, podemos encontrar mensajes en el celular de la víctima, del victimario, con contenido sexual o con expresiones inapropiadas. Pensemos en un caso de violación de un jefe a una empleada, donde podemos encontrar mensajes insinuantes, invitaciones inapropiadas, chistes de mal gusto, videos o fotos, antes y después de la violación. Incluso, se puede incluso encontrar amenazas de despido, de desprestigio o incluso amenazas de muerte, en las que el victimario busca someter a la víctima o exigir su silencio.

En tales casos, es importante la recolección de esa evidencia de los celulares de la víctima y del victimario, y por esta razón, se hace importante, la incautación de los dispositivos para la recaudación de esa evidencia, para su posterior descubrimiento y exposición en un juicio, aunque también, se hace posible la recolección de dicha evidencia a través de cualquier medio de almacenamiento digital (memoria USB, disco duro, mensaje de datos o mensaje de correo guardado en un servidor) que permita su reproducción posterior (Art. 12 Ley 527 de 1999) (Diaz y Robles, 2020), o la impresión de dicho material de forma física, siempre y cuando se logre establecer quién creó el mensaje y quién lo recibió.

La valoración de estos documentos debe hacer-se con base en las reglas generales de valoración de los documentos, que son la autenticidad, la integridad y la credibilidad.

Por lo anterior, se hace importante la verificación de la titularidad de los números de celulares de donde se envían y reciben los datos, para la autenticación de los documentos, en particular, para determinar quiénes son el emisor y el receptor de los mensajes, y en palabras más técnicas, quién ha sido el creador del mensaje o documento electrónico y quién lo recibió (Diaz y Robles, 2020).

En el caso de los mensajes por medios digitales, se debe confirmar la firma electrónica, que se hace determinando quién es el titular del celular o cuenta de correo, o de la red social, desde la cual se emitió el mensaje. De esta manera, si la defensa de un procesado alega que dicho mensaje no lo emitió su defendido, porque le hackearon la cuenta, o porque el celular o la cuenta la utilizó un tercero, quién alega dicho derecho, tendrá la carga de demostrarlo, pues al demostrar que el procesado es el titular de la cuenta de la cual se envió el mensa-je, ya existe un grave indicio en su contra, y si se pretende alegar una falsedad, deberá demostrarla, situación que en un caso de documento electrónico, deberá ser a través de un peritaje de un ingeniero en sistema, que demuestre que en efecto, el mensaje es falso, que el mensaje fue alterado, o fue un tercero que emitió el mensaje vulnerando la seguridad de la cuenta de correo por ejemplo.

Por otra parte, la defensa también podrá alegar que el mensaje ha sido modificado, producto de un hackeo o fue editado por un tercero. En tal caso, también se debe aplicar la misma regla, y es, que el que alegue un derecho tiene la carga de la prueba, por tanto, la defensa tendrá que demostrar a través de un perito experto, el contenido del mensaje original, y demostrar cómo se realizó la modificación, para alegar la falsedad.

Por último, la defensa podrá alegar la falta de veracidad de los mensajes, para lo tendrá que establecer, que el contenido del mensaje ha sido tergiversado, y tendrá que demostrar a través de otras pruebas, un contexto y un significado diferente, y para ello, requerirá por ejemplo, de un contrainterrogatorio a la víctima, de un interrogatorio al victimario, y de las demás pruebas de mensajes de textos que se tengan, para desentrañar el verdadero significado de las palabras contenidas en los mensajes. Así por ejemplo, deberá convencer al juez que un mensaje que apunta a un posible acoso sexual, es una broma de mal gusto sin relevancia penal.

Hay que recordar que las grabaciones, fotos y mensajes de voz, también son pruebas documentales, y en consecuencia son documentos digitales, de mucha importancia, pues son tanto declarativas, como representativas (Art. 243 CGP).

Así las cosas, si se realiza una grabación de una conversación entre el victimario y la víctima, don-de se declara la ocurrencia de los hechos, es una prueba relevante para el proceso. En el tema de las grabaciones de conversaciones se ha establecido por la doctrina y la jurisprudencia, que si no existe autorización de las partes que intervienen en la conversación para grabar, inicialmente dicha grabación es ilegal -por vulnerar el derecho a la intimidad-, a menos que sirva de soporte para la víc-tima para demostrar la ocurrencia de un delito. Así las cosas, una empleada puede grabar una conversación con su jefe en la cual sea evidente un acto de acoso sexual o un constreñimiento para callarla después de haber ocurrido una violación.

En todo caso, dicha grabación por ser un documento digital deberá ser autenticado en audiencia, lo que significa, que se confirme la identidad de los intervinientes en la grabación, y esto puede ocurrir, con la aceptación expresa de los intervinientes, el reconocimiento de voz, o las circunstancias de tiempo modo y lugar que confirmen la identidad de los intervinientes. En tales casos, la defensa deberá solicitar los peritajes técnicos para garantizar el reconocimiento de voz, y los testimonios o documentos que se requieran para objetar la autenticidad de la grabación.

La grabación también podrá ser objetada por haber sido modificada o editada. En tales casos, deberá acudir al peritaje técnico que permita certi-ficar que la grabación fue objeto de alguna modificación o edición, y que por tanto, la grabación aportada al juicio no es la original.

El mismo planteamiento deberá utilizarse para fotografías, mensajes de voz, y videos, en los cuales deberá acreditarse la autenticidad e integridad del documento, solo que la autenticidad se verifica con la forma de las personas que aparecen en las foto-grafías y videos, y en caso de mensajes de voz, es-tas se verifican con una prueba de reconocimiento de voz.

También hay que aclarar, que la identificación de las personas en caso de videos y fotos, depende de la morfología de las personas que en ellas apa-rece, es decir, sus rasgos morfológicos, su cara, su bello facial, lunares, su pelo, su estatura y su forma en términos generales. Las grabaciones con baja resolución y borrosas, tendrán que ser analizadas bajo los criterios de la sana crítica, con las demás pruebas obrantes en el expediente, para corroborar si la persona grabada es en efecto la víctima o el victimario.

Igualmente, también se ha dicho que la autenticación de fotos, mensajes de voz y de grabaciones, se pueden hacer de acuerdo con el contexto o con circunstancias concomitantes que permitan establecer la autenticación de los mismos, es decir, que se pueda identificar a los intervinientes por lo ocurrido después de la grabación, como, por ejemplo, que se haya cumplido la reunión o la entrega de una droga, que se hace mención en la grabación. Así las cosas, si un video tomado de una cámara de seguridad que no sea muy claro en la resolución, hace difícil la identificación facial de uno de los participantes en los hechos, pero la identificación de la persona en el video se puede dar teniendo en cuenta el sitio del trabajo, la confirmación de la víctima y los otros testigos de cómo ocurrieron las cosas, y de la participación de esa persona en el hecho, entre otras.

Al igual que los mensajes de textos, las grabaciones, fotos y videos, también pueden ser objeta-das por su veracidad, atendiendo al contexto, al significado y a la interpretación de los mismos, contrastándolos con las demás pruebas y testimonios.

Como se dijo al principio, con el avance de las tecnologías, hoy las víctimas cuentan con un celu-lar, con el cual, pueden grabar un hecho, grabar una conversación, tomar una foto, y guardar cualquier mensaje, mensaje de voz o foto que el victimario le envíe. Así las cosas, se pueden presentar videos de seguridad colocados por los padres en una casa, donde se evidencia cómo un tío abusaba sexualmente de su sobrina. Podemos encontrar grabaciones de conversaciones, en las que una menor de edad graba al primo cuando la acosa sexualmente. También podemos encontrar la grabación secreta que realiza la madre y la hija, de una discusión con el padre, en la que le reclaman por un abuso sexual.

En cuanto a la prueba documental, se hace necesario señalar la importancia de la forma como se debe recaudar la prueba, para garantizar su legalidad en el proceso, y de que esta pueda ser presentada y reproducida en el juicio a través de medios que permitan su reproducción, que es uno de los requisitos de todo documento electrónico. Igual-mente, se debe garantizar su cadena de custodia, tendiente a garantizar su integridad y autenticidad. Ahora bien, se debe tener presente, la forma de presentación de los mismos en el descubrimiento probatorio, garantizando el debido traslado a la contraparte, y de su presentación en el juicio oral.

En relación con el tema de la legalidad de la obtención de la prueba, hay que analizar procedimientos como la incautación de celulares o computadores, en casos de flagrancia, la incautación en procesos de registro y allanamiento ordenados por la Fiscalía, y caso de interceptación de comunicaciones e interceptación de datos, también ordenados por la Fiscalía. En todos estos procedimientos, y en especial en las investigaciones penales que corresponden a redes de proxenetas en instituciones públicas, o caso de trata de personas, y pornografía infantil, donde se enfrentan a verdaderas organizaciones criminales, donde la Fiscalía si hace uso de estos procedimientos especiales como el registro y allanamiento, la interceptación de comunicaciones, el seguimiento de personas, o los agentes encubiertos. Pero independientemente de estos casos, la regla general, es que la Fiscalía no los ordena en los casos complicados de delitos sexuales individuales, y muchas veces se atiene a la prueba testimonial, la prueba pericial de medicina legal, o la prueba psicológica forense, pero sí se recomienda que sería necesario la incautación de los celulares y de los computadores de la víctima y del victimario para recaudar la prueba documental para el juicio, y para ello, se debe seguir el procedimiento para el recaudo de la prueba, y la legalización de la misma ante el juez de control de garantías.

En la actualidad la tendencia de la mayor parte de las personas es de relacionarse a través de las redes sociales, muchas personas cuentan con suficiente documentación para probar sus conversaciones, sus relaciones y los hechos, así que podemos encontrar que un testigo llamado a juicio, rea-liza una afirmación, y luego muestra como prueba un chat en plena audiencia, dicho documento, se entenderá como una prueba de su dicho y quedará como un anexo de su declaración, y en todo caso, su efecto probatorio es muy fuerte, pues es evidencia de que lo que ha afirmado es cierto y tiene un soporte del mismo. ¿Y qué se podría decir, si la persona aporta un video o una grabación? Pues en efecto, el código general del proceso establece la regla, que ninguna de las partes podrá aportar documentos durante su declaración, pero los testigos sí, y ello se debe, a que si la parte tenía en su poder dicho documento, debió ser aportado en las oportunidades procesales para hacerlo, y la única excepción sería una prueba sobreviniente. En el caso de los testigos se menciona, que ellos sí pueden aportar documentos que acrediten lo dicho en su declaración y serán tenidos como soporte de las mismas. El problema del derecho penal, es que ello podría sorprender gravemente a la defensa, pero incluso en el derecho penal, también sería admitida como una prueba sobreviniente, si la fiscalía alega que no conocía que dicho documento estaba en poder del testigo, y luego se discutiría su admisión, de acuerdo con su relevancia, teniendo el juez que decidir sobre su admisión. En todo caso, el efecto devastador que tiene un video, fotografía o mensaje de texto o de voz, revelado en la audiencia de juicio oral, que comprometa al procesado, no se atenúa ni siquiera con su exclusión probatoria.

8.2. LOS TESTIMONIOS.

En relación con las pruebas testimoniales, nos encontramos con el testimonio de la víctima, del procesado, testigos de oídas, pruebas de referencia, y el testimonio de los menores.

Como dijimos en un principio, en los casos de delitos sexuales, la ausencia de testigos presencia-les diferentes a la víctima y al victimario, es la regla general. Son muy pocos los casos de testigos presenciales en los casos de delitos sexuales, y cuando se presentan, son casos de varias víctimas, o varios victimarios, que en todo caso, terminan siendo muy complejos, pues se tiene que evaluar la memoria, la coherencia y la credibilidad de los testigos.

Cuando se trata de las víctimas, en efecto, ésta tiene un interés en el proceso y en su narración, y es que se condene al agresor por los hechos que está denunciando. Ese interés marcado, no puede generar su desacreditación o falta de veracidad. Por regla general a la víctima es a la que más se le cree, y tanto los jueces, los fiscales, el ministerio público, la prensa y el público en general, adoptan hacía ella una posición protectora. La Corte Suprema de Justicia, ha dicho que el testimonio de la víctima debe ser considerado bajo las reglas de la sana crítica (Corte Suprema de Justicia Sala Penal. Expedientes 46577 de 2016, 41948 de 2017 y 44441 de 2017). En términos generales el testimonio de la víctima goza de mucha credibilidad y si tiene otras pruebas confirmatorias o que corroboren su dicho, sería casi que imposible refutarla. Encontramos como pruebas de confirmación o corroboración:

Las documentales, videos, fotos, mensajes, correos, mensajes de voz, que de contener declaraciones o imágenes comprometedoras apoyarían la acusación y la condena.

Las periciales, como exámenes médico-forenses, psico-forenses, identificación de ADN, entre otros, que corroboren lo dicho por la víctima también generaría una prueba muy fuerte, junto al testimonio de la víctima.

Los testimoniales, en los que testigos de oídas, o testigos directos de hechos antes y después de he-cho punible, corroboren lo dicho por la víctima, aunque puede decirse, que la prueba testimonial, es una de las más complicadas, pues por los intereses contrapuestos en un proceso penal sobre delitos sexuales, y lo pasional que irradia el mismo asunto, es de las pruebas que más errores y problemas pueden tener, desde el punto de vista de la credibilidad, coherencia y memoria

(Mazzoni, 2010). Precisamente desde el punto de vista de la técnica del interrogatorio y el contrainterrogatorio, los testigos pueden incurrir en diferentes imprecisiones e inconsistencias.

En este sentido, la memoria puede presentar errores, por el paso del tiempo, por desconexión por estados de inconsciencia, o por eventos traumáticos (Mazzoni, 2010). También se pueden presentar sustitución de eventos reales, por otros que no ocurrieron pero que el testigo asumió que ocurrieron (Mazzoni, 2010). Y por último, existen errores en la interpretación de los hechos, donde la persona observa unos hechos y los interpreta de forma diferente a lo que realmente se presentaron (Mazzoni, 2010). Así por ejemplo, una persona víc-tima de una violación, en pleno acto, puede perder la consciencia total o parcialmente, puede desmallarse, y puede asumir la ocurrencia de hechos o incluso soñarlos, y por eso puede haber sustitución entre eventos imaginarios (un sueño) y la realidad. También frente a un hecho traumático como lo es la violación, una víctima amenazada con un arma, se enfoca en ésta o en otro objeto, y no percibe otros detalles del hecho. Personas que cierran los ojos y solo escuchan, y tratan de interpretar los sonidos y las voces, pero ello, puede conducir a errores, y objeciones, como por ejemplo, usted dice que escucho la voz del acusado, pero ¿usted lo vio? ¿Usted tenía los ojos abiertos o cerra-dos?

En el caso de los testimonios de menores, se encuentran complicaciones como que los menores son sugestionables, y pueden hablar de cualquier tema fluidamente, confundiendo la realidad con la imaginación. Los niños en un interrogatorio, les preguntan sobre el portero del edificio, ellos se referirán a ese portero del edificio, cuando en realidad el edificio nunca contaba con un portero. Los niños también pueden inventarse historias con mayor facilidad, y pueden mentir, e incluso pueden engañar a los adultos. También se puede presentar conocimientos implantados, donde un adulto instruye al menor con conocimientos y hechos no ocurridos. También se presenta el síndrome de la alienación parental, donde uno de los padres busca arruinar la relación con su padre y apartarlo de su vida, llegando incluso al punto de que el niño o niña relate historias de abuso sexual no ocurridas. El síndrome de la alienación paren-tal, consiste en una campaña de desacreditación y de fomento al odio de un progenitor hacia el otro, y una de las situaciones que se puede presentar, es sugestionar al menor y convencerlo que ha sido abusado por su padre.

Sobre el testimonio de los menores, también se tiene que el relato de un menor, sobre vivencias y conocimientos sexuales explícitos no acordes con su edad y desarrollo, son graves indicios de que el menor ha sido abusado o expuesto a vivencias de contenido sexual.

Igualmente, se habla de que por la edad los me-nores pueden incurrir en imprecisiones o incoherencias en sus relatos, sin que ello le reste la credibilidad a los hechos centrales que está narrando (Corte Suprema de Justicia, Sala Penal, expediente 37044 de 2011). De esta forma, las técnicas de interrogatorio tendientes a resaltar las incoherencias y la memoria, con los menores es bastante complicado, pues a pesar de que en el contrainterrogatorio o incluso en el interrogatorio se evidencien contradicciones, éstas se le dispensan al menor.

En el mismo sentido, también puede dispensar-se al menor de asistir a la audiencia para evitar la doble victimización. Ante la negativa de que la víc-tima comparezca a la audiencia para contrainterrogarla, se restringe en gran forma el derecho de defensa, pues a falta de contrainterrogatorio, la defensa tendrá que valerse de otras pruebas para refutar el dicho de la víctima, luego de que se reproduzca o se lea en audiencia la declaración de la víctima.

Y por último, las técnicas de interrogatorio y contrainterrogatorio son muy difíciles de aplicar cuando se debe seguir las reglas especiales para el interrogatorio de menores, como son el uso de la cámara Gesell, la intervención de un psicólogo y de un trabajador social, y la imposibilidad de hacer directamente las preguntas, todas estas situaciones requieren de un alto grado de preparación y de experiencia, para poder sacar alguna ventaja del interrogatorio o contrainterrogatorio practica-do a la víctima. Predecir el comportamiento de un menor en una prueba psicológica y saber qué preguntas o qué pruebas se tienen que practicar es trascendental. Saber cuales son los indicios que establece la psicología para detectar un abuso sexual en menores es fundamentales, tales como aislamiento social, presencia recurrente de símbolos fálicos, necesidad de protegerse de algo, conocimiento sexual no acorde con la edad entre otros, que se utilizan en el campo de la psicología para hacer un diagnóstico de un posible abuso sexual. A partir de ese conocimiento, saber qué preguntas o pruebas se deben hacer a los menores, es crucial. Por regla general, los psicólogos se concentran en buscar evidencias del abuso, y en ocasiones omiten practicar las pruebas que lo nieguen, esto genera una gran dificultad para el defensor, pero así mismo, le da una posibilidad para atacar el perita-je.

En cuanto a los testigos de oídas, es de aclarar que no pueden ser las únicas pruebas que sopor-ten una condena. Por tanto, si la víctima no sobrevivió al ataque sexual, además de los testigos de oídas se requieren de otras pruebas de confirmación. Los testigos de oídas son testigos indirectos, que tienen conocimientos de los hechos del caso, de testigos directos, de la propia víctima o del victimario (Taruffo, 2008). Las pruebas indirectas, pueden ser pruebas cascadas, cuyo peso probatorio, dependerá de la confirmación de los hechos derivados de la declaración, llegando a confirmar uno a uno, hasta llegar al último escalón, confirmando el hecho principal (Taruffo, 2008). Se po-dría decir, que en estos casos, los testigos de oídas funcionan como pruebas de corroboración, o pue-den servir para construir una cadena de indicios, para sugerir un hecho indicado. El problema de los testigos de oídas es que narran lo que la víctima o el victimario, u otra persona dijo sobre los hechos, y pueden ser engañados, instruidos o sugestiona-dos por el testigo directo. A los testigos de oídas se debe atacar también la memoria, la coherencia y la credibilidad, y ante la evidencia de una inconsistencia o incoherencia, también debe atacarse con otras pruebas de refutación, las cuales pueden ser las mismas con las que se atacan los testigos directos de donde sacaron la información, o incluso, los mismos testigos directos, cuando entre éstos y los testigos de oídas, se contradicen entre sí.

Uno de los testigos importantes en los delitos sexuales es el investigador, este puede estar adscrito a la fiscalía o puede ser un investigador particular contratado por la defensa. Los investigado-res entrevistan a todas las personas relacionadas con la víctima y el victimario, y son los encargados de recolectar los materiales probatorios y la evidencias, así que tienen en gran forma la teoría del caso de la defensa o de la fiscalía en todos sus actos de investigación. Son testigos de oídas en cuanto afirman lo dicho por otra persona, y son testigos directos en cuanto al recaudo de la evidencia. También interpretan los hechos conforme a la evidencia recaudada, y por tener acceso a toda la investigación, no tienen los sesgos que puede tener un testigo o incluso la víctima o el victimario, por-que conocen los resultados de los peritajes, de las declaraciones de todos los testigos y tienen acceso a toda la evidencia que han recolectado. El investigador siempre será uno de los testigos más adversos para la práctica de un contrainterrogatorio, porque conoce al fondo el caso, fue el que realizó la investigación y su trabajo es el que se pone en tela de juicio en un contrainterrogatorio. A los investigadores se los puede atacar por la forma en que recolectaron la evidencia, si violaron el procedimiento o vulneraron algún derecho fundamental, o rompieron la cadena de custodia. También se les ataca si no se realizó la investigación completa u omitieron investigar un hecho relevante. Y por úl-timo, se les puede atacar si las conclusiones a las que llegan están debidamente soportadas o son meras suposiciones o especulaciones.

Por último, las pruebas de referencia que son, por ejemplo, declaraciones de personas que se ha-cen antes del juicio, y que quedan registradas en una grabación o en un escrito, estas pruebas no son pruebas anticipadas, porque no cuentan con la intervención de la contraparte. En estos casos, las pruebas de referencia se generan cuando un testigo o la víctima muere, desaparece o no se conoce su paradero, y por ello, no puede presentarse a declarar al juicio. Dentro de estos casos, debe adicionarse los casos donde el juez para evitar la revictimización de la víctima lo excusa de asistir a la audiencia (Corte Suprema de Justicia, expediente 51569, sentencia del 18 de Abril 2018). Ante la imposibilidad de que el testigo comparezca para ser interrogado o contrainterrogado, el juez toma-rá dicha declaración y la apreciará contrastándola con las otras pruebas y con los criterios de la sana crítica. Para ejercer el derecho de contradicción de esa prueba, la parte en contra de la cual se aduce una prueba de referencia, podrá después de ser leída o reproducida la prueba en juicio, controvertirla, utilizando las pruebas que ya se hayan presentado o las pruebas de refutación que tenga en su poder, y podrá presentar sus argumentos en contra de la veracidad y coherencia del contenido de la prueba.

8.3. EL PERITAJE

Los peritos son personas con conocimientos técnicos, científicos y artísticos especiales, que explican la posible ocurrencia de los hechos relevan-tes del proceso, de acuerdo con la disciplina que ellos manejan. Los peritos son importantes, en la labor de reconstrucción de los hechos, y la confirmación científica de las hipótesis de lo ocurrido según las partes.

El perito no es un testigo presencial de los hechos, aunque en ocasiones puede existir un testigo calificado porque al mismo tiempo tiene conocimientos científicos relevantes para la explicación de los hechos que al mismo tiempo presenció. El perito toma las evidencias, las analiza y rinde un dictamen conforme a su disciplina.

En los casos de delitos sexuales, encontramos diferentes peritos que nos pueden ayudar a reconstruir los hechos o a identificar a la víctima o el victimario.

En primer término, nos encontramos con los médicos forenses, que evalúan el cuerpo de la víctima, y del procesado. En ese análisis, los médicos revisan las lesiones en el cuerpo de la víctima para tomar evidencias de la violencia y de acceso carnal. Igualmente, se buscan muestras de fluidos, piel, cabellos y cualquier rastro de ADN, que permita identificar al agresor.

Los médicos como en cualquier consulta realizan una entrevista previa, para luego seguir con un examen físico, y posteriormente se realizan toma de muestras, para luego analizarlas. Los médicos establecen también una corroboración entre lo que preguntan, lo que encuentran en el cuerpo y lo que arrojan los resultados de los exámenes clíni-cos confirmatorios. Así las cosas, el interrogatorio que hace el médico al paciente, el examen físico y los exámenes clínicos, deben de ser coherentes, y en el caso de una violación, deben apuntar a signos y muestras de violación, sin embargo, no en todos los casos se pueden realizar hallazgos físicos, ya sea porque no hubo violencia física sino psíquica, o porque se trata de abusos sexuales que no dejan huella o actos sexuales diversos al acceso carnal, o en casos en que la víctima está o la colocan en estado de indefensión (Pianeta, 2022), de ahí, que sea importante, que la ausencia de hallazgos físicos, responda a alguno de los factores antes dicho u a otro igualmente válido.

La entrevista inicial es muy importante, pues en ella el médico recoge el relato y a partir de él busca evidencias que lo confirmen. Este relato debe ser recogido por el médico con respeto, así como el examen físico, tomando el debido consentimiento informado de la víctima, para examinar el cuerpo. El médico se enfrentará con problemas, como el estado de alteración de la víctima (Shock, conmoción, miedo, pánico), síndrome postraumático, vergüenza, o rabia, que pueden hacer que la versión de los hechos sea variada por la víctima, por lagunas cognitivas, por vergüenza o por la intención de mentir u ocultar algún hecho.

En este análisis, es fundamental el tiempo (76 horas siguientes a la ocurrencia del hecho), la cadena de custodia de la prueba, y por decir de alguna manera, la protección de la prueba de no ser contaminada (Pianeta, 2022). Así las cosas, si la víctima se baña, se limpia, o mezcla la ropa con otras sustancias, o con agua y detergente, la prueba se pierde (Pianeta, 2022).

La medicina no es una ciencia exacta, y toda per-sona tiene un cuerpo con particularidades diferentes, por tanto, hay muchos hechos que dependen de muchos factores. Así las cosas, puede haber penetración, pero no se puede afirmar cuando existe un himen elástico. En un caso de violación el victimario tenía una particularidad, el ADN de su san-gre no coincidía con el ADN de su semen, y fue ab-suelto en varios casos por desconocer esa particularidad.

En los exámenes clínicos también se pueden realizar hallazgos sobre sustancias alucinógenas como la escopolamina, el alcohol o drogas, que evidencian el estado de la víctima en el momento de los hechos, o si fue drogada para colocarla en estado de indefensión. Igualmente, en este examen se determina si la víctima luego de haber ingerido drogas o alcohol se encontraba en capacidad para dar su consentimiento, y si el victimario, tenía o no capacidad para comprender lo que estaba hacien-do, dos elementos fundamentales para la configu-ración de los delitos sexuales.

Otro de los peritajes importantes se da en el campo de la dactiloscopia, cuando se encuentran huellas en la escena del crimen, en superficies li-sas, o en vasos, armas o copas. Las huellas sirven para identificar a las personas, a veces a la víctima cuando muere o al victimario. La presencia de una huella del victimario en la escena del crimen es un indicio de que estuvo en el lugar de los hechos, pe-ro no confirma, que lo haya realizado, sin otras pruebas. La presencia de una huella dactilar es un gran indicio si se encuentra en un lugar donde se supone que no debe haber estado el victimario, o que el haya negado haber estado. En el caso de O.J. Simpson, por ejemplo, el haber comprobado la existencia de una huella de su zapato en la escena del crimen, permitió la condena civil. Otro caso importante que tuvo gran controversia fue el de Ted Bondy (Linares, 2010), al que trataron de identificarlo por sus huellas dentales, dejadas en un mordisco realizado en el seno de una de sus víctimas, en tal caso, fue la primera vez que se tra-tó de identificar a un asesino de esta forma.

Cuando no existe evidencia física del abuso, y cuando no hay ADN que analizar, ni huellas que identificar, se apela a encontrar la evidencia psíquica, esto es, consecuencias psicológicas de una violación. La psicología tampoco es una ciencia exacta, se encarga de estudiar el comportamiento humano y los procesos mentales en determinadas circunstancias y tiempos, así que se analiza el comportamiento de la víctima y del victimario, y se utilizan diferentes enfoques, pruebas y métodos, para elaborar un dictamen que no afirma, sino que sugiere, que existe evidencia de signos de abuso sexual, o de que alguien tiene rasgos de agresor sexual. Las pruebas psicológicas son muy utiliza-das en los casos de abuso sexual a menores, en donde se valora el comportamiento del menor frente a estímulos sexuales, objetos, dibujos, juguetes, y se estudia el conocimiento del menor sobre conductas sexuales, su relato, su lógica y su coherencia de acuerdo con su edad.

Por regla general son indicios de un abuso sexual, el conocimiento expreso de actos sexuales por parte del menor normalmente no coherentes con su edad, que se expresan en sus dibujos o en su juegos; el aislamiento, la depresión, la conductas de autoinfligirse daño, la falta de control de esfínteres, y expresiones de miedo o pánico cuando se refieren a su agresor, son otros de los elementos que evidencian un posible abuso. En este campo, el peritaje trata de un método aplicable al me-nor, de unos resultados y de una interpretación, que debe estar sometida al análisis según los criterios de la sana crítica (Patrón, 2020). En estos cosas, se hace necesario controvertir la prueba a través de un buen contrainterrogatorio guiado también por un psicólogo, o realizado por un psicólogo, o un contraperitaje (estudio de un perito sobre el peritaje realizado, y no tenga que tratar nueva-mente al menor), o un nuevo peritaje, que analice nuevamente al menor.

Una de las discusiones que se presentan en el caso de los delitos sexuales, es sobre la inimputabilidad del victimario. En este campo, las evidencias sobre la ocurrencia del hecho ya son incontrovertibles, y por ello, el defensor se enfoca en la capacidad de comprensión del procesado, alegan-do la existencia de algún tipo de trastorno mental. En este campo, se somete al procesado al análisis de psicólogos y psiquiatras para que determinen si sufre de algún trastorno mental, que puede ser de carácter permanente o transitorio, y en los últimos casos, puede tener o no base patológica. Los psicólogos deben establecer si el trastorno genera incapacidad para comprender la ilicitud de los actos o si genera incapacidad para autodeterminarse, pero en últimas será el juez quién con base en los peri-tajes establezca si reconoce o no la inimputabilidad del sujeto, pues como se ha dicho, la inimputabilidad es un concepto jurídico, pero depende en todo caso, de la existencia de un dictamen de trastorno mental.

Estos son los dictámenes más controvertidos, pues los análisis se basan en la interpretación de los comportamientos y de patrones psicológicos, que por regla general se controvierten con otro peritaje o con un contra peritaje, que genere dudas sobre las conclusiones. Los debates se concentran en la historia de vida de la víctima y del victimario, y los eventos que precedieron los hechos, y las consecuencias del mismo.

Los peritajes tienen tres partes fundamentales desde el punto de vista jurídico, el primero es la acreditación del perito, donde se comprueba su idoneidad a través de los títulos y su experiencia; la segunda es el método utilizado para lograr los resultados; y por último las conclusiones a las que llega el perito, las cuales son el análisis objetivo-subjetivo que realiza el perito, con base en su ciencia, técnica o arte.

En el caso penal, el fiscal deberá acreditar al pe-rito con sus estudios y experiencia primero, luego, deberá dejar que explique el procedimiento utilizado, y por último, indagar sobre las conclusiones a las que llegó. El defensor por el contrario deberá a través del contrainterrogatorio, exponer las deficiencias del perito, su método y sus conclusiones, lo cual, deberá hacer a través del contrainterroga-torio, con un contraperitaje (otro perito analiza el peritaje rendido) o a través de otro peritaje.

8.4. LOS INDICIOS.

Los indicios son un tipo de prueba, que parte en gran forma de los criterios de la sana crítica, que son la lógica, la experiencia y la ciencia. Los indicios son racionamientos lógicos que buscan comprobar entre varias hipótesis de lo ocurrido, cual es la más razonable. El indicio surge de un hecho probado, del cual se deduce un hecho desconocido, es algo similar, a decir, donde hay humo, seguro hay fuego. Así las cosas, un indicio se construye de una premisa que permite hacer una inferencia razonable, para llegar a una conclusión.

Si Juan estuvo con la víctima antes de que mu-riera, y si nadie más estuvo con la víctima después de Juan, se infiere que Juan la mató.

Si se robaron un caballo del granero, y en el granero había perros, pero ningún perro ladró, se supone que los perros conocían al ladrón.

En los casos de delitos sexuales cuando no existe testigos directos de los hechos, y la víctima no es-taba consciente o no pudo identificar a su agresor, este puede ser identificado por otras pruebas, que arrojen un indicio sobre su presencia y participa-ción en los hechos.

Si Juan es acusado de violar a Patricia, pero este dijo no haber estado en el lugar de los hechos ese día, pero se encuentra semen con su ADN en el lu-gar de los hechos, esto es un indicio grave en con-tra de Juan.

La prueba de ADN da negativa y favorece al pro-cesado, pero se comprueba que el procesado hizo una transferencia de dinero a favor del perito días antes de presentar el peritaje, es un indicio grave en contra del procesado y del resultado del perita-je.

Si el testigo dijo inicialmente que vio a Juan agredir sexualmente a Marta, pero después se re-tracta, y se encuentra en un chat que Juan amena-zó al testigo con la muerte días antes de presentar-se al juicio, se puede inferir que el testigo no dijo la verdad.

Los indicios se construyen a través de las leyes de la lógica, la experiencia o la ciencia. Un juez no puede asumir que a la víctima la mataron con un disparo de larga distancia, cuando el médico legis-ta dictamina que la herida que produjo la muerte generó un mapa, que es consecuencia de un dispa-ro a corta distancia. De esta forma, para atacar las conclusiones o racionamientos que hace un juez para concluir que existe un indicio, se deben indi-car las posibles hipótesis que se pueden inferir a través del hecho indicado, que son contrarias a la hipótesis afirmada por el juez, y para ello, se re-quiere demostrar en qué error de raciocinio incu-rrió el juez al interpretar una prueba, y señalar que ley de la lógica, la experiencia o la ciencia que violó el juez, al realizar su análisis.

En este punto, hay que decir, que no solo el juez maneja los indicios, sino que éstos pueden ser propuestos por las partes, como el defensor y la fiscalía, pero también pueden ser construidos por testigos, y en especial por el investigador, ya sea que haga parte de la policía judicial o ya sea un in-vestigador privado contratado por la defensa. Así que todo el juicio se trata de afirmar o descartar indicios, y que el juez en su decisión tendrá que emitir su sentencia, creando los suyos propios, de acuerdo con las pruebas y a su personal conven-cimiento, contra lo cual, procederán los recursos de apelación y casación.

9. CONCLUSIONES

El testimonio de la víctima y del menor tienen unas ventajas probatorias, en virtud de la protec-ción especial a los menores y la prohibición de la revictimización.

Que la ausencia de testigos presenciales, permi-te la utilización de pruebas de referencias, testigos de oídas y pruebas indirectas.

Que la prueba documental como los mensajes de texto, los videos y las grabaciones comienzan a te-ner un valor muy importante en este tipo de deli-tos.

Que los peritajes tienen también un valor im-portante para la valoración de los hechos y la co-rroboración de los testimonios, sin embargo, no dejan de ser controversiales pues en muchas oca-siones son interpretaciones y las evidencias anali-zadas pueden estar contaminadas. En este tipo de pruebas, el factor tiempo es fundamental.

En gran forma, se requiere de un buen análisis probatorio, en el que se analice la prueba indivi-dual para contrastarla con el resto de material probatorio, para tratar de reconstruir los hechos dentro de los límites del debido proceso.

BIBLIOGRAFIA

A. ROEMER, (2001). Economía del crimen, Editorial Limusa, México D.F.

ABELLO, J. (2014), Derecho Penal empresarial, Leyer.

----- Derecho Penal empresarial, Leyer.

----- Los delitos informáticos en el derecho penal colom-biano, contenido en la siguiente página web: http://derechopenalem

presarialencolombia.blogspot.com/2017/03/los-delitos-infor-maticos-en-el-derecho.html consultado 10 de Junio 2020.

----- El caso de "las manadas" en España: agresiones se-xuales grupales. Contenido en la siguiente página web: http://dere-chopenalempresarialencolom-bia.blogspot.com/search?q=las+-m-anadas consultado 10 de Junio 2020.

----- El consentimiento en los delitos contra la libertad y formación sexuales. Contenido en la siguiente página web: https://dere-chopenalempresarialencolom-bia.blogspot.com/2019/01/el-c-onsentimiento-en-los-delitos-contra.html consultado 10 de Junio 2020.

ARBOLEDA, M; RUIZ, J. (2019) Manual de derecho penal espe-cial, Decimosexta edición, Leyer Uniacademia.

----- Manual de derecho penal partes general y especial, Décima edición, Editorial Leyer.

AGUSTINA, J., (2010). Concepto clave, fenomenología, facto-res y estrategias en el marco de la violencia intrafamiliar, Editorial Bdf. Argentina, pp. 61-132.

ARRUABARRENA M., y DE PAUL, J., (2010), Violencia y maltrato sobre menores, Editorial Bdf. Argentina, pp.165-196.

Audiencia provincial de navarra. Proceso. 38/2018. Del 20 de Marzo de 2018.

BENAVIDES, D., (2011). Delitos contra la libertad, integridad y formación sexuales. Manual de derecho penal parte es-pecial. Coordinador. Castro, C. Tomo I. Colección textos de jurisprudencia. Temis. Bogotá.

BETÍN, TOMÁS. (2020) Aumentan en 142% denuncias por violencia intrafamiliar durante cuarentena. En la si-guiente página web: https://www.elheraldo.co/colombia/aumentan-en-14

2-denuncias-por-violencia-intrafamiliar-durante-cuarentena-717796, consultado el 8 de Junio de 2020.

BULA, J., (2020), A La pornografía infantil durante la cua-rentena, en la siguiente pág: https://jcarolinab.blogspot.com/2020/05

/pornografia-infantil-durante-la.html consultado 10 de Junio 2020.

----- B. Relaciones tóxicas, no son lo mismo que relaciones abusivas, En la siguiente página web: https://jcarolinab.blogspot.com

/2020/04/relaciones-toxicas-no-son-lo-mismo-que.html consultado 10 de Junio 2020.

CAMACHO-RAMIRES, ADRIANA, (2018), Acoso laboral o mob-bing, Bogotá: Editorial Universidad del Rosario.

Canal del crimen. Luis Alfredo Garavito. Documentales de asesinos en serie en español. Video. En la siguiente pá-gina web: https://www.youtube.com/watch?v=UYDe3MOHANY consultada el 1º de Noviembre de 2020.

Sentencias:

Colombia. Corte Constitucional en Sentencia C-297/16.

Colombia. Corte Constitucional. Sentencia C-285. Dispo-nible en https://

www.corteconstitucional.gov.co/relatoria/1997/C-285-97.ht

Colombia, Corte Constitucional Sentencia C-636 de 2009

Colombia. Corte Suprema de Justicia. Sala Penal. SP 5298-2018 del 5 de diciembre de 2018. MP. Luis Guillermo Salazar Otero.

m. [Consultada el 28 de octubre de 2020].

Colombia. Corte Suprema de Justicia fallo S 4573-2019 Radicación 47234, Sentencia del 24 de octubre de 2019 M.P. EUGENIO FERNÁNDEZ CARLIER.

Colombia. Corte Suprema de Justicia en Sentencia SP-45732019 (47234), oct. 24/19.

Colombia. Corte Suprema de Justicia, Sala de Casación Penal, M.P Fernando León Bolaños Palacios SP-107-2018 Radicado N° 49799. Aprobado Acta No. 38. Bogo-tá, D.C., 7 de febrero de 2018.

Colombia. Corte Suprema de Justicia, expediente 51569, sentencia del 18 de Abril 2018

Colombia. Corte Suprema de Justicia Sala Penal. Expedien-tes 46577 de 2016.

Colombia. Corte Suprema de Justicia Sala Penal. Expedien-te 41948 de 2017.

Colombia. Corte Suprema de Justicia Sala Penal. Expedien-te 44441 de 2017.

Colombia. Corte Suprema de Justicia, Sala Penal, expe-diente 37044 de 2011.

Colombia, Corte Suprema de Justicia. Sala Penal AP, jul. 27/2009, rad. 31715

Colombia, Corte Suprema de Justicia. Sala Penal SP15269-2016, oct. 24, rad. 47640

Colombia, Corte Suprema de Justicia. Sala Penal SP, oct. 26/2006, rad. 25743

Colombia. Corte Suprema de Justicia, Sala Penal, SP2894-2020 Radicación N° 52024 doce (12) de agosto de dos mil veinte 2020

Colombia. Corte Suprema de Justicia, Sala Penal. SP123-2018, feb. 7, rad. 45868

Colombia. Corte Suprema de Justicia, Sala Penal. SP, nov. 5/2008, rad. 30305

Colombia, Corte Suprema, Sala Penal, SP2894-2020 Radi-cación N° 52024 Aprobado acta No. 166 Bogotá, D.C., doce (12) de agosto de dos mil veinte (2020) PATRICIA SALAZAR CUÉLLAR Magistrada Ponente.

Colombia, Corte Suprema, Sala Penal, SP107-2018, feb. 7, rad. 49799

Colombia, Corte Suprema, Sala Penal SP, oct. 26/2006, rad. 25743

CHACÓN, A. (2014). Responsabilidad penal del médico. Grupo editorial Ibáñez.

Declaración relativa a los Principios y Derechos Funda-mentales en el Trabajo. Acoso sexual en el lugar de tra-bajo. Oficina internacional del trabajo. https://www.ilo.org/wcmsp5/groups/p

ublic/---ed_norm/---declaration/documents/publication/wcms

_decl_fs_115_es.pdf [Consultado el 16 de junio de 2020].

CPI. (1998). ESTATUTO DE ROMA. Obtenido de https://www.un.org/spanish/law/icc/statute/spanish/rome_statute(s).pdf

CPI. (1998). ESTATUTO DE ROMA. Obtenido de https://www.un.org/spanish/law/icc/statute/spanish/rome_statute(s).pdf

DEL CASTILLO, (2002) M., Malos tratos habituales a la mujer. Universidad Externado de Colombia. J.M. Bosch Editor Barcelona, Ayuntamiento de Sevilla.

DE VICENTE, R., (2019). La historia interminable a propósito de el caso de La Manada. Revista Derecho penal con-temporáneo, Legis, Volumen 67, abril junio, Bogotá.

DIAZ, Laura; Robles Martha (2020). Valoración del docu-mento electrónico en Colombia. En derecho Probatorio desafíos y perspectivas. Universidad Externado de Co-lombia.

ECHEBURUA, E., y DEL CORRAL, P. (2010), Violencia en las re-laciones de pareja, Editorial Bdf., Argentina.

DEERE, C. D. (2021). De la potestad marital a la violencia económica y patrimonial en Colombia. Revista Estu-dios Socio-Jurídicos, vol. 23, núm. 1, 2021. Obtenido de https://revistas.urosario.edu.co/xml/733/73365628012/html/index.html

Diario el país, (2017) Condena contra Jonathan Vega por atacar a Natalia Ponce quedó en 20 años de cárcel, en la siguiente página web: https://www.elpais.com.co/judicial/condena-con

tra-jonathan-vega-por-atacar-a-natalia-ponce-quedo-en-20-a

nos-de-carcel.html consultado el 10 de Junio de 2020.

Diario El Clarin. Desde lo íntimo. Apuntes sobre la nueva ley sueca: el sexo sin consentimiento y las costumbres heredadas de una cultura patriarcal. En la siguiente pá-gina Web: https://www.clarin.com/entremujeres/pareja/apuntes-nueva-ley-sueca-sexo-consentimiento-costumbres-heredadas-cultur-a-patriarcal_0_SyyZ07ZGm.html con-sultado el 4 de Enero de 2019.

Diario El Clarin. Juicio en Irlanda. "Llevaba una tanga de encaje", el argumento para absolver a un acusado de violación. Un hombre de 27 años fue declarado inocen-te de abusar de una joven de 17. El polémico razona-miento que utilizó la abogada defensora del imputado. En la siguiente página Web: https:

//www.clarin.com/sociedad/llevaba-tanga-encaje-argumento-a

bsolver-acusado-violacion_0_qRaMW86Kz.html con-sultada el 4 de Enero de 2019.

Diario El Pais, (2017) La doble desdicha de la víctima de la Arandina. 19 de diciembre de 2017. https://elpais.com/de

por-tes/2017/12/18/actualidad/1513634594_464661.html.

ESCOBAR, M. (2019). La Cadena de Violencia que padece una trabajadora doméstica en Colombia. . Obtenido de Migración forzada, abuso sexual, discriminación racial y de clase, escasas posibilidades de estudio y precari-zación laboral: https://cerosetenta.uniandes.edu.co/mutante-empleadas/

El Diario El Clarin. Estados Unidos. Tuvo sexo con un hombre creyendo que era su novio: lo acusó de viola-ción, pero lo absolvieron. En la siguiente página web: https://www.clarin.

com/sociedad/polemico-fallo-renueva-debate-consentir-relaci

on-sexual_0_ehiCN-U28.html?utm_medium=Social&utm_

source=Facebook#Echobox=1545233266 Consultada el 4 de Enero de 2019.

FACIO, ALDA; FRIES, LORENA, (2005), Feminismo, género y patriarcado. Revista sobre enseñanza del derecho de Buenos aires. Año 3, número 6. ISSN 1667-4154.

FARALDO, PATRICIA. (2019) Entrevista en el diario el País de España, realizada por Pilar Alvarez. "Esto es proteger menos a las mujeres que beben y quedan inconscien-tes", el 1 de Noviembre de 2019. Publicada en la si-guiente página: https:

//elpais.com/sociedad/2019/10/31/actualidad/1572547623_563524.html.

FEIJO, BERNARDO. (2013) CULPABILIDAD JURÍDICO-PENAL Y NEUROCIENCIAS. PÁGS. 269-298, EN DEMETRIO, EDUARDO (DIR.), MAROTO, MANUEL (COORD.) NEUROCIENCIAS Y DERE-CHO PENAL. NUEVAS PERSPECTIVAS EN EL ÁMBITO DE LA CUL-PABILIDAD Y TRATAMIENTO JURÍDICO-PENAL DE LA PELIGROSI-DAD. EDISOFER Y BDF.

FERNÁNDEZ, J. (2012) Derecho penal parte general. Vol I. Editorial Ibáñez.

GARRIDO ANTÓN, M. J., Arribas Rey, A., de Miguel, J. M., & García-Collantes, Á. (2020). La violencia en las relacio-nes de pareja de jóvenes: prevalencia, victimización, perpetración y bidireccionalidad.

Revista Logos Cien-cia & Tecnologia, 12(2), 8-19. https://bd.usergioarboleda.edu.co:2289/10.223

35/rlct.v12i2.1168 [Consultado el 28 de octubre de 2020].

GARRIDO, V., STANGELAND, P., y REDONDO, S., (2006). princi-pios de la criminología. tercera edición.Tirant lo Blanch. Valencia.

GARRIDO, Vicente (2018). Asesinos múltiples. Editorial Ariel. Barcelona..

GUINDAL, CARLOTA. (2019) MANADA, MANRESA Y ARANDINA: condenas dispares en violaciones grupales. La van-guardia. 16 de diciembre de 2019. Publicado en la si-guiente página: https://www.lavanguardia.com/vida/20191216/472242485488/tribunal-supremo-manada-manresa-arandina.html.

HIRSCH, Hans. (2013) Acerca de la actual discusión ale-mana sobre libertad de voluntad y derecho penal. Págs. 43-56 Demetrio, Eduardo (dir.), Maroto, Manuel (coord.) Neurociencias y derecho penal. Nuevas pers-pectivas en el ámbito de la culpabilidad y tratamiento jurídico-penal de la peligrosidad. Edisofer y BdF.

HRW.ORG. (2006). Trabajadoras domésticas maltratadas en todo el mundo. Obtenido de https://www.hrw.org/es/news/2006/07/27/trabajadoras-domesticas-maltratadas-en-todo-el-mundo#

IBÁÑEZ, J. (2012), Psicología e investigación criminal: la de-lincuencia especial, madrid.

IBAÑEZ, A. (2003). EL SISTEMA PENAL EN EL ESTATUTO DE RO-MA . BOGOTÁ: SIGMA EDITORES LTDA.

JAKOBS, GUNTHER, (1998), Imputación objetiva en el derecho penal. Universidad Externado de Colombia, Bogotá.

JARAMILLO, C. 2008, Responsabilidad civil médica, Universi-dad Javeriana. Civitas.

LEDESMA, ELISA. El acoso maternal. 3 de abril de 2020. Me-dio Jupsin.com. Consultado el 15 de junio de 2020 https://jup

sin.com/en-sus-manos/acoso-maternal/.

LEE KOO, K. (2002). CONFRONTING A DISCIPLINARY BLIND-NESS:WOMEN, WAR. AND RAPE IN THE INTERNATIONAL POLITICS OF SECURITY. AUSTRALIAN JOURNAL OF POLITICAL SCIENCE, 525 (12).

LENIS, JOSÉ. Feminización de la pobreza. 21 de octubre de 2018. La silla vacía. Consultado el 16 de junio https://lasillavacia.

com/silla-llena/red-social/historia/feminizacion-de-la-pobreza

-68506.

Ley 1010 de 2006 Por medio de la cual se adoptan medi-das para prevenir, corregir y sancionar el acoso laboral y otros hostigamientos en el marco de las relaciones de trabajo. (enero 23) Diario Oficial No. 46.160, de 23 de enero de 2006.

Ley 1257 de 2008 (diciembre 4) "por la cual se dictan normas de sensibilización, prevención y sanción de formas de violencia y discriminación contra las muje-res, se reforman los Códigos Penal, de Procedimiento Penal, la Ley 294 de 1996 y se dictan otras disposicio-nes". Congreso de Colombia. 2008.

Ley 599 de 2000. Código penal colombiano.

LARRAURI, L., (2018). Criminología crítica y violencia de gé-nero. Editorial Trotta, segunda edición. Madrid.

LINARES, M., (2010) Mala gente. Editorial edaf, S.L. Madrid.

LLORENTE ACOSTA, M. (2020) El género y el sistema de (in) justicia. Panorama general acerca del fenómeno de la violencia de género (pp. 25-37). Tirant lo Blanch. Va-lencia. Disponible en https://bd.usergioarboleda.edu.co:2534/cloudLibrary/ebook/show/978 8413360157. [Consultado el 28 de octubre de 20-20].

JÄGER, Christian. Libre determinación de la voluntad, causalidad y determinación a la luz de la moderna in-vestigación del cerebro. Págs. 57-60. Demetrio, Eduar-do (dir.), Maroto, Manuel (coord.) Neurociencias y de-recho penal. Nuevas perspectivas en el ámbito de la culpabilidad y tratamiento jurídico-penal de la peligro-sidad. Edisofer y BdF.

Los informantes: Fiscal de caso Yuliana Samboní revela detalles de los últimos minutos de la niña En la siguien-te página web: https://www.youtube.com/watch?v=9-uDrjpgpXs consultada el 1 de Noviembre de 2020.

LOMBANA, J. (2010), Derecho penal y responsabilidad médi-ca.

LUNA, María (2022) Integridad sexual como bien jurídico: un estudio de su alcance a partir de la dignidad huma-na. Análisis aplicativo a los delitos de explotación se-xual y trata de personas. En DERCHO PENAL GENERAL. IDEAS CLAVES. Coordinador. Álvaro Orlando Pérez Pinzón. Editorial Ibáñez.

Mazzoni, Giuliana. (2010) Se puede creer a un testigo. El testimonio y las trampas de la memoria. Editorial Tro-ta.

MAYO CLINIC. (2022) Estilo de vida saludable Trabajo de parto y parto, cuidado de posparto. En la siguiente pá-gina web https://www.mayoclinic.org/es-es/healthy-lifestyle/labor-and-delivery/in-depth/episiotomy/art-20047282

Mendoza, Ada (2007) Psiquiatría para criminólogos y criminología para psiquiatras. Trillas.

MOLINA-RODRÍGUEZ, D. I. Y CASANOVA-MEJÍA, A. C. (2019). Marco jurídico para la violencia sexual en Colombia. (Págs. 42 y 43). En Y. A. Carrillo-Cruz (Comp.), La vio-lencia de género desde un enfoque multidisciplinario (pp. 40-83). Bogotá, Colombia: Ediciones Universidad Cooperativa de Colombia. Disponible en https://bd.usergioarboleda.edu.co:23

51/10.16925/9789587601220. [Consultado el 28 de octubre de 2020].

MONTOYA, D., (2019) Delito sexual abusivo con menor de catorce años en el ordenamiento colombiano. Revista Derecho penal contemporáneo, Legis, Volumen 67, abril junio, Bogotá.

María Julia Moreyra, (2007). Conflictos armados y violencia sexual en contra de las mujeres. Editores del puerto, Buenos aires

MUÑOZ CONDE, F. (2010) Derecho penal parte especial. Edi-ción 18, Editorial Tirant lo Blanch.

Nuevo, Marisol. Síndrome de alienación parental en niños: Diagnóstico. En la siguiente página web: https://www.guiainfantil.com/1502/sindrome-de-alienacion-parental-en-ninos-diagnostico.html consul-tada. 4 de Julio de 2023

Observatorio vasco sobre el acoso moral en el trabajo; en la siguiente página web: https://www.observatoriovascosobreaco

so.com/ [Consultado el 16 de junio de 2020].

ORGANIZACIÓN MUNDIAL DE LA SALUD. ORGANIZA-CIÓN PANAMERICANA DE LA SALUD. (2019) Reco-mendaciones de la OMS Cuidados durante el parto para una experiencia de parto positiva https://iris.paho.org/bitstream/handle/10665.2/51552/9789275321027_spa.pdf

Observatorio Nacional de Violencias Línea de Violen-cias de Género ONV Colombia Guía Metodológica de la Lí-nea de Violencias de Género

LVG   Recuperado   de
https://www.minsalud.gov.co/sites/rid/Lists/BibliotecaDigital/RIDE/VS/
ED/GCFI/guia-ross-observatorio-violencia-genero.pdf

OIT. (2012). EL HOSTIGAMIENTO O ACOSO SEXUAL. Ob-tenido de
https://www.ilo.org/wcmsp5/groups/public/---americas/---ro-lima/---
sro-san_jose/documents/publication/wcms_227404.pdf

OPS/OMS. (2010). ORGANIZACIÓN PANAMERICANA DE LA SALUD.
Obtenido   de
https://www3.paho.org/hq/index.php?option=com_content&view=artic
le&id=3341:2010-sexual-violence-latin-america-caribbean-desk-
review&Itemid=0&lang=es

OSORIO, V y TORRADO, C. (2019). HISTORIAS TRAS LAS CORTINAS.
Historia del trabajo doméstico en Colom-bia, entre transacciones,
incertidumbres y resistencias. Ediciones Escuela naval Sindical , 154 y
155.

PEÑUEL, IÑAKI. En entrevista para el artículo El 'pecado' de quedar en
embarazo. 04 de octubre 2016. Periódico El tiempo. Consultado el 15
de junio d.

PÉREZ OLIVA, MILAGROS, (2019), Del porno a las manadas. El país.
Publicado el 8 de junio de 2019 en la siguiente pá-gina web:
https://elpais.com/elpais/2019/07/08/opinion/1562608

449_234129.html.

Periódico El Tiempo. El 'pecado' de quedar en embarazo. 04 de octubre
2016. Consultado el 15 de junio de 2020.

PIANETA, Herminia (2022) Conferencia virtual 27 de Oc-tubre.
Organizada por Abello Bula Asesores y Consulto-res SAS.

PORTAFOLIO. (2019). El 96% de los empleados domésti-cos en
Colombia   son   mujeres.   Obtenido   de

https://www.portafolio.co/economia/empleo/el-96-de-los-empleados-domesticos-en-colombia-son-mujeres-527092

POSADA, R. (2017. Los cibercrimenes: Un nuevo paradigma de criminalidad, Editorial Ibáñez y Uniandes, Bogotá.

POSADA, R. 2015. Delitos contra la vida y la integridad per-sonal. Editorial Ibáñez y Uniandes. Bogotá.

Proyecto de ley no. 147 de 2017 "por medio de la cual se reconoce la violencia obstétrica como una mo-dalidad de violencia de género y se dictan medidas de preven-ción y sanción (contra la violencia obstétrica)".

Puerperio es un concepto que tiene su origen etimológico en puer-perīum, un vocablo latino. La noción permite nombrar la etapa que atraviesa una mujer después de dar a luz y antes de recuperar el mis-mo estado que te-nía antes de quedar embarazada. DEFINICIÓN DE. En la siguiente página web: https://definicion.de/puerperio/

SANABRIA,C y MUÑOZ, S. (25 de Marzo de 2021). Rutas del conflicto. Obtenido de https://rutasdelconflicto.com/notas/vivio-la-violencia-sexual-el-conflicto-arma-do#:~:text=En%20el%20marco%20del%20conflicto,15.711%20v%C3%ADctimas%20de%20violencia%20sexual.&text=Nueve%20de%20cada%20diez%20personas,est%C3%A1n%20vivas%2C%20muertas%20o%20de

RAE. (s.f.). RAE. Obtenido de https://dpej.rae.es/lema/violencia-patrimonial.

RFI. (2011). Cuando deber conyugal es sinónimo de viola-ción. Disponible en https://www.rfi.fr/es/francia/20110614-cuand

o-deber-conyugal-es-sinonimo-de-violacion. [Consul-tado el 28 de octubre de 2020].

Red Colombiana de Periodistas con Visión de Género ¿Qué es el acoso sexual? Disponible en http://www.redperiodistasge

nero.org/que-es-el-acoso-sexual/ [Consultado el 15 de junio de 2020].

Revista Semana, Nación. 2020 Continúa aumento de de-nuncias de violencia intrafamiliar durante cuarentena. En la siguiente página web: https://www.semana.com/nacion/artículo/violen

cia-intrafamiliar-en-colombia-continua-aumento-de-denunc-ias-durante-cuarentena/663632.

REVISTA SEMANA. COLOMBIA. (2020) ¡Qué dolor! La vio-lación de la niña embera de 11 años tiene indignado al país. SEMANA visitó el resguardo donde ocurrió el crimen y habló en exclusiva con el comandante que de-nunció a los soldados que abusaron de la menor. 6/28/2020, en la siguiente página web: https://www.semana.com/nacion/articulo/violacion-de-nina-embera-la-historia-del-crimen-y-habla-comandante-que-denuncio/682623/ consultada el 21 de Octubre de 2020

Revista Semana. Colombia. ¡Qué dolor! La violación de la niña embera de 11 años tiene indignado al país. Sema-na visitó el resguardo donde ocurrió el crimen y habló en exclusiva con el comandante que denunció a los sol-dados que abusaron de la menor. 6/28/2020, en la si-guiente página web: https://w

ww.semana.com/nacion/artículo/violacion-de-nina-embera-l

a-historia-del-crimen-y-habla-comandante-que-denuncio/68

2623/ consultada el 21 de Octubre de 2020.

Revista Semana. Colombia. Abuso sexual de niños y niñas en Colombia: cifras de este grave delito. 6/25/2020 en la siguiente página web: https://www.semana.com/nacion/artícu

lo/abuso-sexual-en-colombia-2020-cifras-de-medicina-legal-i

cbf-y-procuraduria/682120/ consultada el 20 de octu-bre de 2020.

ROA, M., 2011. Delitos contra la familia y violencia de géne-ro. Manual de derecho penal parte especial, Tomo I, Coordinador, Castro, C. Colección textos de jurispru-dencia, Temis, Bogotá.

ROEMER, A. 2001. Economía del Crimen, Editorial Limusa. México D.F. 2001.

REYES, Yesid (2021) Aspectos controversiales de la legí-tima defensa. A manera de estudio preliminar. Pags. 15-55. En REYES, Yesid. OROZCO Hernán. Entre la legí-tima defensa y la venganza. Universidad Externado de Colombia.

RINCÓN REYES. El Supremo eleva la condena a La Manada a 15 años: fue una violación múltiple, no un abuso sexual. El país. 22 de junio de 2019. Publicado en https://elpais.com/so

cie-dad/2019/06/21/actualidad/1561109434_286735.html.

RINCÓN REYES (2019). El Supremo eleva la condena a La Manada a 15 años: fue una violación múltiple, no un abuso sexual. El país. 22 de Junio de 2019. Publicado en https:

//elpais.com/sociedad/2019/06/21/actualidad/1561109434_286735.ht ml.

ROMERO, D (2019), El fenómeno de las 'manadas' en Espa-ña: 125 agresiones sexuales en grupo en los últimos tres años. Actualidad. 19 de Julio de 2019, en la siguien-te página web: https://actualidad.rt.com/actualidad/321569-fenomeno-ma-nadas-espana-agresiones-sexuales-grupo.

ROXIN, CLAUS, Autoría y dominio del hecho en el derecho pe-nal. Séptima edición. Marcial Pons. Madrid-Barcelona, 2007.

ROYO, RAQUEL. (2011) Artículo se basa fundamentalmente en Raquel Royo, Maternidad, paternidad y conciliación en la CAE: ¿es el trabajo familiar un trabajo de mujeres?, Bilbao, Universidad de Deusto [en colaboración con Emakunde].

SALDIVIA MANCILLA, C., FAUNDES REYES, B., SOTOMAYOR LLANOS, S., CEA LEYVA, F., (2017), Violencia íntima en parejas jó-venes del mismo sexo en chile. Última década, n° 46, julio 2017, pp. 184-212. Disponible en http://www.codajic.org/si

tes/www.codajic.org/files/Violencia%20%C3%ADntima%2-0en%20parejas%20j%C3%B3venes%20del%20mismo%20sexo%20en%20Chile%20.pdf. [Consultado el 11 de novie-mbre de 2020].

SCHUNEMANN, BERND. Aspectos puntuales de la dogmática jurídico penal, Grupo editorial Ibáñez, Santo Tomás, Bogotá, 2007.

Sección Segunda de la Audiencia Provincial de Navarra. Proceso: Procedimiento sumario ordinario Nº: 0000426/2016. NIG: 3120143220160006413. Resolu-ción: Sentencia 00003 8/2018. D. José Francisco Cobo Sáenz (Ponente).

SEGATO, RITA LAURA, (2016), La guerra contra las mujeres. Colección Mapas 45, Madrid, Traficantes de Sueños.

SOLORZANO, C. (2010), Responsabilidad penal y responsabi-lidad médica en Colombia, Ediciones nueva jurídica, Universidad Católica.

TAASA. Texas Association Against Sexual Assault. Fuente de Información: License to Rape: Sexual Abuse of Wi-ves by D. Finklehor & K. Yllo. Disponible en http://taasa.org/wpcontent/uploads/2015/05/BR_RapeInMarriage_SPAN_2014.pdf. [Consultado el 28 de oc-tubre de 2020].

Taruffo, Michel. (2008). La prueba. Marcial Pons, Colec-ción Filosofía del derecho.

TOP RUDY: El rastro (El Moustro de los cañaduzales). Video. En la siguiente página web: https://www.youtube.com/watch?-v=JN21UTrn_Ks. Consultada el 1 de Noviembre de 2020.

VALDEZ, ISABEL (2019), Anatomía de dos 'manadas'. Diario El país. 9 de julio de 2019. España, en la siguiente pági-na web: https://elpais.com/sociedad/2019/07/08/actualidad/1562607853_9634 05.html.

VALDEZ, I. Diario el País. 2 de junio de 2019. Ya no puedo más. En la siguiente página web: https://elpais.com/sociedad/

2019/06/01/actualidad/1559383749_362348.html, consultado el 10 de Junio de 2020.

VELASQUEZ, F (2013), Manual de derecho penal parte gene-ral, Quinta edición, Ediciones jurídicas Andrés Morales.